영유아 놀이와 레크리에이션의 실제

영유아 놀이와 레크리에이션의 실제

이순배 | 안수엽 | 공명숙 | 김경희

김정희 | 장은희 | 이보라 | 강인숙

교문사

인간은 누구나 행복하게 살 권리가 있다.

이것은 인간에게 가장 중요한 보편적 권리 중 하나일 것이다. 그러나 급변하는 현재와 미래사회에서는 장애·질병·경제·환경 등으로 인하여 행복한 삶을 누리지 못하는 사람들이 많이 있다. 21세기 선진 복지사회의 진입을 위해서는 사회 취약계층에 있는 모든 사람들이 전인격체로서 행복과 보다 나은 삶을 보장할 수 있도록 국민의식구조의 변화와 그에 따른 실천적인 노력이 필요한 것이다. 삶의 질이 높아짐에 따라 놀이와 레크리에이션은 건전한 문화적인 삶을 위한 활동으로서 신체적, 정신적 영역으로 자리를 넓혀가고 있다.

현재 우리 사회는 고도의 산업화, 정보화, 세계화로 인해 인간의 삶의 질에 대한 향상과 현대의학의 발달로 평균수명이 길어지고 이로 인한 문화적 욕구 증가는 여가 및 문화 서비스 영역에서 레크리에이션 활동의 증가로 변화하고 있다. 특히 생활환경의 변화는 영유아의 놀이문화에도 변화가 일고 있으며, 과거 여러 명이 모여서 하는 단체놀이에서 벗어나 현대 영유아에게는 컴퓨터 또는 다른 오락기기를 이용한 개인적 놀이의 활용이 보편화되고 있는 실정이다. 이러한 급변하는 시대적 변화와 요청에 따라 어느 때보다 미래의 주인공인 영유아의 인성교육이 절대적으로 필요하다는 문제제기가 강조되고 있다.

따라서 놀이와 레크리에이션은 영유아들의 정신적, 육체적으로 풍요롭고 건전한 문화적인 삶을 위한 활동, 잠재능력의 발견과 개발, 창의력 증진과 집단 활동 운영을 위한 프로그램상의 가치를 보유하고 있다는 점에서 놀이와 레크리에이션을 통한 영유아의 건전한 가치관 확립 및 자아형성을 위한 체계적인 교육프로그램의 개발이 더욱 절실한 것이다. 더 나아가 교육현장 및 지역사회는 영유아들에게 편안하고 안전한 공간에서 발달에 적합한 흥미 있고 다양한 프로그램을 경험하게 해 줄 필요가 있으며, 사회에서는 개인적으로 자아형성에 충실하고 남녀노소 모든 계층의 사람들이 여가 및 레크리에이션을 활용하도록 권리가 주어져 있음을 이해시킬 필요가 있다. 본서에서는 노래와 율동, 도입게임, 파트너, 실내·외게임, 새 노래 배우기, 민속놀이 등 영유아 놀이의 전반적인 이해를 돕고, 표준보육과정과 누리과정의 신체운동과 예술경험의 세부적인 학습프로그램으로 레크리에이션의 기획능력과 지도방법에서 고려해야 할 다양한 측면과 그 연관성을 충분히 다루고자 노력했다. 또한 예비교사 및 현장교사들에게 영유아 놀이와 레크리에이션의 개발을 위한 창의적인 아이디어를 기대하며, 더불어 신체·정서적 안정감으로 영유아의 인성교육과 사회성 발달을 돕고자 가치, 지식, 기술을 실천할 수 있는 실무기회를 제공하고자 한다.

《논어(論語)》의 '옹야(雍也)편'에서 공자께서 말씀하시길 "知之者不如好之者 好之者不如樂之者(지지자불여호지자 호지자불여락지자)", 즉 "아는 것은 좋아하는 것만 못하고 좋아하는 것은 즐기는 것만 못하다."라고 했다. 독자 여러분들이 놀이와 레크리에이션을 즐기면서 이 책을 읽는다면 저자들에게는 더할 나위 없는 보람일 것이다.

새로운 시작을 꿈꾸며 펜을 들었던 시간도 벌써 마무리를 할 시점이 되었다. 이 책에서 소중한 시간과 땀방울이 헛되지 않으려고 노력했으나 부족한 부분은 독자의 충고와 앞으로도 많은 배움과 반성으로 기억되리라 생각한다. 그동안 책의 내용 구성과 지향하는 방향을 함께 생각하며 많은 도움과 격려해 준 동료 분들에게 진심으로 고마움을 보낸다. 끝으로, 이 책이 출간되기까지 관심을 가져 준 교문사 임직원 모든 분들에게 감사의 마음을 전한다.

2015년 3월
대표저자 이 순배

차례

CHAPTER
01

영유아
레크리에이션의
이해

영유아
레크리에이션의
이해

1 레크리에이션의 의미

1 | 레크리에이션의 어원적 고찰

레크리에이션(recreation)은 '회복하다(recover), 새롭게 하다(refresh), 저장하다(restore)'는 뜻을 지닌 라틴어 '레크레아티오(recreatio)'에서 유래된 것으로, 1932년 미국 Los-Angeles 시에서 개최된 제1회 세계 레크리에이션 대회에서부터 공식적으로 사용되었다. 마음과 육체의 피로를 풀고 긴장과 불안을 해소하여 새로운 의욕과 원기를 북돋우는 활동이라고 설명할 수 있다. 또한 레크리에이션은 발음에 따라 그 뜻이 다르게 나타난다. 리크리에이션과 레크리에이션의 두 가지로 읽을 수 있는데, 전자는 '개조, 재창조, 새롭게 만들다'라는 뜻이며, 후자는 '휴양, 기분 전환, 오락, 위안, 취미, 놀이'라는 뜻을 가지고 있다. 그렇다고 레크리에이션이 오락 취미, 기분 전환만을 뜻하고 창조적인 것과는 무관하다는 말은 아니다. 레크리에이션이란 어떤 활동을 즐김으로써 창조적인 결과를 가져올 수 있어야 하기에 양자는 서로 밀접한 관계를 맺고 있다. 즉 레크리에이션을 통해 리크리에이션이 될 때 참다운 레크리에이션이라 할 수 있다. 영유아들에게 놀이는 유일하게 자신을 표현하는 수단이자 세상을 배우는 통로이며, 사회성발달의 성장과정은 놀이를 통해 자연스럽게 이루어진다. 영유아 레크리에이션은 서로 어울리는 방법, 다른 사람들을 이해하고 또 받아주는 일들이 놀이를 통해 익혀졌다. 또한, 놀이를 통해 자신의 모든 능력을 발휘하고 독립심과 창의력, 호기심, 문제해결방법을 습득해 나가는 것이다.

레크리에이션을 한국어로 번역한 용어로서 백낙준 박사의 '소창(蘇創)'이라는 한자를 들수 있다. 소창은 재창조라는 뜻이며, 우리말로 풀이하면 '답답한 마음을 후련하게 한다'는 뜻이며 영어로 refreshment after toil 또는 기분 전환(diversion)과 비슷한 의미로 해석할수 있다.

Recreation의 어원	사전적인 어원
• RE: 접두사로 재차, 새로이, 또 다시 • CREATE: 동사로 재창조하다 • RE-CREATE: 동사로 원기 회복, 기분 전환, 마음을 상쾌하게 하다 • Recreation: 명사화하여 폭넓게 해석	• Recreation(리크리에이션): 재창조, 재생, 새롭게 만드는 것 • Recreation(레크리에이션): 여가 선용, 기분 전환, 위안, 오락, 취미

2 | 레크리에이션의 정의

어원에서 보듯이 레크리에이션의 개념은 매우 다양한 활동을 포함할 수 있기 때문에 한마디로 정의하기는 어렵다. 사회적 환경이나 역사, 관습, 전통, 사회 구조에 따라 다양할 뿐만 아니라 사회변동, 시간, 장소의 변동에 따라 그 의미도 달라지기 때문이다. 따라서 레크리에이션의 정의는 보는 관점에 따라 약간씩의 차이와 특징을 지니고 있는데, 학자들의 견해를 중심으로 살펴보면 다음과 같다.

최초로 레크리에이션을 근대적인 뜻으로 해석한 사람은 로크(Locke)이다. 그는 "레크리에이션의 활동은 건전한 심성을 육성·유지하는 최량의 수단이며, 또한 긴장과 피로를 푸는 동시에 자기표현의 기회를 가질 수 있는 최량의 수단이다."라고 했다. 메이어(Harold D. Meyer)는 "레크리에이션은 여가에 관계되는 활동이며 그 활동 자체에서 연유되는 만족에 의하여 동기화된 것이다."라고 했다. 또한 허친슨(John L. Hutchinson)은 "레크리에이션은 활동에 스스로 참가하는 개인에게 직접적이며 본래의 만족을 갖춘 가치 있고 사회적으로 받아들일 수 있는 여가의 경험이다."라고 레크리에이션을 정의하고 있다. 또한 Gray와 Pelegrino(1973)는 "레크리에이션은 만족감과 행복감에서 오는 인간의 심리적 상태"라고 하면서 레크리에이션은 활동에서 오는 결과로서 정복감(mastery), 성취감(achievement), 유쾌함(exhilaration), 수긍(acceptance), 성공(success), 그리고 개인의 가치와 즐거움(personal worth and pleasure), 심미적 경험, 개인적인 목적달성 혹은 타인으로부터 긍정적 반응(a postive feedback)에 대한 대답이 레크리에이션의 성격이라고 했다. 즉, 여가가 어떤 활동이 아니고 활동을 통한 마음의 상태(a state of being)라고 보는 것과 같이 레크리에이션도 활동종목 자체를 의미하는 것이 아니고 활동에 참가함으로서 발생하는 심리적인 변화가 되어야 한다는 주장이다.

그리고 앤더슨(Jackson Anderson)은 "레크리에이션은 스스로 활동을 선택하고 그 활동으로부터 맛볼 수 있는 직접적인 기쁨을 주며, 건강하고 마음을 풍족하게 할 수 있는 경험의 기회를 주는 모든 활동을 포함한다."라고 정의하며, 뉴메이어(Martin H. Newmeyer)는 "레크리에이션은 어떠한 보수나 또는 직접적 필요에 의한 것이 아니고, 자유롭고 유쾌하며, 그 활동 자체에 직접적인 어필을 가진 개인적·집단적 여가의 활동이다."라고 정의한다. 김오중 박사는 다음과 같이 레크리에이션을 정의한다. "레크리에이션은 각자가 선택한 활동에 스스로 참가하여 만족을 느낄 수 있으며 동시에 문화적, 사회적으로 받아들일 수 있는 건설적이며 창조적인 여가의 활동이다." 영유아의 레크리에이션은 자유스러운 시작과 진행, 끝맺음에 규칙과 질서를 배우는 다양한 수단이 되는 것이다.

이상 레크리에이션의 정의에 대한 학자들의 의견을 살펴보았다. 여기에서 찾을 수 있는 레크리에이션의 본질적인 요소는 다음과 같다.

첫째, 레크리에이션은 가치가 있어야 한다(worth-while). 둘째, 레크리에이션 활동은 사회적으로 용납되어야 한다(socially-accepted). 셋째, 레크리에이션 활동은 여가 중에 이루어져야 한다(leisure). 넷째, 레크리에이션 활동은 만족을 느낄 수 있어야 한다(satisfaction). 다섯째, 레크리에이션은 자발적 활동이어야 한다(voluntary).

위에 언급한 항목들을 요약해 보면 "레크리에이션은 여가에 자기가 스스로 선택한 활동을 통해 만족을 얻되 그 활동이 사회적으로 용납되며, 가치 있는 활동이어야 한다."고 레크리에이션에 대한 정의를 내릴 수 있다.

3 │ 한국 레크리에이션의 역사

(1) 태동기(胎動期 : 1960~1965)

한국의 레크리에이션 활동은 1945년 광복 이후부터 시작되었다. 광복 이후 한국은 6.25전쟁이라는 민족의 비극을 가져왔고 가난 속에서 살아왔던 우리 민족은 여가와 레크리에이션이라는 문화는 생각조차 할 수 없었다. 더구나 정치, 사회, 문화적 조건에 비추어 볼 때 레크리에이션 활동은 머나먼 일이었다.

이러한 환경에서 1950년대에서는 레크리에이션 활동은 각종 종교 단체와 스카우트, 4-H 클럽에서 오락적인 부분으로 활동해 왔으며, 1959년 5월 미국 국무성과 세계 여가·레크리에이션협회(World Leisure and Recrertion Association)의 전신인 레크리에이션협회(International Recreation Association) 주최로 국제 레크리에이션 교환 계획에 한국인으로서는 최초로 김오중(전 한국 여가·레크리에이션협회 회장)이 참가 후 뉴욕대학교 대학원 과정에서 레크리에이션을 전공, 연구하고 돌아온 후 1960년 12월에는 한국레크리에이션협회를 창설했고 1964년 3월 문교부로부터 사단법인으로 인가를 받고 조직적으로 레크리에이션 운동을 보급하기 시작했다. 그 후 1965년에는 국제레크리에이션협회에 가입함으로써 국제적인 유대와 교류가 있었던 것이다. 1962년 5월 31일 한국 최초로 이화여대 축제에 레크리에이션이 도입·실시되었으며 1963년 4월 대학에서 레크리에이션이 최초로 정규과목으로 채택되었다. 또한 1965년 서울 YMCA 성인부에서 최초로 다함께 노래부르기 정기 프로인 'Sing along-Y'가 전석환 선생에 의해 시작되었다.

(2) 활동기(活動期 : 1966~1970)

한국에서는 민간단체로는 최초로 한국레크리에이션협회가 창립되었으나 초창기에서는 사회적인 인식의 부족과 정책적인 지원이 없었기 때문에 보급 활동에 어려움이 많았던 것이다.

그러나 어려운 여건에서도 1962년부터 전국 레크리에이션 지도자 강습회 및 대학생 연수회를 통하여 점차적으로 계몽 및 보급 활동을 하다가 1965년 정부의 국고지원금(당시 750만 원)을 받아서 각종 지도서, 계몽영화, 음반 등을 제작하고 전국적으로 지부를 결성했던 것이다. 또한 라디오 방송과 TV 보급으로 국민들의 문화활동에 많은 변화를 가져왔으며, 각 대학에서도 레크리에이션 클럽활동으로 전국 대학생 레크리에이션 연합회를 조직하여 사회봉사활동에 많은 기여를 했다. 1966년에는 레크리에이션협회 주관으로 한국 최초로 대규모의 '전국 레크리에이션 대회'가 서울운동장에서 개최되었으며, 1968년에는 한국레크리에이션협회에서 단기코스가 아닌 60시간의 초급 지도자 훈련과정이 실시되어 30명이 수료했다.

(3) 침체기(沈滯期 : 1970~1979)

보급 활동을 활발하게 해왔던 한국레크리에이션협회는 그 동안 조금씩 지원받던 국고보조금이 1969년(당시 300만 원) 이후에 중단되자 이때부터 레크리에이션의 활동은 침체기에 들어섰다. 당시 국고보조금의 중단은 정책을 이끌어 나가는 행정가들이 국민여가생활에 대한 인식의 부족도 있었지만 정치, 경제, 사회적인 변화 속에 국민의 여가 욕구에 대한 관심이 적었던 것이다. 1972년 당시 정부에서는 단체 명칭을 외래어로 한국어 개명을 종용한 바 한국 레크리에이션 협회를 한국 건전오락운동본부라고 개명했다. 설상가상으로 매스컴에서도 레크리에이션이라는 용어를 거의 사용하지 않고 '건전오락' 또는 '여가선용'이라는 용어를 주로 사용했다.

(4) 재건기(再建期 : 1980~1990)

한국레크리에이션협회가 침체기에 있을 당시 정부에서는 새마을운동의 일환인 공장 새마을운동 활성화를 위하여 1974년부터 기업인 사회지도층 인사들을 대상으로 생산직 회사원까지 모두 새마을 연수교육이 실시되었다. 또한, 교육분위기 및 일체감 조성을 목적으로 연수교과목으로 건전가요 시간이 배정되었고 협동심 함양을 위하여 체육시간에 게임 및 포크댄스 등 레크리에이션 활동의 일부가 보급되기 시작했고, 각 기업체에 홍보됨에 따라 당시 전석환을 비롯한 실기 지도자들이 각종 연수교육, 야유회, 체육대회, 단합대회, 캠프파이어 등 행사에 보급 지도활동을 함으로써 재건기의 기반이 시작되었던 것이다. 한편으로는 1970

년부터 침체기를 맞이하여 조직 내부의 갈등과 보급 활동은 마비되고 겨우 사무실 명목만 유지해 왔으며, 1979년부터 국고지원금(당시 900만 원)을 받아 레크리에이션 지도자 연수교육을 일반 대학생 및 회사원 주부 등을 중심으로 교육을 실시했다.

국고 지원금은 1982년부터 중단되었으나, 지도자 양성교육은 계속 실시했다. 이때부터 각 단체에서 문화센터 등을 개설하여 건전한 여가활동을 보급함으로써 국민들이 여가에 대한 인식을 새롭게 하고 매스컴에서도 공식적으로 레크리에이션 용어를 사용하여 점차적으로 의식의 변화가 시작되었다. 정부에서는 1982년 행정부서인 체육부가 발족되고 1989년도에 는 각 시·군청 산하에 생활체육과를 신설하여 국민의 여가생활에 정책적인 지원이 시작되었으며, 각 구청에 생활체육과 스포츠 분야에 치중되어 여가생활의 전문부서는 별도로 없었다. 또한, 전문적으로 연구하는 행정 관리자들이 부족한 현실이고 체육부가 설립된 이후에도 정부는 종래의 방법과 유사하게 선수 중심의 스포츠 정책에 비중을 두었으나 1985년 부터는 경제적인 변화로 국민소득이 높아지게 되자, 여가에 대한 욕구가 분출되기 시작했으며, 국민 전체의 여가선용을 위한 정책으로 전환되는 계기가 되었다.

(5) 부흥기(復興期 : 1990~현재)

건전한 레크리에이션 운동이 범국민운동으로 확산되려면 정치적·사회적·경제적으로 국민의 문화적 의식이 높고 민간단체들과 서로 일체감이 되어 모든 국민이 레크리에이션 활동을 생활화하여 참된 삶의 보람을 만끽할 때 비로소 부흥기라고 할 수 있는 것이다. 1990년도에 는 교육부에서 전문대학에 레크리에이션 학과를 인가했고, 그 후에 일부 대학교 사회교육원에 1년 과정의 레크리에이션 지도자 전공과정을 인가받아 운영하고 있으며, 4년제 학사과정에서도 이벤트학과와 여가 스포츠학과 등 레크리에이션 관련학과를 개설하여 여가에 대한 전문 지도자를 양성하고 있다. 지방자치단체별로 국민 여가생활을 위한 각종 여가 공간의 시설 및 프로그램을 개발하고 있는 것이다. 또한, 청소년 노인 치료레크리에이션에 대한 각종 프로그램을 전문으로 연구하는 전문가들이 배출되고 있다. 한국 레크리에이션 전문지도자협회도 1991년 개별적으로 활동하던 전문지도자들이 한자리에 모여 레크리에이션의 체계적인 발전과 사회기여도를 목적으로 조직정비와 침체된 각 도·지·부를 결성하여 지도자양성교육으로 학문적인 연구까지 활동하며, 자신의 삶에 활력소가 될 수 있는 건전한 생활문화로 자리매김하고 있는 것이다.

특히 정부는 1993년 국민체육진흥법 제15조 제2항에 국가 및 지방자치단체는 레크리에이션 보급을 위하여 노력해야 한다는 규정을 신설했으며, 국비과정으로 레크리에이션 지도자를 제1차 국민체육진흥5개년계획(1993~1997)의 목표연도인 1997년까지 5,150명을 양성할 계획이었다. 그리고 레크리에이션 교실을 시·군·구당 1개소 이상씩 운영하여 이곳에서 레포츠, 게임, 민속놀이 등의 다양한 프로그램을 개발 및 지도하여 국민들의 건전한 여가생활과 심신단련에 힘썼다.

2 영유아 레크리에이션의 특징

1│ 영유아 레크리에이션의 특징

영유아들은 끊임없이 움직이고 뛰어 놀면서도 관심이 있는 것엔 오랜 시간 집중하여 탐색을 하거나 물건을 조작한다. 아동기를 놀이시기(toy age)라고 부를 만큼 아동들은 놀이를 즐긴다. 아이들에게 놀이는 어떤 의미가 있으며 무엇일까? 아이들은 왜 노는 걸까? 아이들은 노는 것을 바라보면 여러 가지 의문이 든다.

성인들은 아동기를 다 지났으면서도 노는 것을 좋아한다. 그러나 성인들의 놀이는 아동의 놀이와 비교해 볼 때 그 이유에서 다소 차이를 보인다. 성인들은 휴식이나 즐거움을 목적으로 놀지만 아동들은 놀이자체가 생활이며 학습이고 삶이기 때문에 놀이를 한다. 그러므로 놀이는 일찍이 플라톤에 의해 교육방법의 하나로 채택되었고, 프뢰벨에 의해서는 은물(Gabe)이라는 놀이도구로 구성되어 학습에 이용되었다. 예컨대, 건축가로 키우기 위해서 아동들이 세 살이 되었을 때 장난감 연장을 주기도 했다. 프뢰벨은 20종류의 은물을 가지고 아동들이 노는 동안 색, 모양, 수 등 물체의 성질을 알도록 유도한 바 있다.

그래비(Gravy, 1977)는 놀이의 특징을 기쁘고 즐거운 것, 외재적 목적이 없는 것(실용적인 면에서 비생산적), 무의식적 및 자발적인 자유로운 선택, 능동적 참여, 놀이가 아닌 것과 체계적인 관계를 갖는 것으로 설명한 바 있다. 영유아 놀이의 특징을 정리하면 다음과 같다.

(1) 비사실성

놀이사건은 매일의 경험에서 놀이를 구별 짓는 놀이구조 혹은 경계의 특징을 갖는다. 이 놀이구조 안에서는 내적 현실이 외적 현실에 우선한다. 놀이 안에서 일어나는 행위는 비놀이 상황에서 일어나는 것과 다르다. 놀이 시 '척하는' 행동은 현재에 처한 제한을 빠져 나와 새로운 가능성을 실험하게 한다.

(2) 내적 동기

내적 동기는 개인 내에서 유래되며, 행동 자체에서 만족을 얻게 되는 목적을 위해 놀이 활동을 추구한다.

(3) 목적보다 중요한 수단

아동의 놀이는 목적 지향적 행동보다 융통성이 있으며, 목적보다는 놀이과정이나 그 수단 자체를 중요하게 여긴다.

(4) 자유 선택

이 특성은 특별히 중요한 요인으로 킹(King, 1979)은 유치원 아동이 블록 쌓기와 같은 활동을 스스로 선택했을 때는 놀이로 생각하나 교사가 지시했을 때는 같은 활동이라도 일 또는 작업으로 여긴다는 것을 관찰했다. 그러나 자유선택 요인은 아동의 연령이 증가하면서 놀이의 특성을 나타내는데 덜 중요한 요인이 되었다. 5학년 아동의 경우 놀이를 자유롭게 선택했는지의 여부보다는 활동을 하면서 기쁨이 있었는지가 놀이와 작업을 구별하는 주요한 요인이 된다고 한다(King, 1982).

(5) 기쁨과 즐거움

때때로 놀이는 가파른 미끄럼 길을 내려가려고 준비할 때처럼 걱정과 약간의 공포를 수반하거나, 이러한 공포조차도 아동이 반복해서 미끄럼을 타는 것은 놀이가 유쾌한 것이기 때문이다.

2 │ 레크리에이션의 기능

많은 사람들이 흔히 레크리에이션 하면 기분 전환 정도의 뜻으로만 알고 있으나, 오늘날에는 단순한 기분 전환의 차원을 넘어 하나의 공동체 의식을 고취시키며, 친교를 나누며 새로운 것을 창출해 내는 계기로서의 레크리에이션이 요구되고 있다. 레크리에이션의 기능은 현대 사회에 접어들면서 보다 더 넓은 의미의 기능으로 확대되고 있다. 내시(Nash)는 레크리에이션의 기능에 대해 다음과 같이 정리하고 있다.

- 인간 존재의 근본으로부터 생각하는 기능
- 레크리에이션 활동의 특색이 되는 기능 : 사람들을 활동에 참가시키는 일과 사람을 즐겁게 하는 일
- 사회참여에의 준비 기능 : 개인을 준비시키는 기능, 원기 회복의 기능, 기분 전환, 긴장 완화, 자기의 내면을 밖으로 분산시키는 기능 등
- 사회적 존재인 인간으로서의 역할 기능 : 교육적인 일, 유기적인 일, 환경의 유지 등
- 부분 사회에 대한 기능 : 사회계층의 상징으로서의 역할, 소속감을 주어 서로 함께 하게 하려는 역할
- 사회 전체를 위한 기능 : 경제적 기능, 정치적 기능

레크리에이션은 스스로의 흥미를 갖는 자발성이 기초가 되어, 생활의 보상적 의미를 지니고 있다. 즉 레크리에이션에 의해 지나치게 긴장하거나 피로한 상태를 쉽게 해주고, 불만을 해소할 수 있는 분출구의 역할을 담당할 수 있는 것이다. 그러므로 레크리에이션은 불만해소의 분출구를 마련하는 대상을 갖게 해 주는 역할연기(role-playing)를 통하여 자신의 입장이나 욕구에 대한 불만적인 인간성을 남의 입장에서 생각하거나 행동할 수 있는 정신적 발달을 도모할 수 있다. 이와 같이 역할연기의 시간이나 대상의 필요성은 마치 사람이 공기와 물을 필요로 하는 것과 같이 무의식중에서도 레크리에이션이 갖는 원리와 인간관계의 중요한 비중이 서로 강도 높게 조화됨으로써 그 필요성이 강조되는 것이다.

3 │ 레크리에이션의 교육적 가치

고대 그리스 시대부터 많은 철학자와 교육자는 아동들에게 레크리에이션을 이용한 교육방법을 강조했다. 소크라테스(기원전 470년경~399년)는 아동에 대한 레크리에이션 교육방법의 효율성을 지적하고 있으며, 플라톤(기원전 427~347년경)은 레크리에이션이 성인 활동의 모방이므로 아동들이 레크리에이션을 통해 자연스럽게 세상을 배울 수 있는 교육적 가치를 지니고 있음을 강조했다. 특히 17세기 교육사상가 코메니우스(Comenius, 1592~1670)는 '대교수학(大敎授學)'에서 학습과 휴양(recreations)의 적정한 배치를 주장했는데, 이것이 이후 학교교육의 기본적인 짜임새가 되었다. 루소(Rousseau, 1712~1778)는 레크리에이션이 아동의 흥미에 따라 이루어지는 자연적인 활동으로서 아동들의 성장 발달에 필수적인 것이라고 정의했으며, 프뢰벨(Fröbel, 1782~1852)은 레크리에이션을 다른 어떤 방법들 보다 우위에 있는 교육 원동력으로 보고 아동들은 레크리에이션을 체험하면서 세상과 조화를 이루어 성장할 수 있다고 주장했다. 이에 레크리에이션의 교육적 가치를 구체적으로 살펴보면 다음과 같다.

(1) 신체적 효과

아동의 신체운동 및 건강은 자신의 신체를 긍정적으로 인식하고 즐겁게 신체 활동에 참여함으로써 유아기에 필요한 기본 운동 능력을 기르고, 건강하고 안전한 생활을 실천하는 바른 태도를 기르기 위함이다(3~5세 연령별 누리과정 해설서, 교육부, 2013). 유아들은 신체활동을 함으로써 신체의 발육 발달이 촉진되고 건강한 생활에 필요한 기초체력과 운동기능이 향상된다. 특히, 레크리에이션에 의한 신체활동은 혈액의 순환과 내장기관의 활동을 촉진하며 더욱이 집밖의 활동에 있어서는 즐거움에서 오는 운동량의 증가에 의하여 호흡, 소화, 배설 등의 여러 기능을 자극하고, 외부의 공기에 적응해야 하므로 피부를 튼튼하게 하며 전체적인 건강을 향상시킨다. 또한 레크리에이션에 따르는 달리기, 뜀뛰기, 던지기 등의 운동기능, 운동의 평형성, 팔다리 운동에 의한 기능 등은 스스로 전신적인 운동 기능의 발달을 촉진시킨다.

(2) 정서적 효과

레크리에이션은 즐거움을 추구하는 과정으로서 기쁨을 체험하는 기회가 충족된 활동이다. 따라서 희열감, 만족감, 안정감 등을 체험할 수 있다는 것이 바로 레크리에이션의 특징이다. 친구들과 친하게 놀기 위해서는 불만이 있어도 그것을 억제하지 않으면 안 되며 이것이 정서면에서의 인내성이 필요하다. 또한 노여움이나 두려움은 공격성과 도피성을 지니게 되므로 이것을 적절히 지도하지 않을 경우에는 반사회적 행동을 취하게 된다. 교육현장은 물론이고 사회 곳곳에서 반사회적인 감정과 아동의 비행을 줄이기 위한 활동 중 가장 영향력이 큰 것은 레크리에이션이다. 이는 자신을 자유로이 표출할 수 있고, 개인의 특성과 자아, 그리고 수많은 형태의 감정들을 경험하게 됨으로써 정서적 안정과 정신적 수양의 기회를 제공하며 모든 상황을 바르게 분석하고 판단하는 능력을 길러준다.

(3) 사회적 효과

현대 사회는 도시의 집중화, 경제의 산업화, 산업의 기계화 등으로 여가는 늘어나지만 대화나 욕구충족 등의 기회는 점차 줄어들고 있다. 즉, 레크리에이션에 있어서 자기의 의도가 방해되거나 간섭받는 일이 많다. 이런 경험을 통하여 자기의 욕구를 실현하는데 장애가 있음을 깨닫게 되며 여기에서 상호보완의 필요성을 느끼게 된다. 친구와 함께 놀이활동의 기회가 많지 않은 어린이는 새로운 사회에 적응하기란 매우 어렵다. 그것은 이들이 같은 또래의 친구들과 어울리고 싶고, 친구들로부터 자기를 인정받고 싶어 하는 욕구에 비하여 그러한 활동 장면에 자기를 내세우는 용기가 결여되어 있기 때문이다. 따라서 인간은 사회적 동물이며 상호 의존적 존재이다. 함께 사는 사회생활을 위해 우리는 많은 사람들을 만나 친선의 관계를 유지하며 나를 알리는 과정을 경험하게 된다. 이러한 과정을 보다 효과적으로 수행하기 위해서 그리고 많은 사람들과의 관계 유지 및 친선을 위해서 레크리에이션이 적절하게 활용된다. 최근에는 이러한 사회성을 높이기 위해 유아기에서부터 감성지수(emotional quotient)의 향상을 통해 사회성 향상을 꾀하기도 한다.

(4) 지적 효과

레크리에이션을 통하여 주변의 사물을 인식하며 사회적 환경에 대한 지식이나 문화적 지식 등을 얻는 것은 아동의 생활을 보다 즐겁게 해주는 일이 된다. 그리하여 외계에 대한 적응과 자신감을 획득해 간다. 또한 창조적인 요소를 지닌 레크리에이션과 상상력에 의한 레크리에이션은 아동이 경험을 재구성할 때 크게 도움이 된다. 레크리에이션이 사회적인 형태로 발전됨에 따라 레크리에이션에 필요한 지식은 신변의 직접적 환경을 넘어 점차 광범위하게 확대되어 간다. 동물과 식물, 성인의 생활, 또는 발견, 모험의 계획 등 사회생활에 필요한 지식을 얻음으로써 레크리에이션 방법의 연구, 규칙의 설정 등 소위 문제 해결을 위한 추리와 판단력이 부지중에 길러진다. 더구나 흥미가 동기유발이 된 레크리에이션에서의 학습활동은 목적한 학습의식 및 그것을 달성하기 위한 행동이 생활화되도록 그 기반을 배양하는 것이라고 볼 수 있다.

(5) 인격적 효과

심신의 건강과 조화로운 발달을 도와 바른 인성을 갖춘 민주시민의 기초를 형성하는 것을 목적으로 하는 '3~5세 연령별 누리과정'은 바른 생활습관 형성을 위한 기본생활습관을 강조하고, 남을 배려하고 존중하며, 더불어 함께하는 다양한 내용으로 구성하여 '인성교육'을 강화했다.

성격형성의 요인을 사회적 환경과의 적응 과정에 있다고 인정하는 만큼 아동의 성격은 레크리에이션에 의해 잘 형성된다고 해도 과언은 아닐 것이다. 실제로 레크리에이션의 활동을 고찰해 보면 개인의 행동을 사회학적 환경에 잘 적응하도록 습관화시키는 기회가 많은 것이 사실이다. 더욱이 아동에게 있어 미래사회의 리더로서의 자격으로는 좋은 플레이어, 공정한 경쟁심, 강한 독립심, 책임감, 관대한 성격, 공평성 등이 요구되고 있는 레크리에이션에서의 인격적인 바람직한 조건이라고 할 수 있다.

(6) 예술적 효과

사람들은 예술을 감상하는 데서 감동을 느끼며, 예술을 창작하는 데에서 기쁨을 얻는다. 레크리에이션의 가치는 창조하는 데 보다 큰 가치가 있다. 그 가치는 자기표현의 이상적인 모습이며 완성을 향하는 즐거운 노력이다. 레크리에이션 활동 중 무용, 미술, 음악, 공예, 연극, 영화 등의 활동에서 그 효과를 기대할 수 있다.

3 영유아 레크리에이션의 방법

영유아들을 위한 교수학습방법의 실제를 통해 영유아들은 신체, 인지, 사회, 정서, 언어 등 전인적인 발달에 도움을 주는 다양한 프로그램들이 있다. 레크리에이션은 참여하는 대상과 성별, 연령에 따라 구분될 수 있으며 그 성격과 장소, 목적 등에 따라 다양한 형태로 진행될 수 있다.

레크리에이션을 시작하면서 필요한 도입에는 인사말과 박수 등 자신을 소개하며 인사를 나누고 라포(rapport)를 형성하기 위한 다양한 게임들이 있다. 그리고 인원에 따라서 혼자 하는 게임과 파트너와 하는 게임, 단체 게임으로 구분할 수 있다. 장소에 따라서 실내인지 야외인지 혹은 특정 시설에서의 유형에 의해서도 다양하게 구분되어 질 수 있다. 레크리에이션은 게임뿐만 아니라 노래와 율동 유머 등 다양한 이벤트와 함께 어우러져 다양한 활동을 전개할 수 있다.

레크리에이션의 도입에 사용되는 방법은 여러 가지 박수, 손 유희, 도입 게임이 있다. 파트너 게임에는 짝짓기, 가위바위보 등 파트너와 짝을 정한 뒤 자연스럽게 스킨십 등을 유도하여 친밀도를 높이며 정서적인 안정을 도모할 수 있는 방법들이 있다. 실내 게임으로는 무대 게임, 팀빙고 게임, 팀파워 게임 등이 있으며, 장소에 따라서 차 내, 수영장, 캠프파이어장 등 장소에 맞는 다양한 방법으로 진행될 수 있다. 또한 영유아들의 노래와 율동, 싱잉모션에 참여하여 다양한 활동을 전개할 수 있다. 예전부터 내려오는 민속놀이인 전통놀이와 개인놀이의 방법에 다양한 방법으로 진행할 수 있는 다양한 방법도 도모할 수 있다.

CHAPTER

02

영유아 레크리에이션의 도입

영유아
레크리에이션의
도입

1 영유아 레크리에이션의 도입

영유아 레크리에이션을 시작하면서 지도자와 영유아의 만남에서부터 도입은 시작한다. 즉 레크리에이션을 진행할 지도자와 참여자들 간에 서로 인사를 나누며 활동을 시작하는 이미지를 만들어 나가는 것이 도입이다. 도입은 영유아가 레크리에이션에 참여하여 지도자와 라포(rapport)를 형성하고 점차 다양한 놀이를 통해 확장시킬 수 있다. 레크리에이션 지도자는 적절한 환경을 제공하고, 적극적으로 상호작용을 하여 개입함으로 레크리에이션을 확장할 수 있다.

영유아는 스스로 활동을 시작하지만 이들의 활동능력은 타인과의 놀이 경험으로부터 얻을 수 있다. 이때 지도자는 상호작용을 통해 영유아의 놀이 발달을 촉진시키는 역할을 하게 된다. 또한 지도자는 영유아들의 발달적 요구에 적합한 놀이 환경과 영유아의 변화하는 흥미에 감정적 반응이 반영된 새로운 활동을 지속적으로 제공하는 기술이 필요하다.

레크리에이션의 도입 방법에는 다양한 것들이 있다. 대상을 집중시키는 방법, 웃음을 자아내는 방법, 단합의 효과를 내기 위한 방법 등이 있다. 도입은 처음 시작을 어떻게 하느냐에 따라 전체적인 진행의 흐름에 영향을 미치기 때문에 매우 중요하다. 도입에 쓰이는 구체적인 방법으로는 환영인사, 여러 가지 박수, 다양한 손 유희 등이 있다. 이러한 방법은 각 대상의 연령과 집단의 크기, 활동 장소에 따라 난이도의 차이를 두고 유동적이고 유연하게 지도할 수 있어야 한다.

1 ┃ 환영인사

인사에도 여러 가지 종류가 있는데 본 영유아 레크리에이션에서는 환영인사에 대해 소개하고자 한다. 환영인사는 지도자가 오른손을 들면 참가자들이 박수를 치게 하고 왼손을 들면 벌떡 일어서서 "와!" 하는 함성을 지르도록 한다. 이제는 실제로 지도자가 오른손을 들고 2초 간격으로 왼손을 들면 장내에 박수와 함께 기립 함성이 터져 나오는데 이때 리더는 "안녕하세요, ○○○입니다. 이렇게 열렬히 환영하여 주셔서 감사합니다. 지금부터 1시간 반 동안 즐거운 레크리에이션을 진행하겠습니다."라고 인사를 하면 된다. "지금부터 여러분의 뜨거운 열기 속에 축제를 시작하겠습니다."라고 개회 선언을 해도 좋다.

2 ┃ 여러 가지 박수

지도자가 이끌어 가기 위한 도입에 사용될 수 있는 것 중 여러 가지 박수를 적당한 멘트와 함께 하면 좋다. 박수 효과는 주위를 집중시키고 상대방을 축하 또는 격려할 때 큰 작용을 한다. 그리고 함께 박수를 치면서 공동체 의식도 느낄 수 있다. 또한 박수를 많이 치면 건강에도 도움이 된다. 집단을 순식간에 동요시킬 수 있는 박수는 강력한 리더십이라고 할 수 있으며 각종 문화공연장에서도 박수는 매너로써 쓰이고 있다.

영아들은 자신의 신체를 탐색하여 자신을 이해하게 된다. 영아의 탐색은 입에 넣고, 손으로 만져보고, 냄새 맡고, 소리를 들어보고, 눈으로 보는 오감을 통해 이루어진다. 영아의 감각활동은 다양한 놀이에 활용할 수 있고, 특히 자신의 신체에 대한 탐색을 통해 감각 발달과 표현을 다양하게 할 수 있다. 영유아들을 대상으로 하는 박수의 종류와 멘트를 살펴보면 다음과 같다.

① 찌개 박수
지글지글 ×× 　 보글보글 ×× 　 지글× 보글× 　 지글보글 ××

"오늘 아침 찌개 뭐 먹었죠? 선생님은 된장찌개를 먹었는데."

"찌개가 어떻게 끓죠? 지글지글 보글보글 끓잖아요."

② 애기 박수
곤지곤지 ×× 　 잼잼 ×× 　 도리도리 ××

곤지 × 잼 × 도리 × 　 곤지 잼 도리 ××

"우리 친구들 동생 있어요? 엄마가 동생 키우느라 힘드시죠?"

"엄마를 대신해서 동생하고 놀아야 되겠지요. 동생하고 어떻게 놀아야 할까요?"

③ 빈대떡 박수
둥글둥글 ×× 　 넓적넓적 ××

둥글 × 넓적× 　 둥글넓적 ××

"빈대떡이 그렇게 맛이 있대요."

④ 빨래 박수
꽉꽉 ×× 　 꾹꾹 ××

꽉 × 꾹× 　 꽉꾹 ××

"엄마, 빨래 많이 하시죠?"

⑤ 짱구 박수
울퉁울퉁 ×× 　 불퉁불퉁 ××

울퉁 × 불퉁 × 　 울퉁불퉁 ××

* **도움말** 아동에게 신체에 관계된 박수는 하지 말자.

3 | 박수 만들기

유아들은 새로운 것에 흥미를 느끼게 된다. 자신의 신체를 활용한 박수를 스스로 만들어 창의적인 표현력을 기를 수 있다. 이러한 창의적인 것은 지도자에게도 필요하다. 지도자는 프로그램을 시작하면서 시선을 집중시켜야 한다. 박수 만들기 게임은 프로그램을 시작할 때에 분위기 조성을 위한 도입 게임으로 활용하면 효과적이다. 엉뚱한 웃음과 화기애애한 분위기가 만들어진다. 또한 같은 대상으로 한 번 사용하는 것이 원칙이다.

영유아들의 시선을 집중시킬 수 있는 박수를 만드는 방법은 다음과 같다.

(1) 박수 만들기 1

① 지도자는 2박자, 3박자, 4박자, 6박자 등 박자 지휘를 연습시킨다.
② 지도자가 지휘하는 박자의 마지막 박자에는 박수를 치게 한다.
③ 2박자를 지휘하게 되면 박수가 자주 나온다.
④ 2박자를 더욱 빠르게 지휘하면 우레와 같은 박수가 만들어진다.
⑤ 이때에 지도자가 정중히 인사를 하면서 이러한 멘트를 하면 어떨까요? "저를 열렬히 환영해 주셔서 대단히 감사합니다!"

(2) 박수 만들기 2

지도자는 대상에게 다음과 같은 주문을 한다.
① 오른손을 올리면 힘차게 박수를 치고,
② 왼손을 올리면 "와-!" 하며 우렁찬 함성을 지른다.
③ 양손을 올리면 함성과 함께 박수를 친다.
④ 지도자가 다음과 같이 자기소개를 하면 분위기가 좋아진다.

오른손을 들며 "여러분과 함께 즐거운 시간을 담당할 ○○○입니다." 〈짝짝짝짝!〉
왼손을 들며 "대단치도 않은 사람을 이렇게 반겨 주시니 고맙습니다." 〈와-!〉
양손을 들며 "이제 그만하셔도 됩니다." 〈와-!, 짝짝짝짝!〉

(3) 교차 박수

① 모두 모여 둘러앉거나 강의형으로 앉는다.

② 지도자는 손바닥을 마주보게 쫙 펴고 양팔을 앞으로 뻗는다.

③ 지도자는 양손을 아래위로 오르락내리락 서로 엇갈리게 흔든다.

④ 참가자들은 지도자의 손바닥이 마주칠 때마다 힘차게 손뼉을 친다.

⑤ 몇 번을 반복한 후에 지도자는 손이 마주치는 시늉을 한다.

⑥ 손이 마주치지 않고 마주치는 시늉에 손뼉을 치는 사람은 벌칙을 준다.

교차 박수의 요령으로 속도를 느리거나 빠르게 하여 변화를 주는 방법이 있다. 양손을 흔드는 대신 발걸음을 디딜 때마다 손뼉을 치게 해도 재미있다.

(4) 교제 박수

① 원형이나 강의형으로 앉되 옆 사람과의 간격을 최대한 좁혀 앉는다.

② 왼손바닥을 하늘로 향하게 하여 왼쪽 무릎 위에 올려놓고 오른손으로 자기의 왼손바닥을 친다. 이것이 '하나!'다.

③ '둘!'은 오른손으로 오른쪽 사람의 왼손바닥을 친다.

④ '하나! 둘! 하나! 둘!' 박수를 치면서 노래를 부르면 즐겁고 옆 사람과 친숙해지면서 훈훈한 분위기가 조성된다.

그림 2-1 교제 박수

교제 박수 시 노래는 2/4박자나 4/4박자의 노래를 선곡한다. 노래 시작 신호는 "하나! 둘! 시~작!"으로 붙인다. 변화를 주기 위한 방법으로 움직이는 손을 바꾸어 손바닥을 친다. 하나! 둘! 하나! 둘! 하면서 박수를 치다가 리더의 "손 바꿔서!"라는 신호에 2와 3의 손 위치를 바꿔서 손뼉을 친다. 프로그램 도입부에서 활용하기에 적합하다.

(5) 번데기 박수

① '교제 박수'를 치면서 하나에는 "뻔!", 둘에는 "데기!"라고 외친다.

② 〈뻔! 데기! 뻔! 데기!〉를 기본 박수로 친 다음 '뻔!'과 '데기!'를 계단식으로 올리면서 더해 친다. 즉 〈뻔! 데기! 뻔! 데기!〉, 뻔! 뻔! 데기! 데기!, 〈뻔! 데기! 뻔! 데기!〉, 뻔! 뻔! 뻔! 데기! 데기! 데기!, 〈뻔! 데기! 뻔! 데기〉, 뻔! 뻔! 뻔! 뻔! 데기! 데기! 데기! 데기!

③ 무조건 "뻔!"에는 자기 손을 치고 "데기!"에는 옆 사람의 손을 친다.

번데기 박수를 칠 때에는 박수치는 속도를 갈수록 빠르게 하여 재미를 높일 수 있다. 10번 정도 '뻔!'과 '데기!'가 겹치면 여기저기서 틀리게 되고 부담 없는 웃음이 사방에서 터져 나온다. 박수를 치는 숫자를 10에서부터 시작하여 거꾸로 내려와도 재미있다.

그림 2-2 번데기 박수

② 도입 게임의 종류

도입 게임은 긴장된 분위기를 풀어주며 손 유희 등과 함께 간단한 동작으로 웃음을 자아낼 수 있다. 영유아들에게 활용되는 다양한 손으로 하는 유희, 즉, 손 유희는 손을 사용해 동작을 표현하는 활동으로, 영유아들의 주의력, 집중력을 높이고 창의성을 계발시키는 등의 교육적인 효과도 함께 가져올 수 있다. 또한 손 유희는 단순한 모방놀이에서부터

그림 2-3 손 유희 동작

능동적으로 함께 만들어가는 손 유희를 통해 조화로운 발달을 도모하기 위한 필수적인 활동이라고 할 수 있다. 손 유희와 더불어 도입 게임으로 적절한 게임을 살펴보고자 한다.

1│ 하늘, 땅 위, 땅 속, 물 속 게임

① 신체 부위를 활용하여 머리(하늘), 어깨(땅 위), 무릎(땅 속), 발 구르기(물 속)를 한다.
② 사회자가 동물 이름을 말하면 대상자가 이에 맞게 신체로 표현을 한다.

예를 들어 물고기를 말하면 발 구르기를 하고, 개구리라고 하면 온몸으로 표현하며, 냉장고의 동태를 말하면 예상밖의 표현으로 웃음을 자아내게 된다.

그림 2-4 하늘, 땅위, 땅속, 물속 게임

2│ 잼잼잼 숫자 맞추기

① 두 손을 앞으로 내밀고 앞에 있는 선생님을 아기라고
  생각하고 '잼잼잼…'으로 표현하게 한다.
② '잼잼잼…' 하다가 지도자가 숫자를 대면 두 손가락을
  이용해서 그 숫자를 맞추면 된다.

그림 2-5 잼잼잼 숫자 맞추기

잼잼잼 숫자 맞추기 게임을 진행하다 보면 '잼잼잼… 넷!' 하면 한 손으로 엉뚱하게 표현하는 사람이 많다. 엄지손가락을 이용하는 사람은 머리가 좋고, 새끼손가락을 이용하는 사람은 예술성이 뛰어나며, 엄지와 새끼를 동시에 내밀면 임기응변이 아주 뛰어난 사람이고, 가운뎃손가락을 내밀면 무식, 과격하다고 멘트를 한다(다양한 방법으로 대상의 심리를 파악할 수 있는 시간으로 웃음을 자아낸다(도움말 28쪽 참조).

3│ 코 바꾸기

① 오른손으로 코를 잡는다.

② 왼손은 엇갈려서 귀를 잡는다. 지도자가 "바꿔." 하면 코 잡았던 손과 귀 잡았던 손을 서로 엇갈려 잡으면 된다.
③ 손은 가만히 있고 고개만 돌려 바꾸는 방법도 있다.

코 바꾸기 게임은 지도자가 먼저 시범을 보인다. '바꿔', '바꿔', '바꿔' 틀린 흉내를 표현하여 웃음을 자아내고 잘 안 되는 대상을 위해 '아싸' 소리를 내면 잘 바꿔진다고 한다. '바꿔(아싸!)', '바꿔(아싸!)', '바꿔(아싸!)' 코와 손을 잡고 있는 흉내를 낸다.

그림 2-6 코 바꾸기 게임

4| 칙 폭

① 오른손을 주먹 쥐고 올리면서 '칙!', 내리면서 '폭!' 한다.
② 반복해서 '칙! 폭!' 하여 분위기를 조성하고 지도자와 반대 방향으로 표현하게도 한다.
③ 전체를 두 팀으로 나누어서 진행하도록 한다.

칙 폭 게임에서 한 팀은 어렵게 하고 한 팀은 쉽게 하는 방법도 있다. 팀을 남학생, 여학생으로 나누었을 땐 여학생을 어렵게 남학생을 쉽게 할 수 있다. 단, 어렵게 하는 팀은 활발하고 적극적인 팀으로 선정하는 것이 유리하다.

5| 손가락 접기

① 양손을 쫙 편 다음 좌우 엄지를 같이 접으면서 1~10을 센다.
② 다시 펴서 10까지 수를 세는데 오른손 엄지를 접어놓고 센다. 즉 '하나'에 왼손은 엄지만 접히고 오른손은 검지까지 접힌다.

③ 10까지 세면 왼손은 펴져 있고 오른손은 엄지가 접혀져 있어야 한다.

④ 2단계로 넘어간다. 오른손을 검지까지 접어놓고 시작한다.

⑤ 5단계까지 가면 왼손은 편 상태이고 오른손은 주먹을 쥔 상태이다.

손가락 접기 게임을 진행할 때 처음에는 천천히 하고 갈수록 빠르게 진행한다. 도입부나 분위기 조성을 위한 게임으로 활용하면 적합하다. 단, 지도자는 동작이 서투르지 않아야 하며, 충분히 연습한 후에 실시하여야 한다.

6 | 손 바꾸기

① 왼손을 주먹을 쥐어 가슴 위에, 오른손은 펴서 하늘을 향해 뻗는다.

② 지도자가 "하나 둘 셋" 하면 반대로 왼손은 펴서 하늘을 향해, 오른손은 주먹 쥐고 가슴 위에 놓는다(가슴 위에 오는 손은 항상 주먹! 하늘을 향하는 손은 항상 편다).

③ 지도자가 점점 빠르게 진행해 익숙해지면 반대로 해본다.

그림 2-7 손 바꾸기 게임

7 | 혼자 하는 가위바위보

① 3박자 노래를 선정한다.

② 오른손과 왼손이 박자에 맞춰 가위바위보를 한다. 단, 왼손이 오른손을 계속 이겨야 한다.

③ 왼손은 가위바위보, 오른손은 바위, 보, 가위를 반복한다.

혼자 하는 가위바위보는 박자에 맞춰 노래와 함께 하는 게임이다. 왼손이 오른손을 이겨야하기 때문에 난이도가 있는 게임으로 볼 수 있다.

8│ 그 밖의 게임들

도입 게임으로 활용할 수 있는 다양한 게임들이 있다. 시계의 종류를 보며 스스로 시계가 되어 시간을 말해주는 시계게임, 양손이 따로 지휘를 하는 명지휘자 게임, 비비면서 두드리기 게임, 모추 먹고 맴맴, 열 장군(제식훈련), 신비로운 손가락, 손가락의 비밀, 통일 전국일주, 마음을 비우자, 엄지와 검지, 난다난다, 가라사대, 모두 합죽이가 됩시다, 합! 등 다양한 게임들이 있다.

9│ 손 유희 모음

(1) 개구리

개구리 세 마리가 (오른손으로 3 표시하기)

장독 위에서 (원을 그린 후 올라가는 모양하기)

폴짝폴짝 뛰다가 (개구리 뛰는 모양하기)

떨어졌어요 (뒤로 넘어지기)

머리가 깨져 (머리를 가리키며 때리기)

엉엉 울다가 (눈앞에서 손으로 눈물을 훔치는 동작)

엄마한테 갔어요. (팔을 흔들며 뛰어가는 동작)

개굴개굴 (개구리 우는 동작)

엄마가 하는 말 (손을 입가에 모아 말하는 동작)

장독 위해서 (원을 그리기)

폴짝폴짝 뛰니까 (개구리가 뛰는 동작)

머리가 깨졌지 (머리를 손바닥으로 때리는 동작)

(2) 곰을 잡으러 갑시다

곰을 잡으러 갑시다 (양손으로 원을 두 개 그리며 뛰는 동작)

숲 속으로 갑시다 (양손을 모아 앞으로 구불구불 헤쳐 나가는 동작)

헤엄쳐서 갑시다 (양손으로 헤엄치는 동작)

나무 위로 올라가 (양손으로 나무를 껴안고 올라가는 동작)

이리저리 살피고 (한 손은 눈 위에 한 손은 허리에 놓는 동작)

다시 다시 내려와 (나무를 껴안고 내려오는 동작)

성큼성큼 걸어서 엉금엉금 기어서 (양손바닥으로 걷는다.)

살금살금 뒤로 가 (양손을 폈다 오므렸다 하며 다가간다.)

잡을까 말까, 잡을까 말까 (양팔을 앞으로 내었다 뒤로 잡아당긴다.)

꼬리를 잡아라. (지도자의 지시에 따라 옆에 있는 친구의 엉덩이를 꼬리라 생각하고 잡아당긴다.)

(3) 거미

거미가 줄을 타고 올라갑니다. (손가락 엇갈려서 거미줄 타고 아래에서 올라가는 모습)

우!! (오른쪽으로 몸을 돌려서 주먹을 쥐고 팔을 내린다.)

거미가 줄을 타고 올라갑니다. (손가락 엇갈려서 거미줄 타고 아래에서 올라가는 모습)

우!! (왼쪽으로 몸을 돌려서 주먹을 쥐고 팔을 내린다.)

거미네 집에 햇빛 비치면 (오른손, 왼손 순서로 지붕을 만들어준다. 머리 위로 오른손, 왼손 순서로 반 동그라미를 만든다.)

거미네 집은 행복하고요 (지붕 만들고 동그라미를 크게 반짝반짝!)

거미네 집에 비가 내리면 (지붕 만들고 죽죽 비가 오는 모습을 표현한다.)

거미네 집은 우!! 찢어집니다. 우!! 찢어집니다. (지붕 만들고, 오른쪽으로 손가락을 위로 번갈아가면서 찔러준다. 반대로 왼쪽으로 찔러준다.)

(4) 공룡 가족

아빠 공룡이 (눈사람처럼 위로부터 원을 두 개 크게 그린다.)

회사에 갑니다. (양 검지로 네모를 만든다.)

쿵쾅 쿵쾅 (주먹으로 가슴을 힘차게 친다)

엄마 공룡이 (눈사람처럼 조금 작은 원을 두 개 그린다.)

시장에 갑니다. (걸어가는 모습을 표현한다.)

콩닥 콩닥 (조금 약하게 가슴을 친다.)

아기 공룡이 (눈사람처럼 아주 작은 원을 두 개 그린다.)

또닥또닥 (양 검지로 가슴을 아주 약하게 친다.)

(5) 나는 콩

나는~ 콩! (오른쪽 손을 OK 모양 또는 동그랗게 만든다.)

나는~ 콩! (왼손을 똑같이 OK 모양 또는 동그랗게 만든다.)

땡글땡글 콩! (동그라미 손을 안으로 돌린다.)

땡글땡글 콩! (동그라미 손을 안으로 돌린다.)

냉장고 안에 (검지 손을 마주쳐서 네모를 그린다.)

들어갔어요~ (걸어갈 때처럼 손을 흔든다.)

아이 추워~~ 아이 추워~~(손을 주먹을 쥐고 몸통에 붙인 후 바들바들 떤다.)

나는~ 콩! (오른쪽 손을 OK 모양 또는 동그랗게 만든다.)

나는~ 콩! (왼손을 똑같이 OK 모양 또는 동그랗게 만든다.)

땡글땡글 콩! (동그라미 손을 안으로 돌린다.)

땡글땡글 콩! (동그라미 손을 안으로 돌린다.)

후라이팬에 들어갔어요 (검지 손을 마주쳐서 동그라미를 그린다.)

들어갔어요~ (걸어갈 때처럼 손을 흔든다.)

아이 뜨거~~ 아이 뜨거~~(손을 주먹을 쥐고 몸통에 붙인 후 바들바들 떤다.)

나는~ 콩! (오른쪽 손을 OK 모양 또는 동그랗게 만든다.)

나는~ 콩! (왼손을 똑같이 OK 모양 또는 동그랗게 만든다.)

땡글땡글 콩! (동그라미 손을 안으로 돌린다.)

땡글땡글 콩! (동그라미 손을 안으로 돌린다.)

(어느) 곳에 들어갔어요. (손으로 집 모양을 만든다.)

쉿! (검지 손을 입술에 갖다 댄다.)

(6) 동그라미 마음

내 마음이 즐거우면 (양손바닥을 가슴에 X자 교차한 한 후 즐거운 표정을 짓는다.)

동그라미가 되고요 (양손을 위로 동그라미를 만든다.)

내 마음이 화가 나면 (양손바닥을 가슴에 X자 교차한 후 화가 난 표정을 짓는다.)

세모가 되지요 (양손을 위로 세모를 만든다)

세모야 세모야 난 너 싫어 흥!

(양손을 세모를 만들고 자기를 가르친 다음 상대방을 가리키면 손을 펴서 흔든다.)

동그라미가 될테야 (양손을 위로 동그라미를 만든다.)

세모야 세모야 난 너 싫어 흥!

(양손을 세모를 만들고 자기를 가르친 다음 상대방을 가리키면 손을 펴서 흔든다.)

동그라미가 될테야 (양손을 위로 동그라미를 만든다.)

(7) 돼지 방귀

첫 번째 돼지가 방귀를 뀌었네

(손가락 한 개를 펴서 보여주고 검지로 코를 쳐 올리고 엉덩이를 살짝 때린다.)

아랫배에 힘을 주고 뽕뽕뽕

(양손을 깍지를 끼고 좌우로 흔든 후 손가락을 모았다 폈다 한다.)

두 번째 돼지가 방귀를 뀌었네

(손가락 두 개를 펴서 보여주고 검지로 코를 쳐 올리고 엉덩이를 살짝 때린다.)

아랫배에 힘을 주고 뽕뽕뽕

(양손을 깍지를 끼고 좌우로 흔든 후 손가락을 모았다 폈다 한다.)

세 번째 돼지가 방귀를 뀌었네

(손가락 세 개를 펴서 보여주고 검지로 코를 쳐 올리고 엉덩이를 살짝 때린다.)

아랫배에 힘을 주고 뽕뽕뽕

(양손을 깍지를 끼고 좌우로 흔든 후 손가락을 모았다 폈다 한다.)

늑대가 나타나 늑대가 나타나

(손을 펴서 이마에 대고 좌우로 번갈아 둘러본다.)

아이쿠 냄새야

(한 손은 코를 막고 다른 한 손은 흔든다.)

도망가고 말았더래요

(달아나는 동작을 한다.)

(8) 막대 하나

막대 하나 막대 하나 산이 돼보자 산 산 산

(검지를 한 손씩 내밀어 산 모양으로 세모가 되게 만든다.)

막대 둘 막대 둘 안경이 되지요 뽕 뽕 뽕

(엄지와 검지를 내밀어 안경 모양을 만든 후 앞으로 **뽕뽕뽕** 내민다.)

막대 셋 막대 셋 오리발이 되지요 뒤뚱 뒤뚱 뒤뚱

(검지, 중지, 약지를 내밀어 걸음걸이를 표현한다.)

막대 넷 막대 넷 참새가 되지요 짹 짹 짹

(엄지를 제외한 다른 손가락을 펴고 두 손을 포개어 입가에 대면서 새를 표현한다.)

막대 다섯 막대 다섯 슈퍼맨이 되지요 슈퍼맨~~~

(손바닥을 펴서 보여주고 팔을 앞으로 쭉 뻗어 슈퍼맨이 날아가는 모습을 표현한다.)

막대 주먹 막대주먹 킹콩이 되지요 쿵 쿵 쿵

(주먹을 쥐고 보여주고 자신의 가슴에 살짝 두드리면서 킹콩을 표현한다.)

막대 손 막대 손 예쁜 손이 되지요 손 무릎~~

(손을 펴서 보여주고 깍지를 끼워 무릎 위에 올려놓는다.)

(9) 만두

밀가루 밀가루 (양손을 주물주물 한다.)

덩어리 덩어리 (덩어리를 만지듯 손을 동그랗게 모은 것을 표현한다.)

밀어 밀어 (밀대를 잡은 것처럼 밀어 준다.)

쭉쭉 밀어 (더 힘 있게 밀어 준다.)

돼지고기 (검지를 펴서 코에 가져다 댄다.)

양파 (주먹을 두 개 붙인다.)

두부 (네모를 그려준다.)

배추 (두 손을 얼굴을 받힌다.)

넣어 넣어 (손에 물건을 잡은 것처럼 하여 냄비에 넣는 모습을 표현한다.)

팍팍 넣어 (힘있게 넣어 준다.)

지글지글 보글보글 (손을 이용해 먼저 위로 잼잼 두 번, 아래로 잼잼 두 번 느리게)

지글지글 보글보글 지글지글 보글보글 (위와 같은 방법으로 좀 더 빠르게)

다 익었나 보자 (뚜껑을 연다.)

나는 만두다 (양손을 위로 뻗는다.)

영유아 레크리에이션의 도입 실제

영유아들을 대상으로 하는 표준보육과정 및 누리과정의 생활주제와 연계하여 영유아 레크리에이션의 실제를 다음과 같이 계획해 볼 수 있다.

생활주제	나	대상 / 유아수준	만 1세
일일주제	손 짝! 발 짝!	교육과정 영역	신체운동 및 건강
활동유형	신체	집단유형	대·소집단
교육과정 관련요소	신체운동 > 감각과 신체 인식 > 신체를 인식하고 움직이기		
교육목표	• 손바닥, 발바닥을 마주쳐 봄으로써 신체 각 부분의 특성을 안다. • 손과 발을 대어 보며 크기와 같이 비교를 경험한다.		
자료 및 준비물			

단계	활동내용	교수·학습활동	시간 (분)	자료 및 지도 상의 유의점
사전활동	신체의 명칭에 대해 알아본다.			
도입	신체의 명칭을 이야기하고 신체에 관심을 갖도록 한다.	1. 교사는 영아들과 반갑게 인사를 나눈다. 2. 교사는 영아들과 놀이하는 상황에서 자연스럽게 인사를 하며 스킨십을 한다. "○○야, 우리 손 좀 볼까?" "손으로 무엇을 할 수 있을까?" "선생님과 함께 손바닥을 쳐 볼까?" "무슨 소리가 나니?"	5	
전개	여러 가지 박수를 쳐본다.	1. 손으로 함께 놀이하는 방법에 대해 이야기를 나눈다. "손으로 선생님과 재미있는 박수를 쳐 볼까요?" "우리 친구들 동생 있나요? 동생하고 놀이할 때 하는 박수가 있어요. 선생님을 보며 따라해 보세요." 〈애기 박수〉 곤지곤지 짝짝 / 잼잼 짝짝 / 도리도리 짝짝 곤지 짝 / 잼 짝 / 도리 짝 곤지 잼 도리 짝짝	10	

〈계속〉

단계	활동내용	교수·학습활동	시간 (분)	자료 및 지도 상의 유의점
전개	여러 가지 박수를 쳐본다.	2. 애기 박수가 익숙해지면, 다른 박수게임을 소개해 본다. 　"오늘 점심에는 맛있는 빈대떡이 준비되어 있대요. 빈 　대떡이 아주 맛이 있대요." 　"빈대떡 박수를 함께 해볼까요?" 　〈빈대떡 박수〉 　둥글둥글 짝짝 / 넓적넓적 짝짝 　둥글 짝 / 넓적 짝 　둥글넓적 짝짝 3. 손바닥 이외에 다른 신체 부위로도 박수를 쳐본다.	10	
정리	활동을 마무리한다.	영아와 함께 손바닥, 발바닥 박수 치기를 한 후 기지개를 켜며 활동을 마무리한다.	5	
확장활동	신체 크기 비교	교사와 영아들이 서로 손을 마주 대어본 후 발바닥이나 그 외의 신체 부위를 마주쳐 보도록 한다. 신체 크기에 대해 관심을 가질 수 있도록 주변 사물과 크기를 비교해 본다.		

　자신의 신체에 관심을 갖고 손과 손을 마주하며 협응력을 기를 수 있는 활동이다. 박수를 쳐보며 위, 아래, 쥐었다 폈다 등 소근육을 발달시키며, 나와 타인의 관계에서 교사와 함께 마주치는 손뼉놀이는 정서적 교감까지도 형성시킬 수 있다. 또한 박수게임은 다음 활동을 전개하기 이전에 간단한 박수로 주의를 순환시키는 효과도 가져올 수 있다. 다양한 신체에 관심을 가질 수 있도록 산체 부위를 바꿔 이야기해 보며 신체 크기에 관심을 갖게 하여 수학적 개념으로 확장하여 수업을 전개할 수 있다.

CHAPTER
03

영아의
노래와 율동

영아의 노래와 율동

1. 영아 노래와 율동의 의미

헝가리 음악교육학자 코다이(Zoltan Kodaly, 1882~1967)는 "진정한 음악교육은 유아가 태어나기 9개월 전부터 시작한다."고 했다. 이것은 태아가 모체에서 생명의 씨앗으로 안착되는 순간부터 음악적인 성장이 이루어진다고 볼 수 있다. 또한 고든(Edwin Gordon, 1990)은 음악을 배울 수 있는 내적 잠재력의 가능성을 '음악적성(music aptitude)'이라 하여 인간 누구나 어느 정도의 지능을 가지고 태어나듯이 출생 시부터 누구나 음악적성을 가지고 태어난다고 했다. 스위스의 작곡가이며 음악교육자 달크로즈(Emile Jaques-Dalcroze, 1865~1950)는 인간의 음악적 재능은 태어나면서부터 가지고 태어나는 것으로 생각했으며, 인간의 신체는 리듬의 중요한 요소인 박자감을 생리적으로 가지고 있고 이 음악적 능력의 근원인 '리듬'을 수단으로 하여 표현하게 하는 것을 음악교육의 기본목적으로 보았다. 그는 인간이 타고난 음악적 리듬과 음악적 잠재능력을 최고로 개발·발전시키기 위해서는 음악과 신체표현의 절대적인 결합이 있어야 하며, 율동을 통해서 자신의 내재적 감정을 음악으로 전환하는데 가장 먼저 훈련해야 할 악기는 신체라고 주장했다.

음악과 관련된 영아기의 반응은 생후부터 약 2개월에는 감미로운 소리와 사람 목소리를 듣고 편안함을 찾게 된다. 약 4개월까지는 더 많은 소리를 내며 즐거워서 웃거나 자신의 소리를 즐거워하게 된다. 주양육자(애착자)의 목소리에 반응을 보이며 편안함을 찾게 된다. 6개월까지는 '구구' 하는 모음 소리를 흉내내며 혼자서 '까르륵까르륵' 웃는다. 시선이 소리 나는 쪽으로 가며 사람 목소리를 여전히 좋아하며 음악을 틀어주면 조용해진다.

음악은 영아가 성장하는데 필요한 전 영역에 영양을 공급하기에 충분하다. 음악적 요소를 가미한 놀이(노래와 율동)는 정서적인 반응을 돕고, 지능과 사회성 발달에도 도움을 준다. 또한 상상하고 움직여보며, 들어보고 노래하기 등의 활동을 통해 창의성을 기를 수 있으며, 즐겁고 재미있고 행복감을 느끼게 하여 자아개념을 돕는 요소로 작용한다. 노래와 율동은 무엇인지 그 의미를 살펴보고자 한다.

노래의 뜻은 일종의 '노는 행위'라는 의미로써, '놀이'라는 단어의 동사 '놀다'에서 파생한 명사형이다. 여기서 노는 행위는 일상적 노동으로부터 해방과 새로운 노동의 준비, 노동의 재창조(recreation) 과정으로서의 놀이다. 실용주의 철학자 듀이(J. Dewey, 1859~1952)에 따르면 노래는 인간의 경험으로부터 나오고 인간생활에서 직접적인 기능을 갖고 있으므로 인간과 세상을 변화시키는 데 필수 불가결한 도구라고 강조했다.

율동이란 '하나의 요소 또는 여러 요소들과의 질서 있고 규칙적인 흐름이다.' 영어의 rhythm으로 표기되기도 하는데, 이 리듬(rhythm)의 원천은 초음악적인 것으로 윌리엄스(Edger Williams)는 '리듬이란 운동과 질서 사이의 관계성'이라고 했다(음악대사전, 세광출판사, 1982). 율동은 그리스어 'rheo(흐르다)'에서 나온 말로 형과 색, 명암 등의 반복적, 변화적, 점진적, 흐름의 변화로 인해 생기는 리듬감을 말한다. 본래 음악에서 빌려 온 개념인 율동은 시각적 요소를 일정한 패턴으로 연결한 것이며, 이는 간단한 것이든지 복잡한 것이든지 간에 반복에 의해 얻어질 수 있는 것이다.

율동은 동작을 통해 음악적인 묘사의 경험을 하게 한다. 신체를 크게 움직여 이동하는 동작으로 걷기, 달리기, 뛰기, 깡충 뛰어넘기, 말 뛰기, 미끄러지기 등이 있고, 제자리에서 이동하지 않고 움직이는 구부리기, 쭉 펴기, 꼬기, 흔

그림 3-1 율동은 각자가 자유롭게 표현할 수 있다.

들기, 흔들거리기, 떨기, 주저앉기 등을 통해 동작을 하게 된다. 노래와 율동을 통해 즐거운 영유아 레크리에이션을 할 수 있다.

2 영아 노래와 율동 게임

영아들을 대상으로 하는 노래와 율동 게임은 연령대에 따라 다르게 지도해야 한다. 영아기는 발달의 차이가 크고 성장하는 폭이 다르므로 각 연령대에 따른 지도가 필요하다. 지도자는 다양한 선곡과 악기, 율동을 구사하여 영아들의 언어적, 예술적, 신체적 발달을 도모할 수 있다.

1│ 준비사항

(1) 새로운 노래와 율동 게임을 하면서 지도자는 노랫말을 손 유희로 준비할 수 있으며, 직접 음감에 맞는 노래를 들려줄 수 있어야 한다.

(2) 다양한 악기를 함께 준비하여 여러 가지 소리를 인식하고 경험한 것을 즐길 수 있도록 하여야 한다. 악기를 연주할 때에는 영아들이 악기를 충분히 탐색할 수 있도록 기다려 주어야 한다.

(3) 노랫말은 주로 영아들이 생활경험 속에서 일어났던 일 또는 경험할 수 있는 것이 되어야 하며 아름답고 문학적 가치가 있는 것을 선택하는 것이 좋다.

(4) 새 노래를 지도할 때에 지도자는 가사를 외우고 얼굴의 표정이나 손의 움직임을 사용하여 감정을 풍부하게 표현하도록 연습한다. 노래를 지도할 때에는 노래에 관계된 자료, 동화, 동시 등을 들려주어 동기를 부여한다.

(5) 영아와 얼굴을 마주본 자세에서 노래를 불러주고, 노래 속에 무슨 이야기가 들어 있는지 이야기하게 한다.

(6) 다음의 두 방법을 결합하여 쉬운 절을 함께 하고 어려운 절은 따로따로 배울 수 있다.

- 구절법(phrase-by-phrase method) : 지도자가 먼저 노래를 끝까지 한 번 불러주고 한 번에 한 소절씩 따라 부르게 한다. 어려운 절은 반복하여 부른다.
- 전체 노래 방법(whole-song method) : 전체 노래를 여러 번 불러주고 노래를 익히게 한다.

(7) 노래의 반주는 복잡한 반주법보다는 단순한 리듬악기를 사용하거나 피아노 멜로디만 쳐 주는 것이 노래 지도에 효과적이다. 가능하면 피아노를 사용하지 않고 지도하는 것이 영 아들에게는 더 효과적이다.

2 | 영아의 음악 동작발달 특성

무그(H. Moog, 1976)는 유아의 초기 단계의 리듬적 기능은 다양한 유형의 신체적 동작에 의해 표출될 수 있다고 했다. 유아들이 신체적으로 성장함에 따라 음악을 인지하여 이에 반응하는 신체동작도 발달하게 된다. 자연스러운 리듬감 개발을 위하여 연령별 단계에 따른 신체동작의 발달 특성을 살펴보자.

(1) 만 0~1세
출생 후 4~8개월 사이에는 감각적 운동 근육들이 세련되어지고 6개월에서 1년 동안에 소 근육이 발달하여 소리 도구를 스스로 가지고 놀 수 있고 다양한 소리의 변화를 식별할 수 있어 음악이 들리면 몸 전체로 반응을 보인다. 앉아 있는 상태에서 경쾌한 음악이 들리면 몸을 들썩거리고 서 있는 자세에서는 무릎을 움직이면서 옆으로, 앞뒤로, 위아래로 몸을 흔 들기도 한다.

(2) 만 1~2세
이 시기는 근육과 신경계의 발달로 차츰 선 자세로 자신의 신체를 옮기기 시작한다. 2세 후 반기에는 거의 안정된 자세로 걸을 수 있으나 균형감은 부족하다. 음이 들리는 동안 대 근육을 사용하여 음악에 대한 신체적 반응을 일으키는 시기로 가끔 춤을 추기도 한다. 또한 크고 작은 동작과 리듬이 반복되는 아주 단순한 음악활동(예: 손가락 놀이 또는 몸을 움직이면서 부르는 노래)을 잘 따라한다.

3 | 영아의 언어·예술·신체적 발달

영아들의 언어적, 예술적, 신체적 발달을 살펴보고자 한다.

(1) 만 0~1세

만 0~1세의 영아는 수동적으로 노래와 율동 게임에 임하게 된다. 옹알옹알 입을 움직이며 온몸을 지탱하고 일어서 발을 떼기까지 1년이 소요되기 때문이다. 이 시기에는 음악적인 감각을 키워주는 활동이 좋다. 생후 3~4개월에는 옹알이로 언어표현을 하는데 자신의 존재를 표현하는 욕구로 울음 → 옹알이 → 언어 → 신체로 반응을 표현하며, 성인이 되면 문학, 무용, 음악, 미술 등으로 자신의 표현을 강하게 나타내고자 한다.

영아기 노래와 율동 게임을 할 때에는 말에 굴곡이 들어가면서 움직이게 하고 말의 길이를 짧게, 높게, 낮게 하면서 리듬감을 실어 준다.

(2) 만 1~2세

만 1~2세가 되면 언어의 발달에 있어서 미숙하게나마 단어를 구사하게 된다. 노래와 율동과 관련하여서는 음악이 흘러나오면 온몸으로 뒤뚱뒤뚱 흔들어 표현을 한다. 그러나 이때에는 선율적인 흐름보다는 리듬에 반응하는 것이 더 강하다. 북을 치고 노래를 부르고 기초적인 리듬에 반응을 하며 점차 활발하게 움직임을 키워 나간다. 그래서 이 시기

그림 3-2 1~2세의 음악표현

의 노래와 율동 게임을 할 때에는 여러 리듬악기를 제공하여 활용하는 것이 효과적이다.

(3) 만 2세

만 2세가 되면 왕성한 음악표현을 할 수 있다. 3세는 모차
르트(Mozart, 1756~1791)가 '안단테 C장조'를 작곡한 나이
이기도 하다. 이 시기의 노래와 율동은 '모방적 리듬 운동
기'라 하여 영아는 주위의 호기심을 가지고 무엇이든 습득
하여 배우려는 욕구가 강하게 발현된다. 언어적 발달도 함
께 왕성해지며 단어에서 짧은 문장, 긴 문장을 구사하게
그림 3-3 2~3세의 음악표현
된다. 그래서 이 시기에 동요 테이프를 틀어주면 왕성한 언어적 음악적 성장에 도움을 줄 수
있다. 동요를 노랫말과 리듬, 선율과 반주 오케스트라의 여러 악기, 음색과 독창, 중창, 합창
의 음량 음색 등을 자주 접하게 하면 자연스러운 환경에 적응하여 노래와 율동게임을 활발
하게 할 수 있다.

영아의 성격은 만 2세가 되면 어느 정도 형성되며 각자의 개성이 들어나기 시작한다. 노
래와 율동을 하면서도 자신들의 내적 표현들을 조금씩 하게 된다. 이 시기의 상상력은 매우
왕성하게 발달하게 되며 자신의 개성과 상상력은 곧 밝고 아름다운 음악적 창작을 하게 된
다. 기쁨, 슬픔, 다양한 감정 등의 표현을 예술적 감각으로 승화시키며 노래와 율동 게임을
통해 발현됨을 알 수 있다.

이 시기에는 음의 차이를 알게 되며 노래와 율동을 즐기며 스스로 흥얼거리며 몸으로 표
현하는 활동을 통해 즐거움을 찾게 된다. 이 시기의 노래와 율동 지도 시에는 인종차별, 경
쟁의식, 인격비하 등의 가사에 유념하여 지도를 하여야 한다.

3 영아 노래와 율동의 실제

영유아들을 대상으로 하는 표준보육과정 및 누리과정의 생활주제와 연계하여 영유아 레크리에이션의 실제를 다음과 같이 계획해 볼 수 있다.

생활주제	좋아하는 놀이가 있어요	대상 / 유아수준	만 1세
일일주제	춤추고 놀이해요	교육과정 영역	의사소통, 예술경험
활동유형	신체	집단유형	소집단
교육과정 관련요소	*의사소통 > 듣기 > 주변의 소리와 말소리 구분하여 듣기 > 여러 가지 소리와 말소리 듣기에 흥미를 보인다. *예술경험 > 예술 감상하기 > 아름다움 경험하기 > 일상생활에서 리듬 있는 소리와 노래를 즐겨 듣는다.		
교육목표	*악기가 내는 여러 가지 소리를 인식한다. *노래를 듣는 경험을 즐긴다.		
자료 및 준비물	탬버린		

단계	활동내용	교수·학습활동	시간 (분)	자료 및 지도 상의 유의점
사전활동	다양한 악기 소리를 들어보고 충분히 탐색해 본다.			
도입	노랫말을 손 유희로 해본다.	1. 겨울철 날씨가 춥다는 것을 이야기 한다. 2. 감기에 대한 이야기를 한다. "요즘 바깥 날씨가 너무 추워요. 추운 날에는 감기에 걸릴 수 있답니다." "감기에 걸리면 어떻게 될까요?" "감기에 걸리지 않으려면 어떻게 해야 할까요?"	5	
전개	노래에 맞춰 다양한 악기에 관심을 갖도록 한다.	1. '감기 걸렸네' 노래를 들어본다. 〈감기 걸렸네〉 우리집 귀염둥이 감기걸렸네(에취) 우리집 귀염둥이 감기걸렸네(에취) 우리집 귀염둥이 감기걸렸네(에취) 모두 다 찾아가서 위로합시다 2. 교사와 함께 '감기 걸렸네' 노래를 손 유희로 해본다. 〈감기 걸렸네 – 손 유희〉 우리 집 : 두 손으로 지붕 모양(ㅅ) 귀염둥이 : 검지 양 볼에 대기	10	

〈계속〉

단계	활동내용	교수·학습활동	시간 (분)	자료 및 지도 상의 유의점
전개	노래에 맞춰 다양한 악기에 관심을 갖도록 한다.	감기 걸렸네 : 손을 입에 대고 토닥거린다. 에취 : 입을 가리고 있다가 에취 하고 기침을 한다. 모두 다 찾아가서 : 양손을 흔들어 달리는 모습 위로 합시다 : 두 손을 가슴에 X자로 하여 토닥토닥 두드린다. 3. 교사는 영아들과 악기를 탐색하며 소리를 들어본다. "소리 나는 놀잇감이 많이 있어요. (탬버린을 치며) 어떤 소리가 날까요?" "찰찰찰~~ 소리가 나네요." "(탬버린) ○○이가 흔들어 보니까 쉐쉐쉐 소리가 나네요." 4. 악기를 두드리고 흔들며 노래를 불러 본다. "우리 신나게 노래 부르면서 악기를 연주해 보아요."	10	
정리		영아와 함께 악기를 내려놓고 기재기를 켜며 활동을 마무리한다.	5	
확장활동		병원놀이를 해본다.		

영아기 초기 경험을 통해 다양한 소리, 언어 등에 긍정적인 경험을 할 수 있도록 하여 아름답고 문학적 가치를 향상시키는 것은 영아기 발달에 중요한 요소 중 하나이다. 소리를 통해 음감 놀이를 할 수 있으며, 소리의 다양한 길이, 크기, 여러 질이 있다는 것을 구별할 수 있도록 하며 또한 음악적 묘사로 다양한 악기를 통해 경험하는 것 또한 노래와 율동 게임의 목적이라고 할 수 있다. 자신의 감정에 따라 움직이고 흥얼거릴 때 격려를 통해 더욱 흥미를 유발할 수 있도록 하며 또한 노래를 반복하는 것은 지루한 것이 아니라 더 재미있게 도와주는 것이 노래와 율동 게임의 지도자 역할이다.

CHAPTER
04

유아의
노래와 율동

유아의 노래와 율동

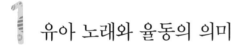

1 유아 노래와 율동의 의미

유아기 지능발달은 만 4세를 전후하여 가장 활발히 이루어진다. 따라서 취학이전의 유아기 교육적 환경은 매우 중요하다. 만 3~4세에는 청강능력뿐만 아니라 판별력이나 리듬 감수능력이 가장 급속하게 발달하여 성인의 수준에 이르게 된다. 이 시기의 음악 교육을 실시하여 음악적 능력을 크게 성장시키는 것은 매우 잘 알려진 사실이다.

그림 4-1 유아기 음악

유아기 특히 만 2~5세 까지의 어린이의 음악적 지능발달은 매우 활발한 시기이며 이 시기에 음악의 소리에 대한 개념을 깨닫게 하고 음악에 따라 여러 가지 동작으로 몸을 움직여 보는 것을 통해 몸으로 무엇을 할 수 있다는 것을 깨달을 수 있다. 근육의 조정과 상상력을 키우며 즉석에서 음악을 듣고 따라 부르거나 또는 리듬에 맞춰 발을 움직이며 음악에 반응하며 즐길 수 있도록 하는 것이 중요하다.

"음악은 즐거움의 원천이며 마음과 마음의 장벽을 무너뜨리는 힘을 갖고 있다." 노래는 분위기 조성, 긴장해소에 좋고 참가자들로 하여금 참여의식을 높여 준다. 레크리에이션 진행에 있어서 노래는 거의 예외 없이 시작과 끝을 담당하는데 이것은 예술성을 추구하는 순수음악의 입장과는 달리 그 자체를 즐기는 것이 목적이다.

그림 4-2 노래의 즐거움을 더해주는 율동

　정해진 박자나 노랫말의 상징적인 동작을 재미있게 표현하여 율동과 함께 노래를 부르면 즐거움이 배가되고, 동작을 배움으로 분위기는 더욱 고조된다. 노래와 율동이 함께 어우러지면 가사의 뜻을 정확히 이해하게 되고, 빠르고 바르게 노래를 익힐 수 있고, 입과 함께 신체를 사용하므로 정신을 집중시키고, 적극적인 자세를 취하게 된다.

1│ 기본 동작

기본 동작(기본 율동)은 기본이 되는 신체적 동작으로 이동 동작, 비이동 동작, 조작적 동작 등의 세 가지로 나눌 수 있으며, 모든 움직임과 율동은 이 세 가지 기본 동작으로 이루어져 있다.

(1) 이동 동작

이동 동작(Locomotor Movement)은 공간에서 신체의 위치를 바꾸는 동작을 말한다. 이동 동작은 비이동 동작과 함께 일어나는 경우가 많으며 경험이 많을수록 리듬적 운동능력과 표현능력이 증진되며 균형감이 풍부해져 창의적인 동작에 활용할 수 있는 기초를 이루게 한다.

(2) 비이동 동작

비이동 동작(Non-Locomotor Movement)은 몸을 축으로 하여 장소를 옮기지 않고 움직이는 동작을 말한다. 효과적인 신체 관리를 위해서는 동작의 다양성뿐만 아니라 동작의 효과적인 통제도 아주 중요하기 때문에 융통성이 제한된 비이동 동작도 중요한 의미를 가진다.

(3) 조작적 동작

조작적 동작(Manipulative Movement)은 물체와의 관계에서 이루어지며 사물에 힘을 주거나 사물로부터 힘을 받게 되는 것을 뜻한다. 추진력이 있는 동작은 물체를 신체로부터 멀리 떨어뜨리는 활동을 말한다. 흡수력이 있는 동작은 신체나 신체의 일부로 물체를 멈추게 하기 위해서 움직이고 있는 물체를 방해하는 자세를 말한다.

표 4-1 기본 동작의 예

이동 동작	비이동 동작	조작적 동작
걷기(walking), 달리기(running) 스키핑(skipping)[1], 뛰기(jumping) 앙감질(hopping)[2], 말뛰기(galloping) 미끄러지기(sliding), 뛰어넘기(leaping)	구부리기(bending), 뻗기(stretching) 꼬기(twisting), 회전하기(turning) 좌우로 흔들기(swinging) 균형 잡기(balancing)	던지기(throwing), 받기(catching) 차기(kicking), 굴리기(rolling) 공 받아치기(volleying) 공 튀기기(bouncing)

자료 : 임태섭(1997)

2 │ 동작의 연령별 발달 특징

연령	동작의 발달 특징
만 3세	• 동작을 곁들인 노래나 손가락 놀이를 할 때 몸짓까지 해가며 열심히 참여 • 걷기, 달리기가 이루어지고, 3세 반 정도에는 자신이 편한 발로 앙감질 할 수 있음 • 모방 능력을 발휘하여 상징적 표현을 하기 시작하므로 동작에서도 상상적 움직임 연출 가능
만 4세	• 모양을 따라 걸을 수 있음 • 잘 사용하지 않는 발도 앙감질을 하게 됨 • 한 발로 혹은 한 쪽으로 스키핑할 수 있음 • 정확하게 지시를 해주면 한 동작으로부터 다른 동작으로 전환 가능 • 자신의 기분이나 생각을 다양한 방법으로 표출함으로써 정서적 안정감을 얻음
만 5세	• 언어적 능력의 확장과 함께 더 많은 동작 기술을 익힘 • 대부분 유아들이 스키핑할 수 있음 • 간단한 무용이 곁들인 다양한 종류의 집단 노래 게임에 참여 가능 • 상징적 기능을 사용하여 상상놀이나 가장된 행동을 즐거워함

---

1) 한 발짝 앞으로 걷고 가볍고 빠르게 뛰어오르는 동작이 함께 일어나는 움직임이다.

2) 한 발은 들어 올리고 한 발에 온몸의 무게를 실어 점프하는 동작이다(한 발은 들고 한 발로만 뛰는 동작).

3 | 기본 동작의 진행

다음은 동작의 연령별 능력 발달에 대해 살펴보고자 한다.

표 4-2 기초적 동작의 진행의 예시(북소리에 맞추어 걷기)

연령	동작의 연령별 능력 발달
만 3세	• 손뼉을 빠르게 느리게 쳐보기(진행자가 유아의 손뼉 치는 속도에 맞추어 북 쳐주기) • 북을 소개하고 북소리에 맞추어 손뼉 치기(느리게, 빠르게) • 의자에 앉아 북소리에 맞추어 다리 움직이기 • 유아가 나와서 걸으면 진행자가 유아의 걸음걸이에 맞추어 북 쳐주며 함께 걷기
만 4세	• 유아들에게 북소리를 들려주고 소리의 차이점에 대해 이야기 나누기 • 느리고 크게 • 빠르고 작게 (북소리의 속도에 소리의 크기 첨가) • 북소리에 맞추어 손으로 무릎 치기, 발 구르기 • 북소리에 맞추어 걷기
만 5세	• 유아들에게 북소리를 들려주고 소리의 차이점에 대해 이야기 나누기 • 빠른 속도로 강, 약 • 느린 속도로 강, 약 • 중간 속도로 강, 약 (북소리를 세분화하여 활동) • 북소리에 맞추어 손뼉 치기 • 북의 옆면을 치면 멈추기 (북의 치는 부위에 따라 다른 소리 구분하기) • 북소리에 맞추어 걷기, 멈추기

4 | 연령에 따른 율동의 예시

(1) 만 3세 율동의 예시

표 4-3 만 3세 율동의 예시(달팽이집을 지읍시다)

	내용
율동의 계획	**1) 계획한 율동에 나타난 동작에 대한 이해** • 구조적 율동 '달팽이집을 지읍시다'에 나오는 동작 점검, 원 만들기, 옆으로 걷기, 앞으로 걷기, 뒤로 걷기 **2) 율동을 하기 전의 사전 준비** • 마당놀이를 시작하기 전이나 모여서 들어올 때 자연스럽게 원을 만들어 서보는 경험 갖기

〈계속〉

	내용
율동의 계획	• 마당놀이를 하기 전 옆으로 걷고 뒤로 걸어보기 • 사전에 전이활동으로 '달팽이집을 지읍시다' 노래를 부르며 손 유희 활동해보기
율동의 진행	• 달팽이 그림 자료를 이용해 이름과 달팽이집의 모양에 대해 이야기하기 • 우산으로 만든 달팽이 율동 자료를 달팽이집과 연관지어 이야기하기 　– (우산을 편 후) 달팽이집이 동그랗네 　– (우산을 접으며) 어 점점 작아지네 • 노래를 부르며 손으로 표현해보기 　'좁다, 넓다'의 의미 생각해보기 • 우산자료를 이용하여 율동 알려주기 　친구들과 함께 달팽이집을 지으려면 어떻게 할지, 점점 좁게, 크게 지으려면 어떻게 할지 이야기하기 • 유아 3~4명과 함께 율동 보여주기 • 모두 원을 만들어 달팽이집 짓기 율동하기
연령별 난이도 조절	〈만 5세에서 진행할 경우〉 • 배운 율동의 형식으로 소개 • 율동을 변형하여 해보기 　– 안쪽 원과 바깥쪽 원 만들기 　– 안쪽 원은 바깥쪽을 보고, 바깥쪽 원은 안쪽을 보고 율동하기

(2) 만 4세 율동의 예시

표 4-4 만 4세 율동의 예시(춤을 춥시다)

	내용
율동의 계획	• 계획한 율동에 나타난 동작에 대한 이해 　– 짝 율동 '춤을 춥시다'에 나오는 동작 점검 　– 유아가 자신의 표현대로 움직일 수 있는 동작, 두 사람이 서로의 신체 부위를 잡고 함께 도는 동작 • 율동의 사전 준비: 특별한 사전 준비 없어도 가능한 율동
율동의 진행	• 도입으로 몸 풀기 율동하기 　신체 부분을 지정해 주고 그 부위만 흔들어 보기(유아들이 춤을 추는 동안 '춤을 춥시다' 후렴 부분 쳐 　주기) • 노래 들려주기 • 음악의 느낌 이야기해보고, 어떤 동작을 할 수 있을지 생각해보기 　– 흥겹고 신나는 음악임 　– 둘이 함께 짝을 지어 율동함 　– '춤을 춥시다' 부분은 자신이 원하는 방법으로 춤추기 • 유아 한 명과 짝을 지어 율동 보여주기 • 유아끼리 짝을 지어 율동하기

〈계속〉

	내용
율동의 진행	'춤을 춥시다' 부분에서 창의적으로 표현한 유아 격려해주기 • 율동에 대해 평가 후 다시 한 번 율동하기 유아들의 동작이 음악에 맞추어 잘 이루어졌는지에 대해 평가하고 다시 한 번 율동하기
연령별 난이도 조절	〈만 3세에서 진행할 경우〉 • 만 3세 유아의 경우 신체 조절력이 미숙할 수 있으므로 율동의 동작 중 '코 잡고' 부분은 상대 유아의 코가 아닌 자기 코를 잡고 율동할 수 있음 • 율동을 소개할 때 '춤을 춥시다' 부분도 정해진 율동으로 진행할 수 있음

(3) 만 5세 율동의 예시

표 4-5 만 5세 율동의 예시(글자(음소)가 되어 보세요)

	내용
율동의 계획	• 계획한 율동에 포함시킬 동작에 대한 이해 　– 기본동작 '걷기, 스키핑, 앙감질' 　– 비이동 동작 '구부리기, 뻗기, 꼬기' 등 　– 유아 2~3명이 함께 협동하여 창의적으로 만드는 동작 • 율동의 사전 준비 　– 기본동작 '걷기, 스키핑, 앙감질'을 충분히 경험 후 진행 　– 유아들이 우리나라의 글자에 관심을 갖고 있는지에 대해 점검하기 '글자 꾸미기', '글자(자음, 모음) 　　도장 찍기'와 같은 조형활동 '글자나무 꾸미기'와 같은 게임 활동을 통해 글자에 대한 관심을 증가시 　　킬 수 있음
율동의 진행	• 자리에 앉기 전에 음악에 맞추어 걷기, 스키핑, 앙감질하기 • 자리에 앉아 글자를 보며 손가락과 몸으로 글자의 모양을 표현하기 창의적으로 표현한 유아가 나와 동작 소개하기 • 율동의 방법 알려주기 걷기, 스키핑, 앙감질 음악에 맞추어 움직이다 피아노 소리가 멈추면, 교사가 보여주는 글자의 모양을 몸으로 표현하기 • 반집단으로 나와서 율동하기 　– 처음에는 혼자 표현할 수 있도록 하다가 2~3명이 함께 만들어 볼 수 있도록 하기 　– 글자를 표현할 수 있도록 충분한 시간 주기 　– 창의적으로 표현한 유아의 동작을 말로 이야기 해주며 율동을 격려하기 • 율동에 대해 평가하기 유아들이 음악에 맞추어 동작을 잘 했는지, 글자의 모양을 잘 표현했는지에 대해 평가하기 • 전체 유아가 나와서 율동하기

〈계속〉

	내용
연령별 난이도 조절	• 만 5세 유아를 대상으로 '걷기, 스키핑, 앙감질' 동작으로 진행했다면 만 4세 연령에서는 가능한 기본 동작 '걷기' 혹은 '걷기, 스키핑' 동작으로 줄여서 진행할 수 있음 • 만 5세 연령에서 '글자'를 표현했다면, 민 4세 연령에서는 그 연령에게 익숙한 모양을 표현해볼 수 있 음. 모양을 만들 수 있는 신체부분 찾아보고, 신체부분으로 모양 만들기 • 만 5세의 경우 2~3명이 협동해서 글자를 표현하는 과정이 있었지만 만 4세 유아는 혼자 표현하는 율 동으로 진행할 수 있음

2 유아 노래와 율동 게임

1│ 유아기 발달의 특성

① 유아의 본능 중 노래를 만들어 내는 본능이 있어 자기 주변에 있는 모든 물체를 음으로 만들어 낼 수 있다.

② 유아는 음향환경, 즉 소리의 변화에 민감하다. 새로운 소리, 평범하지 않은 소리에 관심을 끌며 부드러운 고음을 선호하는 경향이 있다.

③ 유아는 리듬 패턴의 변화와 빠르기, 비트의 변화에도 반응을 나타낸다. 빠르기와 비트의 변화는 유아의 심장박동에 변화를 준다.

④ 유아는 옹알이 내지 자발적인 노래 부르기를 좋아하며 이는 창작행위로 볼 수 있다.

⑤ 유아는 음악에 맞춰 몸을 흔들거나 춤추기를 좋아하며 즐긴다.

⑥ 유아는 성인의 모방을 통해 노래를 배우고 반복하며 기억하게 된다. 선율이나 화정적인 것보다 리드미컬한 곡에 더 관심을 기울인다.

⑦ 여러 사람과 함께 맞춰 노래를 부르는 것은 다소 어려워하고 너무 높거나 낮거나 빠른 곡을 부르기도 어려워한다.

⑧ 유아들은 귀로 듣고 기억하기를 좋아하며 단음으로 반주해야 잘 알아듣는다. 흥미를 유발하지 않는 노래는 싫어하고 오랜 시간 앉아서 음악을 듣는 것을 어려워한다.

⑨ 타악기에 흥미가 집중되기 시작한 후 여러 악기의 특징적인 음색 자체에 호기심을 갖는다. 따라서 악기를 만지고 치고 두드려보는 등 탐색을 통해 자유롭게 소리를 울려보는 충동적인 악기놀이를 즐긴다.

⑩ 노래를 좋아하고, 노래에 대한 소질이 있어도 뚜렷이 나타나지 않을 수 있다. 특히 박자 감이나 리듬감, 음정감 등이 정확하지 않다.

(1) 만 3세

유아의 인지적 발달단계와 음악적 능력을 살펴보면 만 3세의 경우 행동적 특성은 뛰고 달리고, 음악에 맞춰서 걸으며 자제심이 있고 귀를 기울일 줄 안다. 집중력이 생기기 시작하며 말을 구사하고 두 가지 물체를 비교하는 성장을 보인다. 특정한 동작에 특정한 음악을 사용하여 소리를 비교할 수도 있다. 노랫말을 붙이며 자신의 생각을 음악으로 나타내고 상상하기를 좋아하기 때문에 음악적 단계에서 게임을 시도함으로 활동을 넓힐 수 있다. 또한 악기를 가지고 노래를 만들 수 있다.

(2) 만 4~5세

만 4~5세는 활동은 더욱 활발해지고 스스로 조절하며 법칙을 좋아한다. 법칙에 따라 노래를 부르고 춤을 추는 것을 즐기며 특정한 리듬의 형태를 익혀 음악적 단계를 밟을 수 있다.

2 ┃ 유아의 음악 동작발달 특성

유아들이 신체적으로 성장함에 따라 음악을 인지하여 이에 반응하는 신체동작도 발달하게 된다. 자연스러운 리듬감 개발을 위한 연령별 단계에 따른 신체동작의 발달 특성을 살펴보자.

(1) 만 3세

음악을 들으면서 보다 균형감 있게 움직일 수 있으며, 걷기나 발끝으로 걷기와 같은 다른 유형의 동작을 실험하기도 한다. 근육 조정력이 조화 있게 발달해 있어 실로폰과 같은 악기를 다룰 수 있으며 평균대 위를 한 발로 잠깐 설 수도 있고 달리기는 속도 변화도 가능해서 템포의 변화를 신체적으로 느끼며 표현할 수도 있다.

움직임이 예전보다 조화롭고 자연스러워 동작을 곁들인 노래나 손가락 놀이를 할 때 몸짓까지 해가며 열심히 참여한다. 때로는 노래를 부를 때 창의적으로 극을 연출하거나 몸짓을 더하기도 한다. 그리고 간단한 노래 게임의 규칙과 동작들을 따를 수 있어 몸동작을 통한 크다, 작다, 빠르다, 느리다 등의 음악적 요소들을 개념화하기 시작한다. 특히 박자에 관해서는 느린 박보다는 빠른 박의 기본 박을 더 쉽게 따라하는 경향이 있다.

(2) 만 4세

이 시기의 유아는 일반적으로 신체 활동이 자유로워지고 손가락 운동이 자유로워지며 양손으로 따로따로 다른 행동을 할 수 있게 된다. 그리고 가락악기를 칠 수 있는 능력이 현저히 발달하며 자신이 좋아하는 노래를 갖게 된다. 리듬을 요구하는 동작을 할 때면 자발적으로 관련 있거나 연상되는 노래를 부른다(예: 그네를 타면서 '그네'에 관련된 노래를 부른다.).

미숙했던 표현활동은 만 4세에 이르는 동안 보다 세련되어져 표현의 정확성이 향상된다. 따라서 만 4세가 되면 균형감, 안정된 박자의 느낌, 반복되는 움직임의 패턴 등 움직임의 능력이 신장되어 빠르기의 변화, 계속되거나 끝나는 느낌, 긴 음과 짧은 음, 큰 소리와 작은 소리, 높고 낮은 음의 차이에 적절한 반응을 할 수 있어 자신의 정서를 동작을 포함한 다양한 방법으로 표출함으로써 정서적 안정감을 얻을 수 있다.

(3) 만 5세

만 5세 이후부터는 언어적 능력의 확장과 함께 더 많은 동작 기술을 익힌다. 동작들이 예전보다 더욱 리듬감 있고 간단한 무용이 곁들인 다양한 종류의 집단 노래 게임에도 참여할 수 있다. 이 시기에는 근력 협응력이 증진되고 이것이 증진됨에 따라 리듬 활동을 하며, 공간과 동작을 탐색하는 데 흥미를 느끼게 된다. 이 시기의 유아들은 뛰고 스킵(skip)하고, 춤추고, 길 수 있고, 또한 공도 던지고 받을 수 있게 되어 이러한 신체적 활동들을 음악에 맞추어 움직일 수 있어 리듬게임, 율동을 특별히 좋아한다.

3 | 준비사항

(1) 노래 – 곡을 선택할 때

① 지도자가 좋아하는 노래보다는 대상의 수준과 기호에 맞는 노래를 선택한다.

② 전체의 주제와 분위기에 맞는 노래를 선택하고 이를 완전히 익힌다.

③ 모두가 좋아하는 노래를 선택하여 다 같이 부를 수 있도록 한다.

④ 특수한 모임의 성격이 아니면 여러 종류의 노래를 골고루 선택한다.

⑤ 프로그램이 목적하는 어떤 목표나 성과를 꾀할 수 있는 곡을 선택한다.

⑥ 성인은 안단테(Andante, 천천히 걷는 빠르기로), 청소년은 알레그로(allegro, 빠르게)[3], 빠른 듯하면서 리듬이 강한 곡이 좋다.

⑦ 노래가 미치는 영향(암시 효과)을 생각하여 희망적이고 밝은 노래, 건전하고 적극적인 노래를 선택한다.

(2) 노래 – 노래를 지도할 때

① 가르친다는 인상보다는 함께 노래 부르면서 노래를 리드하는 입장을 취한다.

② 참가자들의 음역을 잘 선정하여 무리가 없는 소리로 첫 음정을 잡아 준다.

③ 악보(인쇄물)에 이상이 없나 확인하고, 참가자들의 실력 향상을 꾀한다.

④ 선곡한 노래와 관련된 다양한 지식과 화제를 미리 준비하여 분위기를 이루어 나가는 방법으로 활용한다. – 노래를 잘 해석해 둘 것

⑤ 먼저 지도자가 노래를 부르거나, 음반이나 테이프를 감상하게 하여 사전에 노래의 분위기를 조성한다.

⑥ 노래를 하면서 손뼉을 치게 하거나, 동작을 붙이거나, 게임으

그림 4-3 노래 지도

---

3) 템포(tempo, 빠르기)에 대한 개념은 단순한 음표의 간격에 의한 것이 아니라 규칙적인 움직임을 가진 박자에 의한 것이다. 일반적으로 보통빠르기(moderato)의 템포는 1분당 60~80번의 규칙적인 움직임을 말하며, 이는 인간의 맥박수와 비슷하다.

로 연결하여 노래로부터 동적인 면을 연출한다.

⑦ 간혹 파트를 나누어 노래하게 함으로써 음악적 조화를 강조한다.

⑧ 박자에 맞는 시작 구령을 붙인다. (예: 4/4박자: 하나 둘 시~작, 3/4박자: 하나 시~작, 2/4박자: 시~작)

⑨ 박자를 지휘하는 법도 정확히 익혀둔다.

⑩ 노래를 따라 부르게 할 때 노래 소리가 작으면 다시 시작하고, 언제나 프로그램 참가자들에게 적극적인 참여를 유도한다.

(3) 율동 – 율동을 만들 때

① 노래 선정을 잘해야 된다.

② 동작은 간단하면서 쉬운 것으로 하고, 난해한 동작은 피한다.

③ 직접적인 표현보다는 상징적인 표현을 한다.

④ 혐오감을 주거나 감정적으로 거부감을 주는 동작은 피한다.

⑤ 모든 율동에는 정해진 동작이 없으므로 지도자의 개성에 따라 얼마든지 쉽고 재미있게 변형시킬 수 있다.

(4) 율동 – 율동을 지도할 때

① 지도자의 동작은 신체가 허락하는 최대의 동작을 해야 한다.

② 한 소절씩 끊어서 지도한다.

③ 좌우 방향을 잘 설정해야 한다. - 강의형일 경우는 대상과 반대 동작, 원형일 경우는 대상과 같은 동작을 한다.

④ 대상과 함께 동작을 한다.

⑤ 가사를 불러주면서 지도한다.

⑥ 1/100초(아주 조금) 앞선 동작을 한다.

⑦ '콜(cal)'을 하거나 상징적인 '멘트(announcement)'를 넣어 준다.

(5) 율동의 유형

① 박자 율동

박자 율동은 노래를 부르면서 같이 즐길 수 있는 게임이다. 원형으로 앉거나 강의형으로 앉거나 하는 것은 지도자가 분위기를 파악해서 적절히 운영한다.

박자	율동
2박자	1박자 – 왼손을 왼쪽 무릎에 놓되 손바닥이 하늘을 향하게 한다. 　　　　　오른손으로 왼손을 덮으면 이것이 하나! 2박자 – 오른손으로 오른쪽에 있는 사람의 왼손을 치면 둘! 　　　　　'하나! 둘! 하나! 둘!' 하면서 노래를 부른다. 중간에 리더는 "손 바꿔서!"라는 구령을 넣어 왼손이 왔다 갔다 하면서 손뼉을 치게 하면 변화도 있고 더 재미있다. "손 바꿔서!"라는 구령은 1박자에 "손 바꿔", 2박자에 "서!"를 붙인다.
3박자	1박자 – 하나에 양손 무릎치고, 2박자 – 둘에 손뼉, 3박자 – 셋에도 손뼉을 친다. 하나에 양손 무릎치고, 둘에 손뼉, 셋에도 손뼉을 친다. 두 번째로, 셋에 만세를 부른다. 세 번째로, 셋에 양팔을 벌려 좌우에 있는 사람과 서로 손을 마주친다. 네 번째로, 셋에 왼손은 왼쪽 사람이 칠 수 있게 내밀어 주고 오른손은 오른쪽 사람이 받혀 주는 손바닥을 친다.
4박자	무릎 두 번, 손뼉 두 번을 반복해서 친다.
6박자	1박자 – 가슴에서 손뼉을 치고 2박자 – 왼손을 오른쪽 팔꿈치에 갖다 대고 3박자 – 왼손으로 오른쪽 가슴을 가볍게 치고 4박자 – 오른손으로 왼쪽 가슴을 가볍게 치고 5박자 – 오른손을 왼쪽 팔꿈치에 갖다 대고 6박자 – 얼굴 앞에서 두 손을 동그랗게 모은다. 이것을 반복한다.
8박자	4박자를 2번 반복하거나 다음과 같이 한다. 1, 2박자 – 양손으로 무릎 2번 3박자 – 가슴에서 손뼉 4박자 – 상대방과 오른손끼리 마주치기 5박자 – 가슴에서 손뼉 6박자 – 상대방과 왼손끼리 마주치기 7박자 – 가슴에서 손뼉 8박자 – 상대방과 양손 모두 마주친다.
16박자	4박자나 8박자를 이용하여 반복하면 된다.

② 머리 어깨 무릎 발

1절 - 가사 대로 율동하기

2절 - 반대로 율동하기

3절 - 왼손은 가사 대로 오른손은 반대로 율동한다.

③ 나귀 타고

첫째, 노래 부르면서 '고' 자는 빼고 부르기

"많이 하는 게임이지만 꼭 틀리는 사람이 나오죠!"

둘째, 노래 부르면서 무릎 두 번, 손뼉 두 번 동작을 반복한다.

단, '고' 자가 나올 때는 박수를 머리 위에서 쳐야 한다. 이것이 익숙해지면 반대로 해본다. 노래 부르면서 머리 위에서 손뼉 두 번, 가슴에서 손뼉 두 번 동작을 반복하다 '고' 자가 나올 때만 무릎을 친다.

④ 뽀뽀뽀 개사곡

뽀뽀뽀 노래에 단어 붙이기(이응, 리을 등)

"아빠가 출근할 땐 뿡뿡뿡 엄마가 안아줘도 뿡뿡뿡

만나면 반갑다고 뿡뿡뿡 헤어지면 또 만나요 뿡뿡뿡

우리는 귀염둥이 뿡뿡뿡 친구

뿡뿡뿡 뿡뿡뿡 뿡뿡뿡 친구~"

뽀뽀뽀 노래를 한문으로 개사하는 게임이다.

"부친이 출타 시에 접접접 모친이 포옹 시에 접접접

상봉시 환영해요 접접접 이별시 재회해요 접접접

오등은 재동동자 접접접 붕우

접접접 접접접 접접접 붕우 쾌재~"

⑤ 인디안 보이

인디안 보이 노래의 음에 맞춰 해보는 기억력 게임이다.

"한 꼬마 두 꼬마 세 꼬마 인디안 ~~~~~~ 열 꼬마 인디안 보이"

"하늘 밑에 달 밑에 별이 있어요~~~~~~~~~~~~~~~~ 별이 있어요."

"하늘 밑에 달 밑에 별 밑에 구름이 있어요~~~~~~~~~~~ 구름이 있어요."

이렇게 하나씩 늘려 나간다. 마지막엔, "하늘 밑에 달 밑에 별 밑에 구름 밑에 비행기 밑에 굴뚝 밑에 지붕 밑에 생쥐 밑에 천장 밑에 침대가 있어요 ~~~~~~~~~~~~~ 침대가 있어요." 처럼 얼마든지 더 늘려갈 수 있다.

* **도움말** 지도자가 그 순서를 잘 외우고 있어야 게임을 진행해 가는 데 무리가 없다.

⑥ 시장 보기

기억력 테스트 게임으로는 '시장 보기'가 있다.

둥그렇게 앉아 시작하는 사람이 "나는 오늘 시장에 가서 달걀을 샀습니다." 하면,

옆 사람이 "나는 오늘 시장에 가서 달걀과 파를 샀습니다."

그 옆 사람은 "나는 오늘 시장에 가서 달걀과 파와 거울을 샀습니다."

이런 식으로 늘려 나간다.

⑦ 퐁당퐁당

이 게임은 노래와 간단한 모션과 게임이 조합된 좋은 게임 중의 하나이다.

	활동방법
준비	왼손을 엄지만 접고 모두 편다. 오른손은 검지만 편다. 퐁당퐁당 노래의 첫 4박자마다 오른손 검지로 왼손의 손가락 끝을 1박자에 손가락 하나씩 터치해 준다.
노래와 모션	퐁당퐁당(손가락 터치) 돌을 던지자(오른손으로 자신의 머리를 대었다가 던지는 시늉) 누나 몰래(손가락 터치) 돌을 던지자(옆 사람 머리를 던지는 시늉) 냇물아(손가락 터치) 퍼져라(자신의 양 볼을 잡고 양 옆으로 늘렸다 오므렸다 반복)

〈계속〉

	활동방법
노래와 모션	멀리멀리(손가락 터치) 퍼져라(옆 사람 양 볼을 늘렸다 오므렸다 반복) 건너편에(손가락 터치) 앉아서(오른손으로 자신의 무릎을 세 번 친다) 나물을(손가락 터치) 씻는~(세수하는 모습) 우리 누나(손가락 터치) 손등을(오른손으로 왼손 등을 어루만진다) 간지러 주어(손가락 터치) 라~(옆 사람 간지럼 태우기) 간지럼
마무리	마지막 노래 끝부분의 '~ 간지러 주어라' 할 때 지도자의 주문 사항이 달라진다. "~~~ 주어라 옆 구리!"라고 주문하면 옆구리를 먼저 간지럼 태운다. "~~~ 주어라 배꼽!" 뿐만 아니라 여러분 맘대 로 엉덩이, 다리, 겨드랑이, 발바닥 등등 알아서.

* **도움말** 동작은 가사를 한 소절씩 읽으면서 가르쳐준다. 노래는 새로 시작할 때마다 점점 빠르게 진행하도록 해야 박진감이 있다. 간지럼
을 태우는 시간은 5초 미만으로 한다. 대상들이 간지럼 태우고, 피하고 어수선하더라도 "다시 준비하시고!"라고 외친 후 곧 바로 노래를
시작하면 정리가 된다. 당연히 기타를 치면 좋고, 아니면 옆에서 쳐 줘도 좋다. 피아노를 쳐 주면 더욱 좋고, 노래방 기계가 있으면 더 좋
다. 노래방 기계를 사용 시에는 한 소절씩만 하는 게 좋다.

⑧ 노래하며 안마하며

	활동방법
준비	먼저 간단한 스트레칭으로 양손을 손가락지로 끼게 하여 손목과 손가락을 돌려 근육을 풀어주고, 그 다음에는 양팔을 뒤로 길게 펴서 기지개를 켜게 한다. 오른쪽으로 전체가 돌아서 앉게 한 다음 빠른 곡의 노래를 부르면서 안마를 한다. 안마는 오른쪽, 왼쪽, 앞사람 때리기, 주무르기, 꼬집기, 허리 만 지기, 간지럼 태우기 등을 즐겁게 하도록 주문한다. 이와 같은 동작들이 익숙해지면 이번에는 리더의 '하나, 둘, 셋, 넷 등'의 구령에 따라 아래와 같이 활 동을 하게 한다(이때에는 빠른 박자의 노래를 부르며 한다).
노래와 모션	하나 : 오른쪽 사람의 어깨를 안마한다. 둘 : 왼쪽 사람의 어깨를 안마한다. 셋 : 엉덩이를 위로 2회 들썩거리며 손뼉 친다. 넷 : 옆 사람을 간지럼 태운다. 다섯 : 일어서서 디스코를 춘다. 여섯 : 손잡고 오른쪽으로 8스텝 한다. 일곱 : 손잡고 왼쪽으로 8스텝 한다. 여덟 : 손을 위로 잡고 가운데로 모인다(아니면 서로의 어깨를 잡은 상태에서 오른 다리를 위로 찬다.). 아홉 : 손을 아래로 내리면서 뒤로 간다(아니면 서로의 어깨를 잡은 상태에서 오른 다리를 위로 찬다.). 열 : 옆 사람의 배꼽을 찔러 준다.

〈계속〉

	활동방법
노래와 모션	열하나 : 하던 동작을 멈춘다.
마무리	하나에서 다섯까지는 앉아서 할 때 적당하고, 여섯부터 열하나까지는 큰 공간에서 일어서서 하면 재미있게 진행할 수 있다.

⑨ 온몸을 흔들어

'머리 흔들어, 어깨 흔들어, 팔도 흔들어, 배꼽은 빼고, 엉덩이 흔들어, 발도 흔들어'라는 가사를 불러 주면서 행동을 같이 하게 한 다음 얼룩송아지 노래도 노래 부르며 행동하기, 두 번 정도 연습을 한 다음엔 행동을 더해가며 노래를 부른다(머리를 흔들었으면 어깨 흔들 때에도 계속 흔든다. 그러니까 한번 흔든 것은 노래가 끝날 때까지 흔드는 것이다.).

그림 4-4 노래와 함께 상대방을 안마해 주어 친밀감을 높여준다.

3 유아 노래와 율동의 실제

영유아들을 대상으로 하는 표준보육과정 및 누리과정의 생활주제와 연계하여 영유아 레크리에이션의 실제를 다음과 같이 계획해 볼 수 있다.

생활주제	교통기관과 안전	대상 / 유아수준	만 5세
일일주제	기차놀이	교육과정 영역	예술경험
활동유형	음률	집단유형	대·소집단
교육과정 관련요소	예술경험 > 아름다움 찾아보기 > 움직임과 춤 요소 탐색하기 > 움직임과 춤의 모양, 힘, 빠르기, 흐름 등을 탐색한다.		
교육목표	·신체의 움직임으로 음의 속도(Tempo)를 안다. ·기본동작으로서 리듬감을 익힌다.		
자료 및 준비물	피아노, 큰 악보, 기차 사진		

단계	활동내용	교수·학습활동	시간 (분)	자료 및 지도 상의 유의점
사전활동	기차 등 탈것에 대해 배웠다.			
도입	기차에 대한 기억을 상기시키기 위해 다양한 질문을 한다.	1. 유아들에게 기차사진을 제시하며 기차에 대해 이야기를 나눈다. 2. 기차를 타본 경험에 대하여 이야기를 나눈다. "기차는 어떤 소리를 내나요? 기차를 타면 어떤 기분이 드나요?"	5	
전개	'천천히, 빠르게' 움직임을 정확히 하도록 한다.	1. 자유롭게 서서 기타의 특성을 표현해 본다. "기차 몸체는 어떻게 표현할 수 있을까요?" "기차 바퀴를 표현해 보세요." 2. 악보를 보며 기차 노래를 교사가 한 소절씩 불러주고 유아가 따라한다. 〈기차〉 칙칙폭폭 떠나간다 어서어서 올라타라 우리동무 웃음동무 조롱조롱 올라타라 칙칙폭폭 다왔다네 어서어서 내려다오 올망종말 우리동무 다음다음 또만나자	20	

〈계속〉

단계	활동내용	교수·학습활동	시간 (분)	자료 및 지도 상의 유의점
전개	'천천히, 빠르게' 움직임을 정확히 하도록 한다.	3. 열 명의 유아가 길게 서서 앞사람의 어깨나 허리를 두 손으로 잡고 기다란 기차를 만들어 "기차놀이" 노래를 부르며 움직인다. 4. 피아노 소리에 맞춰서 움직인다. 　예) 피아노를 천천히 여리게 치면 '천천히' 달린다. 　피아노 소리가 멈추면 '멈춘다'. 5. 교사의 언어적 지시에 따라 움직인다. 　"여기는 기차역이에요. 함께 기차를 타고 시골로 가 볼까요?" 　"기차가 출발하려 해요." 쉬－ 　"기차가 서서히 출발해요." 　"기차가 점점 빨리 달려요." 　"기차가 거의 다 왔는데 느려지고 있네요." 　"기차가 서서히 역에 들어와서 섰어요. 다 왔어요." 6. 교사의 이야기에 따라 개인이 손뼉 치기, 발 구르기로 표현해 본다.	20	
정리		유아들과 함께 오늘 한 활동에 대해 자신의 생각과 느낀 점을 이야기해 본다.	5	
확장활동		훌라후프 등의 도구를 이용해 기차놀이를 해 본다.		

　유아들의 노래와 율동활동은 흥을 돋우며 창의적인 표현을 구사하기에 매우 적합하다. 특히 새로운 노래를 만들어 보면서 하는 활동은 다양한 언어로 노랫말을 구사하여 언어발달을 촉진시킬 수 있다. 이때 멜로디를 익혀 노랫말의 포인트가 되는 부분만 새로운 언어로 표현해도 활동은 즐거워질 수 있다. 유아들에게 어떤 노랫말이 있으면 좋을지 소통하며 새로운 노랫말과 그에 맞는 율동으로 교육적 효과를 높이는 활동으로 전개가 가능하다.

CHAPTER
05

새 노래 배우기

CHAPTER 05

새 노래
배우기

1 새 노래 배우기 진행방법

다양한 음악활동 중에서 특히 '노래'에는 유아들의 생각이나 감정이 담겨 있으며, 정교하고 정확한 음성언어로 표현하는 성인들과 달리 노래를 통해 유아들의 기분이나 감정이 더 잘 전달되기도 한다(Hollander & Juhrs, 1974).

누리과정의 예술경험 영역에도 노래 부르기 활동이 포함되어 있다. 유아들이 노래를 부르고, 리듬악기를 연주하는 등 다양한 음악활동을 통해 자신의 생각과 느낌을 표현하고 있다. 다양한 장르의 노래를 부르는데, 자신의 느낌을 자유롭게 표현할 수 있도록 노랫말을 바꾸어 부르거나 좋아하는 리듬을 넣어서 부르기 등 다양한 방법으로 노래하기를 주요 내용으로 하고 있다. 또한 대·소집단활동과 자유선택활동에서 다양한 음악적 활동을 골고루 경험할 수 있는 탐색과 표현의 기회를 풍부하게 제공해 줄 것을 강조하고 있다(교육과학기술부, 2013).

1 | 새 노래 배우기

새 노래 배우기는 노래를 따라서 부르고 율동으로 이어지는 모든 활동을 말한다. 영유아들에게 새 노래 지도 시 노랫말을 바꾸어 부르기 등의 활동을 통해 창의성의 증진과 유창성, 융통성, 독창성 등에서 긍정적인 영향을 미칠 수 있다. 이러한 활동은 현실의 고정관념을 탈피하여 자유로운 상상력을 얻게 하고, 이러한 상상력을 통해 끝없는 연

그림 5-1 영유아들의 새 노래

상 작용으로 새로운 사고를 하게 함으로써 창의성이 개발된다. 또한 다양한 어휘를 구사하여 어휘력과 유창성 또한 기를 수 있는 이점이 있다. 새 노래 배우기는 영아들의 흥을 돋우며 노래를 즐겁게 부르고 잘 부를 수 있도록 도우며 영유아들이 스스로 노래를 부름으로써 신체적·정서적 안정을 도모한다. 그러므로 영유아기에 노래를 부를 수 있는 기회를 제공하고 풍부한 경험을 할 수 있도록 영유아들의 수준에 맞는 효율적인 노래 부르기를 하는 것이 중요하다.

영유아의 발달적 특성과 연령별 특성을 고려하여 연령에 적합한 곡을 선택해야 한다. 노래 부르기의 발달은 다른 영유아들의 노랫소리에 귀를 기울이면서 시작되고, 율동적 움직임이나 놀이를 하면서 행동과 함께 자발적으로 노래함으로써 몸의 움직임으로 반응하는 것이다(최성숙, 1999). Greenberg에 의하면, 영유아의 노래 부르기 발달단계는 언어발달과 관련하여 〈표 5-1〉과 같이 다섯 단계로 구분될 수 있다(M. Greenberg, 1993).

2 | 준비사항

새 노래 배우기를 하기 위해서는 먼저 지도자가 충분히 노래를 익히고 있어야 한다. 지도자는 사전에 노랫말과 율동까지도 함께 숙지하고 있어야 하며, 새로운 것을 표현하는 창의성 또한 필요하다. 새 노래 배우기는 레크리에이션에서 싱어롱으로 표현하기에 선행 활동이 될 수 있다. 싱어롱(Sing Along)은 남녀노소를 막론하고 함께 노래 부르며 율동하는 것이다. 대

표 5-1 연령에 따른 영유아의 노래 부르기 발달단계

연령	노래 부르기 발달 내용
제1단계 (0~3개월)	• 초기 발성(The First Vocalization) 단계 • 이 시기의 소리는 대개 우연히 생겨나는 것으로 단순히 발성에 관계하는 근육의 긴장이 변화함에 따라 발생하는 소리 • 소리의 레퍼토리는 제한되어 있으며, 매우 빨리 새로운 소리들과 접촉함. • 가장 흔한 소리는 우는 소리와 "구구" 하는 소리
제2단계 (3개월~ 1년 6개월)	• 발성실험과 소리모방(Experimentation and Sound Imitation) 단계 • 목의 근육을 잘 놀리게 되고 턱·입술·혀를 잘 움직임. • 울음을 연장하거나 반복시킬 수도 있으며, 주의를 사로잡을 수 있는 소리를 내기도 함. • 점차 재잘거리는 말투로 발달하여 질문에 응답하거나 한두 단어를 붙여 문장을 만드는 것도 가능해지면서 노래를 부를 수 있는 준비를 갖춤.
제3단계 (1년 6개월 ~3년)	• 노래 부르기의 접근(Approximation of Singing) 단계 • 찬트(chant)를 하는 시기 • 좀 더 리듬감이 있고 멜로디도 변화 있게 노래 부르기 시작함. • 처음에는 '솔(G)'과 '미(E)'의 두 음으로 노래 부르기 시작하여, 점차 '라(A), 도(C), 레(D)'의 5음 음계(Pentatonic Scale)로 발전함. • 유아들이 좋아하는 노래는 대부분 2~3음으로 구성된 곡임. • 가창능력이 발달하는 매우 중요한 시기일 뿐 아니라 언어도 급격히 발달함.
제4단계 (3~4년)	• 제한된 범위 안에서 정확하게 노래 부르는 단계(Singing accuracy Limited Range) • 좀 더 정확한 음정과 리듬을 구사하기 시작함. • 비교적 제한된 몇 개의 다른 음높이를 가지는 노래나 멜로디 패턴의 노래를 부를 수 있음. • 보통 '레(D)'에서 '라(A)'까지의 음역에서는 편안하게 부를 수 있음. • 자기중심적이므로 신체의 각 부분, 가족, 음식 등의 내용이 포함된 노래에 관심이 많음.
제5단계 (4년 이상)	• 정확하게 노래 부르는 단계(Singing Accuracy Expanded Range) • 가온음 '도(C)'에서부터 한 옥타브 높은 '도(C')'까지의 음역[4]을 가짐. • 음정에 대한 기억력이 발달하여 음정을 비교적 정확하게 구사하게 됨. • 노래의 강약과 속도를 조절하면서 노래를 부르기 시작함. • 곡을 부드럽고 가볍게 부르는 것에서 고음까지 노래의 음역을 변화하여 활기차게 바꿔 부름. • 노래의 의미와 그 노랫말을 효과적으로 표현하려고 목소리를 가다듬기 시작함.

---

4) 유아들은 음역이 넓지 않은 것을 좋아한다. 3~5세에는 '낮은 라에서 높은 도'까지, 6세에는 '낮은 라에서 높은 미'까지, 7~8세에는 '낮은 라에서 높은 레'까지의 가창 음역을 가지고 있다고 한다.

상의 취향에 따라 노래를 선곡해야 하며 노래를 부르면서 율동을 병행한다면 일체감 조성은 물론 게임을 원활하게 할 수 있다. 그러나 대상에 맞지 않는 노래로 율동을 동원하면 지도자에게 놀림을 당하는 인상을 받게 되므로 지도자와 대상 간의 소통이 이루어지지 않는다. 지도자는 적당한 모션 송(Motion Song)의 구사를 통해 대상을 접해야 하는데, 신선한 이미지를 주기 위해서는 창작된 율동을 사용하는 것이 바람직하다. 특히 남자들만 모인 자리에서는 복잡한 율동을 삼가는 것이 좋다. 그 외의 대상들에게는 보편적으로 잘 통한다.

영유아 레크리에이션을 지도하는 사람이라면 모션 송을 지도함에 있어 기존에 있는 레크리에이션 책자에서 보고 그대로 답습하는 것도 좋겠지만, 자신이 새롭게 창조하는 것도 자기 발전에 큰 도움이 될 것이다. 모션 송을 만들 때 처음부터 모션을 할 것인지 아니면 기본 박수를 하고 모션에 들어갈 것인지 정해야 한다.

3 | 모션 송

(1) 모션 송의 종류

모션 송의 종류에는 박자형, 가사형, 혼합형이 있다.

그림 5-2 모션 송은 박수와 율동으로 표현한다.

(2) 모션 송 만드는 방법

박자	활동 방법
4박자	기본 손뼉 4박자 • 8박자 중, 기본 손뼉(4박자)+모션(4박자) 　양손 무릎 치기 2번(2박자)+손뼉 2번(2박자)+모션(4박자) • 손뼉 1번(1박자)+오른손 위로 올리기(1박자)+손뼉 1번(1박자)+왼손 위로 올리기(1박자)+ 　모션(4박자)
8박자	• 오른손 앞으로 내밀기(1박자)+손뼉 1번(1박자)+왼손 앞으로 내밀기(1박자)+손뼉 1번(1박자)+오른손, 왼손 차례로 내밀기(2박자)+손뼉 2번(2박자) • 양손으로 무릎 2번 치기(2박자)+손뼉 2번(2박자)+양팔꿈치 옆으로 2번 밀기(2박자)+왼손바닥에 오른손 주먹치기(1박자)+오른손 주먹으로 오른쪽 사람의 머리 때리기(1박자) • 양손으로 무릎 2번 치기(2박자)+손뼉 2번(2박자)+양손을 물레 돌리듯이 구리구리 돌리기(2박자)+손뼉 3번 짝짝짝(2박자)

〈계속〉

박자	활동방법
3박자	• 양손으로 무릎 1번 치기(1박자)+손뼉 2번(2박자) • 손뼉 1번(1박자)+무릎 2번 치기(2박자) • 양손으로 무릎 1번 치기(1박자)+손뼉 1번(1박자)+양손 엄지와 중지를 튕겨서 소리내기(1박자)
전달 박수 (4박자일 때)	왼손바닥을 앞으로 내밀고 오른손으로 왼손바닥 2번 치기(2박자) + 오른손으로 오른쪽 옆 사람의 손바닥 2번 치기(2박자)
모션 만드는 법	모션은 가사에 맞게 다양하게 표현된다.

(3) 모션 만드는 법

노래가사	표현방법
아빠	엄지를 내민다.
엄마	검지를 내민다.
할아버지	턱수염을 쓰다듬는 동작
할머니	지팡이를 짚은 구부정한 동작
애인, 친구	약지를 내민다.
아기	엄지를 빤다.
그녀, 누나	( )을 양손 검지로 그린다.
젊은이	엄지 또는 양팔위로 올려 알통 재는 동작
당신, 너	왼손을 오른팔 팔꿈치에 대고 오른손은 앞으로 내민다.
선생님, 의사	양손 엄지와 검지로 원을 만들어 눈에 안경을 만든다.
음악가	• 기타 치는 동작 • 지휘하는 동작
도깨비	양손 검지로 머리 위에 뿔을 만든다.
지구	두 손으로 원을 만든다.
바다, 물, 강	파도(피아노)치듯이 옆으로 움직인다.
산	두 손을 이용해 ∧을 만든다.
거리, 길	두 손을 마주보게 하고 앞으로 내밀며 곡선을 그린다.
꽃	양손 등을 턱에 대고 얼굴을 좌우로 흔든다.
집	두 손으로 △을 그린다.

〈계속〉

노래가사	표현방법
돌	자기 머리나 옆 사람의 머리를 만진다.
바람	두 팔을 머리 위에서 이리 저리 흔든다.
별	• 두 손을 흔들어 반짝거린다. • 주먹으로 머리를 때려 별이 보이게 한다.
어둠	양손으로 눈을 가린다.
소망	기도하는 모습. 두 손을 합장한다.
믿음	양손을 깍지 낀다.
변함없는	두 손을 마주 잡는다.
미움	알밤을 한 대 먹이거나 꼬집는다.
걱정, 괴로움	두 손으로 머리를 잡는다.
생각	왼손은 오른팔 팔꿈치에 대고 오른손은 턱을 괸다.
제일	엄지를 펴 보인다.
없다	오른손 검지로 ×를 한다.
누가, 왜, 어디에, 무엇, 어떻게	오른손 검지로 물음표(?)를 그린다.
잠자다	두 손을 모아 귀에 대고 옆으로 기댄다.
만나다	두 손을 밖에서 안으로 마주 댄다.
사라지다	오른손을 머리 위에서 ⌒를 그린다.
날아가다	양팔을 옆으로 펴고 아래, 위로 날갯짓한다.
날마다	손가락을 차례로 접는다.
옛날, 지난날	엄지를 흔들며 앞으로 뒤로 보낸다.
보다	양손 엄지와 검지로 원을 만들어 눈앞에서 앞으로 내미는 동작 "띠용"
간다	• 앞으로 걷는 동작 • 맷돌을 가는 동작
온다	오른손을 앞으로 검지를 까닥인다.
기다린다	목을 길게 빼는 동작
둘러본다	손을 펴고 엄지 쪽을 이마에 대고 좌우로 둘러본다.
해가 뜬다	양손을 펴고 허리에서 머리로 올린다.
해가 진다	양손을 펴고 머리에서 허리로 내린다.
올라간다	양손을 차례로 위를 향해 계단을 쌓는다.
내려가다	"올라가다"의 반대 동작

〈계속〉

노래가사	표현방법
떨어지다	오른손을 머리 위에서 아래로 떨군다.
토끼	양손을 머리 위에 세우고 쫑긋거린다.
말(하다)	두 손을 앞에 두고 온몸을 끄덕이며 말 타는 동작
개, 고양이, 호랑이	두 손을 입 앞에서 발톱을 세우는 동작
사슴	머리에 뿔 모양을 만든다.
여우	양손을 입 앞에 길게 갖다 댄다.
거북이	양팔을 천천히 앞으로 내민다.
노래, 음악	• 두 손을 마주잡고 좌우로 흔든다. • 기타 치는 동작
마음, 가슴	양팔을 X자로 가슴에 포갠다.
우정	어깨동무를 하거나 악수한다.
이별	두 손을 마주 댔다가 서서히 벌린다.

이상과 같은 방법으로 표현하기 힘든 내용은 하나씩 풀어서 표현하면 엉뚱하면서도 쉽고 재미있다. 이 외에도 다양한 방법으로 지도자는 창의적인 사고로 응용하여 진행할 수 있다.

그림 5-3 영유아의 신나는 모션 송

(4) 노래에 맞게 모션 만들기

위와 같은 방법을 이용하여 모션 송을 만들 수 있다. 기본 손뼉을 사용할 경우 4박자는 기본 손뼉을 치고 나머지 4박자는 모션을 사용한다. 다른 방법으로 '사랑해' 노래와 같이 처음부터 동작을 사용할 수도 있다. 모션 송의 내용을 알려 주면서 이런 동작들이 어떻게 만들어졌는지에 대해 이해를 시키면서 설명을 해주면 재미를 더할 수 있다. 다음 표에 노래 한 곡을 선택하여 나만의 모션 송을 만들어 보도록 한다.

노래가사	표현방법

2 영유아 새 노래 배우기의 실제

영유아들을 대상으로 하는 표준보육과정 및 누리과정의 생활주제와 연계하여 영유아 레크리에이션의 실제를 다음과 같이 계획해 볼 수 있다.

생활주제	봄과 동식물	대상 / 유아수준	만 5세
일일주제	동물잔치	교육과정 영역	예술경험
활동유형	음률	집단유형	대·소집단
교육과정 관련요소	예술경험 > 예술적 표현하기 > 통합적으로 표현하기 > 예술 활동에 참여하여 창의적으로 표현하는 과정을 즐긴다.		
교육목표	2가지 이상의 음악적 표현이 통합된 활동을 해 본다(노래 부르기, 동작 만들기)		
자료 및 준비물	리듬악기, 동물소리 Tape		

단계	활동내용	교수·학습활동	시간 (분)	자료 및 지도 상의 유의점
사전활동	'동물잔치' 노래를 배웠다.			

도입		1. 동물을 본 경험에 대해 이야기를 나눈다.
		   "동물들을 본 전기 있나요? 어떤 동물을 보았나요?"
		   "동물을 보며 어떤 느낌이 들었나요?"
		2. 오늘 할 활동에 대해 이야기를 나눈다.
		   "오늘은 '동물잔치' 노래를 딸라 불러보고 노래에 맞춰 마음껏 몸을 움직이며 신나게 표현해 보도록 해요"
		3. 유아의 흥이 따라 반복하거나 노래 전체를 다 같이 불러 본다.
			5	

전개	교사는 각자의 움직임에 알맞은 리듬을 쳐준다. 언어적 지시 대신 해당 동물의 소리를 듣고서 움직여 보도록 한다(동물소리 Tape를 들려준다).	1. 교사를 중심으로 자유롭게 서서 유아를 한명씩 지명하면서 움직이도록 한다. ① 호랑이처럼 "어슬렁어슬렁" 걸어보자(큰북) ② 코끼리처럼 "쿵쿵" 걸어보자(큰북) ③ 토끼처럼 "깡충깡충" 뛰어보자(작은북) ④ 말처럼 힘차게 달려보자(작은북) ⑤ 개구리처럼 "팔짝팔짝" 뛰어보자(리듬막대) ⑥ 거북이처럼 "엉금엉금" 걸어보자(마라카스) ⑦ 뱀처럼 "스물 스물"기어보자(샌드 블록) ⑧ 오리처럼 "뒤뚱뒤뚱" 걸어보자(우드블록) ⑨ 병아리처럼 "삐약삐약" 종종걸음 해보자(캐스터네츠)	20	

〈계속〉

단계	활동내용	교수·학습활동	시간 (분)	자료 및 지도 상의 유의점
전개	율동을 만들 때 교사의 강요에 의한 움직임이 되지 않고 유아 스스로 창의적이고 자발적인 움직임이 되도록 한다.	2. 교사와 유아들은 함께 율동을 1소절씩 만들어 본다. "지금부터 선생님과 함께 율동을 만들어 볼게요." 4. 율동을 다 만든 뒤 노래에 맞춰 천천히 율동을 해 본다. 5. 율동과 같이 노래를 부른다. (악기를 선택하여 연습을 하고 율동과 같이 노래를 부른다.) "동물잔치"의 노랫말을 바꾸어서 리듬감 있게 연속적으로 움직인다. 6. 다시 한 번 노래에 맞춰 표현해 본다.	20	
정리		오늘 한 활동에 대해 이야기 나눈 후 다음 활동을 소개한다. "어떤 점이 잘한 것 같은지 이야기해 볼까요?" "오늘 활동을 하면서 느낀 점은 무엇인가요?"	5	
확장활동		페트병 모래 마라카스를 만들어 흔들며 율동을 해 본다.		

영유아들은 음악을 통해 흥을 느끼며 신체 표현도 자연스럽게 유도할 수 있다. 일상에서 쉽게 접할 수 있는 사물이나 동물 등의 움직임 등을 관찰한 후 리듬에 맞춰 몸을 움직이면서 자연스럽게 율동으로 이어질 수 있다. 점차 노래와 율동이 익숙해지면 악기를 사용하여 리듬을 더욱 흥겹게 할 수 있다. 악기에 대한 자연스러운 연주법으로 레크리에이션을 더욱 즐겁게 할 수 있다. 유아의 경우 난이도를 높여가며 중간에 노랫말을 바꾸거나 특정 단어에서 특정 포즈를 취하는 등의 미션을 수행하도록 하면 더욱 재미있다.

CHAPTER
06

파트너
게임

CHAPTER
06

파트너
게임

 ## 파트너 게임의 의미

파트너 게임은 두 명이 짝을 정한 뒤 짝과 친해지는 시간
을 갖기 위해 준비된 게임이다. 먼저 인사를 나누고 자신을
소개하고 상대에게 이름을 묻거나 악수 등을 청하여 자연
스럽게 친해질 수 있도록 하며 스킨십 또한 자연스럽게 유
도할 수 있는 게임이다.

그림 6-1 영아들의 파트너 게임

　유아기는 또래의 유아들에게 커다란 영향을 끼치게 된
다. 만 2세에서 만 5세 사이의 유아기에는 또래와의 관계가 발달되며, 또래를 만나는 기회
를 통해 사회적 기술을 배우게 된다. 파트너 게임은 자신의 파트너를 통해 서로에게 도움을
주고받기, 타인과 상호작용하기, 규칙배우기 등을 통해 유아의 사회성, 가치관, 태도 형성에
중요한 영향을 끼치게 됨으로 중요하다. 레크리에이션 지도자는 파트너 게임을 통해 유아들
에게 적합한 활동을 제공할 수 있어야 한다.

2 파트너 게임의 진행요령

1│ 긴장감 풀기

파트너를 정하고 게임을 진행하기에 앞서 지도자는 고조된 긴장감을 풀어주어야 한다. 먼저 첫 게임을 한 후에 연습게임이라고 말해 분위기를 환기시키며 웃음으로 일단락한다.

2│ 벌칙 정하기

게임에서의 벌칙을 정한다. 벌칙에는 ① 꿀밤, ② 이긴 사람이 진 사람의 귀를 잡고 '나비야' 노래에 맞춰 움직이고 진 사람은 팔로 날갯짓하기, ③ 이긴 사람이 손가락으로 고리를 만들어 진 사람의 코를 잼이 나오게 비틀기, ④ 지도자가 말한 주제에 대한 3가지 종류를 댈 때까지 간지럼 태우기(중간에 진 사람에게도 기회주기) 등이 있다.

그림 6-2 파트너 게임에서는 가위 바위 보로 승부를 결정한다.

　벌칙은 이 외에도 영유아들과 서로 의견을 내게 하여 참여 시키고 규칙을 지키는 습관을 기를 수 있도록 할 수 있다. 지도자는 새로운 벌칙을 정하여 영유아들이 참여하도록 하고 이를 잘 지킬 시에는 칭찬과 보상을 주는 방법도 있다.

3│ 패자 구하기

게임을 하면서 마지막까지 한 번도 못이긴 사람이 있을 수 있다. 이때 지도자는 한 번도 못이긴 사람이 있나 묻고 만약 있다면 그 사람이 이길 때까지 하라고 한두 번 더 한다.

4 | 마무리

게임에 마무리단계에서는 벌칙 없이 끝내 긴장된 분위기를 가벼운 웃음으로 마무리하도록
한다.

 3 파트너 게임의 유형

(1) 벙어리 짝짓기

준비물	몸짓을 적은 종이쪽지(사람 수와 같아야 함) • 안녕하세요(웃는 표정) • 눈인사(윙크하는 표정) • 반갑습니다(안아주는 모습) • 사랑해요(머리 위로 하트 하는 모습) 등
활동 방법	① 구성원은 미리 적은 쪽지를 뽑는다. ② 구성원들은 종이에 적힌 대로 몸짓을 한다(동물이나 이상한 행동). ③ 절대로 말을 해서는 안 된다. ④ 자기와 같은 행동을 하는 사람을 찾는다. ⑤ 만약, 짝을 찾으면 손을 잡고 동작을 멈춘다(찾는 시간은 1분 정도). ⑥ 그때까지 못 찾으면 걸리게 되고, 찾은 사람들은 파트너가 되어 다음 게임으로 넘어간다. ⑦ 못 찾은 사람들은 벌칙을 부여한 후 짝을 지어준다.

(2) 하나 빼기 가위바위보

활동 방법	① 두 사람씩 마주보고 앉는다. ② "가위바위보!"라는 구령에 두 손을 같이 내미는데 왼손과 오른손의 모양을 서로 다르게 내민다. ③ 내민 후 "하나 둘 셋!"이라는 구령에 한 손은 허리 뒤로 감춘다. ④ 앞에 나와 있는 손의 모양(가위바위보)으로 승패를 가른다.
요령	• 커플 게임으로 진행할 경우 진 사람에게 벌칙을 주고 전체 게임으로 할 경우, 토너먼트로 진행하여 챔피언을 뽑는다. • 두 사람 이상해도 된다. 또 여러 사람이 할 경우는 2인 1조가 되어 한 사람은 오른손만 쓰고 다른 한 사람은 왼손만 쓰면 된다.

(3) 주먹보

활동 방법	① 두 사람이 '가위바위보'를 한다. ② 이긴 사람은 "이겼다!"라고 외치며 손을 높이 든다. ③ 비긴 경우에는 비기는 순간 손바닥으로 앞사람 이마를 가볍게 먼저 터치하면 이기게 된다. ④ 승부가 나면 진 사람이 이긴 사람의 귀를 잡게 한다. 그리고 눈도 감게 한다. 그리고 재빨리 이렇게 　외친다. "이긴 사람은 진 사람 겨드랑이 간지럼 태워주기~"
요령	• 비겼을 경우 먼저앞 사람의 이마를 터치하는 사람이 이기는데 막상 하다보면 가볍게 보다는 힘 조 　절이 되지 않게 된다. 다같이 "가위바위보!"하며 왁자지껄한다. "첫판은 항상 연습입니다."하고 다시 　진행한다. • "다 같이 가위바위보!" 진 사람은 보자기를 만들되 산에서 야호 하듯이 손을 모아(지도자의 동작 　시범) 앞으로 내밀고 대기, 이긴 사람은 취권의 뱀처럼 손을 만들어 진 사람의 양손에 손목까지 집 　어넣도록 유도한다. • 동요나 간단한 노래를 부르다가 지도자가 중간에 "뺑이야"라고 외치면 보자기 한 사람은 상대의 손 　이 빠져 나가기 전에 잡는데, 잡은 사람은 한 입 꽉 베어 먹어도 좋다고 말해주고, 이긴 사람은 손을 　얼른 빼서 앞사람 배꼽을 꼭 찌르는 순발력 게임이다.

(4) LOVE

준비물	노래 CD, 카세트
활동 방법	① 두 사람이 마주본다. ② 양손가락으로 동시에 L자 모양, O자 모양, V자 모양, E자 모양을 만든다. ③ 4박자 노래에 맞춰 손으로 LOVE를 반복하여 상대에게 사랑을 표현한다.
요령	• 손가락으로 표현해 본 후 일어나서 온몸으로 LOVE를 만들어 노래의 박자에 맞춰 움직여 본다. 　　L : 오른팔은 평형, 왼팔은 위로 한다. 　　O : 오른팔 왼팔을 둥그렇게 잡는다. 　　V : 오른팔 왼팔 위로 향하여 V자로 한다. 　　E : 오른팔은 구부리고, 왼팔은 평행으로 한다. • 4박자 노래에 모두 가능하므로 다양한 노래를 준비한다. • 이 게임은 식후에 나른하고 졸릴 때 하면 이상적이다.

(5) 손가락 빼기

활동 방법	① 두 사람이 마주본다. ② 각자 왼손은 엄지와 검지로 동그랗게 고리를 만들고 오른손은 검지만 편다. ③ 리더가 "준비~" 하면 앞 사람의 왼손 고리에 오른손 검지를 넣는다. ④ 리더가 "하나 두울 셋"을 외치면 각자 오른손 검지는 상대방의 고리에서 빼고 동시에 왼손 고리에 　들어온 앞 사람의 검지는 잡는다.
요령	둘 이상의 사람이 함께 둘러 앉아 활동을 하기에도 적합니다.

(6) 신문지 줄다리기

준비물	신문지
활동 방법	① 두 사람이 1조가 되어 게임을 한다. ② 신문지를 펴서 깔아 놓고 접힌 선을 경계선으로 하여 두 사람이 마주보고 한쪽 면씩 밟고 선다. ③ 리더가 "하나, 둘, 셋" 하면 두 발을 동시에 뒤로 당겨서 신문지를 찢는다. ④ 더 많은 쪽의 신문지를 당겨온 사람이 이기는 게임이다.

(7) 집어 놔

준비물	
활동 방법	① 두 사람이 나란히 마주보고 안는다. ② 지도자가 '집어' 하면 입으로 집기. 다치니까 그냥 손으로 집기도 한다. 　"집어" 할 때 손을 높으면 반칙패이다. ③ 지도자는 '하나, 둘, 셋, 놔, 거기 셋, 집에!'라고 한다. ④ 이번에는 "놔" 할 때 집기를 한다. 　"집어, 집으라니까, 셋… 놔!" ⑤ 이번엔 '사자'란 말이 나오면 집기를 한다. 　"지금으로부터 약 40년 전에 어떤 사람이 살았어요, 근데 그 사람은 사지가 멀쩡했어요. 그러나 　그 사람의 눈은 사슴의 눈을 닮았어요. 사팔뜨기 사시사철 사진만 바라보고 살았어요. 사사심리 　사슴, 사자…"
요령	지도자가 지시하는 단어를 다양하게 바꾸어 흥미를 유발할 수 있다.

| 그림 6-3 손가락 빼기 게임 | 그림 6-4 집어 놔 파트너 게임 | 그림 6-5 안짱다리 줄다리기 |

(8) 안짱다리 줄다리기

준비물	수건
활동 방법	① 두 사람이 1조가 되어선 2개를 나란히 긋고 마주 선다. ② 두 사람은 수건을 양 무릎 사이에 끼고 손은 뒷짐을 진다. ③ 시작 신호와 함께 무릎에 힘을 주어 수건을 잡아당긴다. ④ 상대방의 다리에서 수건을 빼내거나 상대방의 발을 선 안으로 끌어들이면 이긴다.
요령	커플 게임이나 팀 대항 게임으로 진행한다.

(9) 그 밖의 게임들

두 사람이 파트너가 되어 할 수 있는 활동은 매우 다양하다. 우리가 잘 알고 있는 '쎄쎄쎄'부터 다양한 노래에 개사를 하여 서로 마주 잡고 손 놀이를 하는 것에서 마지막에 승패를 가를 수 있는 '가위바위보'를 접목시켜 벌칙을 수행하게 하여 재미를 더할 수 있다.

활동 방법	신데렐라	① 두 사람이 마주앉아 손을 잡고 노래와 손 놀이를 한다. '신데렐라는 어려서 부모님을 잃고요 계모와 언니들에게 미움을 받았더래요 샤바샤바 아이샤바 얼마나 슬펐을까 샤바샤바 아이샤바' ② 왼손잡고 가위바위보!
	도깨비 잡으러	① 두 사람이 마주앉아 손을 잡고 노래와 손 놀이를 한다. ② '고기를 잡으러' 동요를 개사한 것이다. '도깨비 잡으러 산으로 갈까나 도깨비 잡아서 어떻게 할까요 밟을까 비빌까 헤딩으로 할까 라라라라 라라라라 ③ 가위바위보!'

〈계속〉

활동 방법	훌랄라	① 두 사람이 마주앉아 손을 잡고 노래와 손 놀이를 한다. '훌랄라 랄라 훌랄라 랄라 훌랄라 랄라' ② 가위바위보!
	야광 도깨비	① 두 사람이 마주앉아 손을 잡고 노래와 손 놀이를 한다. '이상하고 아름다운 도깨비나라 방망이로 두들이면 무엇이 될까? 금 나와라 와라 뚝~~딱 은 나와라 와라 뚝~~딱' ② 이 4박자 노래에 맞춰서⋯⋯ 1박자 : 자기 손뼉 2박자 : 상대방 손뼉 3박자 : 가위바위보 4박자 : 이긴 사람이 진 사람의 이마를 손바닥으로 친다. ③ 만약 비겼을 경우는 두 손을 '잼잼' 하면서 "깨비깨비"를 외친다.
	꼬마 생쥐	① 처음 시작할 때 먼저 가위바위보를 한다. '아삭 아삭 북북 꼬마 생쥐 살그머니 집안으로 찬 장속을 봤구나~~~ 맛이 있는 비스킷 냠냠냠' ② 노래에 맞춰 이긴 사람이 진 사람의 팔을 잡고 손목부터 검지와 중지로 어깨까지 올라간다. ③ 노래가 끝났을 때 지도자가 예를 들어 "자장면집 메뉴 세 가지"하면 이긴 사람은 진 사람이 그 세 가지를 댈 때까지 간지럼을 태운다.
	잼 먹고	① 두 사람이 마주앉아 손을 잡고 노래와 손 놀이를 한다. '잼 먹고 잼 먹고 잼잼 먹고 먹고 너 먹고 나 먹고 이집 주고 저집 주고 후라이 잼잼 후라이 잼잼' ② 가위바위보! ③ 벌칙으로 "이긴 사람 승리의 V자, 상대방 이마에 갖다 대고 밑으로 5cm 내려오세요, 걸리는 게 있죠?"하며 멘트를 하면 더 재미있다.

4 영유아 파트너 게임의 실제

영유아들을 대상으로 하는 표준보육과정 및 누리과정의 생활주제와 연계하여 영유아 레크리에이션의 실제를 다음과 같이 계획해 볼 수 있다.

영유아들은 또래를 만나는 기회를 통해 사회적인 기술을 배우게 되고 나와 타인과의 관계를 이해하게 된다. 다양한 신체활동을 창의적으로 표현하고, 서로의 모습을 보며 모방하는 등의 활동으로 레크리에이션은 더욱 흥미 있고 재미있게 진행할 수 있다. 그러나 아직 자아의 발달에 차이가 있음으로 지도자는 이를 이해하고 과도한 스킨십으로 인해 다툼이 일어나지 않도록 조율할 필요가 있다.

생활주제	소중한 가족	대상 / 유아수준	만 5세
일일주제	소중한 나	교육과정 영역	신체운동 및 건강
활동유형	신체	집단유형	대·소집단
교육과정 관련요소	신체운동·건강 > 신체 조절과 기본 운동하기 > 기본운동하기 > 제자리에서 몸을 다양하게 움직인다.		
교육목표	·자신의 신체적 특성을 탐색한다. ·자신의 신체 각 부분의 움직임을 조절하고 협응하는 능력을 기를 수 있다.		
자료 및 준비물			

단계	활동내용	교수·학습활동	시간 (분)	자료 및 지도 상의 유의점
사전활동	신체의 기능과 움직임에 대해 알아본다.			
도입		파트너를 정하고 신체에 관심을 갖도록 한다. 1. 교사는 유아들이 파트너를 찾을 수 있도록 한다. 　"오늘은 친구와 함께 짝을 지어 게임을 해볼 거예요. 　어떤 친구와 짝이 되고 싶나요?" 　"나와 닮은 것이 있는 친구를 찾아가 악수해 보세요." 　"내 짝은 나와 어떤 점이 닮았나요? 짝을 소개해 보세요."	5	

〈계속〉

단계	활동내용	교수·학습활동	시간 (분)	자료 및 지도 상의 유의점
전개	파트너와 마주보며 게임을 한다.	1. 파트너와 함께 놀이하는 방법에 대해 이야기를 나눈다. "짝과 함께 선생님이 하는 지시에 따라 같은 행동을 얼마나 많이 해서 서로 마음이 얼마나 잘 통하는지 알아보는 게임을 해볼 거예요." 〈나 예뻐 게임〉 ① 짝과 마주보고 서기 ② 짝과 손바닥을 펴고 양손을 마주대기 ③ 마주한 양손을 얼굴 위까지 올려 얼굴이 보이지 않도록 하기 ④ 선생님이 '하나 둘 셋' 하면 양손을 옆으로 벌려 얼굴이 보이도록 하며 다양한 지시어에 따른 표정·몸짓 짓기 ⑤ 같은 표정·몸짓이 얼마나 일치했는지 이야기하기 2. 짝을 바꿔 게임해 보기 3. 짝과 재미있었던 표정과 몸짓을 친구들에게 보여주며 이야기하기 "어떤 표정이 가장 재미있었나요?" "가장 자신 있는 포즈를 해보세요. 어떤 포즈인가요?"	10	교사는 시범을 보이며 다양한 표정과 몸짓을 창의적으로 표현할 수 있도록 격려한다.
정리	오늘 한 활동을 정리해 본다.	1. 오늘 활동을 하며 느꼈던 점을 이야기한다. "오늘 친구들과 함께 했던 게임 활동은 어땠나요?" "활동을 하면서 가장 기억에 남은 점은 무엇인가요?" 2. 다음 시간 활동을 소개한다.	5	
확장활동		'나처럼 해봐라, 요렇게!' 노래에 맞춰 다양한 신체의 움직임을 따라서 묘사할 수 있도록 한다.		

CHAPTER
07

야외 게임 I

야외 게임 Ⅰ

1 야외 게임의 의미

야외 게임은 실내 게임보다 진행이 더 쉬울 수 있다. 대상들이 스스로 움직이고 활발하게 움직이면서 즐거움을 찾는 동적인 활동이 많기 때문이다. 게임의 방법만 소개하고 진행하기 때문에 수월할 수 있다.

영유아들의 야외 활동은 신체발달, 인지발달, 언어발달, 그리고 사회정서발달을 위한 다양한 기회를 갖게 해 준다. 다양한 상호작용을 통한 야외 활동을 통해 영유아들은 스스로의 사고와 요구에 대한 언어 기술이 촉진되며, 야외에서 자유로움을 통해 또래와 놀이하는 방법을 습득하게 된다. 또한 소리를 지르거나 뛰어 오르기 등의 활동으로 적절한 신체발달이 이루어진다. 레크리에이션 지도자는 영유아들에게 새로운 신체적 도전의 기회와 힘과 체력·발달, 새로운 방식으로 대·소근육을 사용할 수 있는 활동을 계획할 수 있다. 또한 다양한 활동을 통해 다양한 목소리와 크기로 자신을 표현할 수 있는 기회도 마련할 수 있다.

영아의 경우 자신의 도구가 있다면 도구의 움직임 등을 탐색하도록 하고 지도자의 시범을 통해 몸을 구부려보고, 엎드려 보는 등의 움직임을 따라할 수 있도록 한다. 다양한 활동으로 영아가 활동에 참여하도록 하고 활동에 대한 느낌도 이야기해 볼 수 있도록 한다. 영아의 경우 새로운 것을 접하면서 탐색하고 변화에 대한 관심도 높일 수 있다.

유아의 경우 야외 활동을 통한 복합성과 다양성을 확보해 주고 실외 활동에 적합한 도구들을 제공하여야 한다. 또한 놀이의 목표를 정하고 다양한 규칙과 문제해결력을 기를 수 있도록 해야 한다. 야외에서 활동을 하다 보면 다양한 문제들이 발생할 수 있다. 또래와의 잡기, 말하기, 달리기 등의 활동에서 일어날 수 있는데 이때 지도자는 문제해결력을 증진시킬 수 있도록 도울 수 있도록 한다.

레크리에이션 지도자는 야외 활동을 준비하면서 다양한 환경을 조성할 필요가 있다. 실내에서의 활동보다는 야외에서 취할 수 있는 다양한 도구를 활용하면 더욱 효과적이다. 또한 야외에서 활동 시 다양한 환경적 요소를 고려하여 안전에 대한 부분은 반드시 체크하여야 한다. 영유아들의 활동에 반드시 필요한 것은 사전에 안전수칙과 안전성을 확보하는 것이다. 또한 적절한 휴식을 취할 수 있도록 하여야 한다. 이것이 잘 이루어진다면 야외에서 하는 레크리에이션은 영유아들에게 다양한 에너지를 제공하는 공급원이 될 수 있다. 마지막으로 야외 활동 지도자는 자연과 환경을 보호할 수 있는 영역까지 고려할 수 있어야 한다.

그림 7-1 영아들의 야외 게임

2 야외 게임의 진행요령

1| 음향

실외는 필히 음향이 필요하다. 진행 중에는 행진곡 같은 경쾌한 음악을 틀어 주면 훨씬 분위기가 산다. 음향의 선곡은 빠른 활동을 할 때는 빠른 곡을 선정하고, 분위기 전환을 할 때에는 다음 활동을 고려하여 곡을 선택할 수 있도록 한다. 예를 들어 흥겨운 댄스 활동을 한다면 이에 맞는 경쾌한 곡을 선정한다.

2 | 중계방송

야외에서 활동을 하다 보면 다른 영유아들의 활동을 쉽게 파악하는 것이 어렵다. 이때 지도자는 각 상황을 중계하듯 설명하며 게임의 진행을 알기 쉽게 전달할 수 있다. 게임 활동을 하는 동안에 중계방송을 열심히 해서 보는 것뿐만 아니라 듣는 즐거움도 줄 수 있다.

3 | 승패 판정

게임에서는 승패를 좌우하는 경우가 대부분이다. 승패의 판정을 할 경우 지도자는 공정하게 판정해야 한다. 승패가 공정하지 못할 경우 기분이 상할 수 있고, 게임에 임하는 자세가 소극적일 수 있다. 그리고 한 번 내린 판정은 번복하지 않는 것이 좋다.

4 | 마무리

활동을 시작하는 것도 중요하지만 마무리를 하는 것 또한 중요하다. 게임을 하다 보면 승패에 연연하게 되는 경우가 있다. 이럴 경우 승패를 인정하는 것을 지도할 수 있어야 한다. 그리고 마지막 게임의 경우에는 경쟁에서 시작해서 경쟁으로 끝나므로 꼭 댄스 같은 프로그램으로 전체가 하나 될 수 있는 의미 있는 프로그램으로 마무리하도록 한다.

3 야외 게임의 유형

(1) 뒤집기 한판

준비물	6절지 크기의 두꺼운 색 표지판(양면–앞과 뒤가 서로 다른 색으로 매치) 20개 이상
활동 방법	① 구성원은 2개의 팀으로 나눈다. ② 두꺼운 색 표지판의 절반은 빨간색, 나머지 절반은 파란색이 보이도록 엎어 놓고 팀의 색깔을 정해 준다. ③ 게임 시작을 알리는 호루라기 소리에 자신의 팀 색깔이 많이 보이도록 뒤집어 놓는다. ④ 게임 종료를 알리는 호루라기 소리가 들리며 색판 뒤집는 것을 멈춘다. ⑤ 양 팀의 대표가 나와 자신의 팀의 색판의 수를 세어 많은 쪽이 이기는 게임이다.

그림 7-2 뒤집기 한판 게임

(2) 업고 업히고

활동 방법	① 두 사람이 한 조가 되어 '가위바위보'를 한다. ② 진 사람은 이긴 사람을 업고 노래 1곡을 부르며 돌아다닌다. ③ 노래가 끝나면 이긴 사람들은 업힌 상태에서 다른 업힌 사람과 만나 '가위바위보'를 한다. ④ 업힌 사람이 이기면 업은 사람도 이기고, 지면 업은 사람도 지는 것이 되어, 이긴 조와 진 조가 구별된다.
요령	• 노래를 부르는 대신 신나는 음악을 준비하여 음악에 맞추어 춤추며 돌아다니는 것도 좋다. • 계속해서 파트너가 바뀌기 때문에 친교를 위한 게임으로 적합하다.

(3) 끈끈이 60

준비물	기둥
활동 방법	① 구성원은 2개의 팀으로 나눈다. ② 농구 골대나 나무기둥, 전봇대와 같은 기둥에 앞의 놀이에서 진 팀이 먼저 앞사람의 허리를 꽉 붙잡은 채 붙는다. ③ 신호가 떨어지면 60초 안에 상대팀이 달려가서 한 명씩 기둥에서 뜯어낸다. ④ 서로 역할을 바꾸어 해보는데, 제한시간 60초 이내에 더 많이 뜯어낸 팀이 이긴다.
요령	시간을 더 늘릴 수도 있고, 사람이 많으면 기둥에 나누어 붙을 수도 있다.

(4) 씨름

준비물	책상
활동 방법	① 구성원은 2개의 팀으로 나눈다. ② 각 팀의 대표 한 사람씩 나온다. ③ 시작 신호와 함께 씨름을 하여 밀치거나 닿게 하여 이기는 게임 〈팔씨름〉 책상에 마주 앉아 손을 잡고 손 등이 책상바닥에 닿게 하는 게임 〈닭싸움〉 한쪽 다리를 손으로 잡고 손을 대지 않은 상태에서 상대를 밀어 넘어뜨리거나 발이 땅에 닿게 하는 게임 〈돼지씨름〉 두 사람이 쪼그려 앉아서 두 손을 종아리 뒤쪽으로 잡고 밀치는 게임
요령	상대방의 체격과 비슷한 조건의 사람이 함께 하면 힘겨루기가 더욱 재미있다.

(5) 파트너 바꾸기

활동 방법	① 두 사람씩 짝이 되어 불규칙적으로 여기저기 선다. ② 술래와 함께 도망자 한 명을 지정하고 도망자는 아무 짝 곁에 가서 붙는다. ③ 도망자가 도망자 남자 옆에 붙으면, 그 남자 곁에 있던 노란색 옷의 여자가 도망자가 된다. ④ 술래가 방황하는 도망자를 치면 역할이 바뀌게 된다. 　　(술래는 도망자가 되고, 도망자는 술래가 된다.)

(6) OX 게임

준비물	큰 OX 카드, 알쏭달쏭 퀴즈
활동 방법	① 구성원은 2개의 팀으로 나눈다. ② 프로그램을 진행하기 전에 모두가 움직이는 게임으로 미리 준비한 퀴즈를 내면 그 퀴즈의 답이 O 또는 X인지 판단하여 해당 지역(미리 준비된 O, X 카드를 향하여)으로 움직여 수를 점점 줄여가는 게임이다. ③ 문제를 제시한다.(예 : 세계 최초로 숫자를 발명한 나라는 아라비아다.) ④ 질문의 답에 맞는다고 생각하는 사람은 O, 틀리다고 생각하는 사람은 X로 이동한다.
요령	• 퀴즈는 흥미롭고, 문항 수는 넉넉하게 알쏭달쏭한 문제로 준비한다. • 문제를 냈을 때는 대상이 충분히 O, X 여부를 선택하도록 여러 번 반복하여 불러주고, 도우미(보조 진행)를 두어 틀린 사람은 즉시 자리로 돌아갈 수 있도록 유도한다. • 최종적으로 남은 한 사람에게는 큰 상품을 준비해 두었다가 곧바로 시상한다.

(7) 다인다각

준비물	다리를 묶을 수 있는 40~50cm 정도의 천
활동 방법	① 구성원은 2개의 팀으로 나눈다. ② 2인이 1조가 되어 천으로 한쪽 다리씩을 묶는다. ③ 출발 신호와 함께 2인 1조가 달려 반환점을 돌아온다. ④ 반환점을 돌라 먼저 들어오는 조가 이기는 게임이다.
요령	• 릴레이로 할 수도 있고 조별 출발로 해서 1 : 0, 1 : 1과 같은 방법을 사용할 수도 있다. • 세 사람 이상이 한 번에 다리를 묶고 반환점을 돌아오는 방법과, 한 번에 숫자를 계속 늘려가는 방법도 있다. 예를 들면 6명 1개조라면 처음 출발은 3명, 반환점을 돌아온 후에 한 사람을 더 붙여서 반환점을 돌아오고, 또 한 사람-나중엔 6명이 모두 돌아오는 경기로 먼저 골인한 것으로 점수를 낸다. 1개조가 끝나면 1 : 0, 2조가 같은 방법으로 진행 2 : 0, 수가 많아도 진행할 수 있고 대규모 인원이 아니면 모두가 다 참여할 수도 있다. • 중간에 밀가루에 묻힌 사탕을 물고 오거나, 과자를 따먹고 오는 등 변화를 주도록 하자.

(8) 캥거루 여행

준비물	두 사람이 들어갈 정도의 자루
활동 방법	① 구성원은 2개의 팀으로 나눈다. ② 자루 속에 두 다리를 넣고 출발선에 선다. ③ 시작 소리와 함께 깡충깡충 뛰어서 반환점을 돌아오는 릴레이 게임이다. ④ 서로 먼저 반환점을 돌아오기 위해 열심히 뛰다가 넘어지고 역전을 거듭하는 묘미가 있다.
요령	• 자루는 천막집에서 청색과 홍색으로 크기는 넉넉하게 허리 정도 높이로 맞추면 된다. 폐품을 활용하려면 쌀집에서 정부미 자루를 구해도 된다. • 릴레이 게임이 모두 그렇듯 개별 출발로 해도 괜찮다. • 재미를 더하려면 자루 1개에 2명이 들어가서 하면 더욱 재미있다. 2인 1조 경기는 반드시 릴레이가 아닌 개별 출발(1 : 0의 형태)해야 한다.

(9) 풍선 터트리기

준비물	풍선, 끈
활동 방법	① 청, 백 2팀으로 나눈 후 전원에게 풍선 2개와 50㎝ 정도의 끈 2개를 나누어 준다. ② 각자 풍선을 불어 그림과 같이 발목에 묶는다. ③ 시작 신호와 함께 상대팀으로 뛰어가 상대팀의 풍선을 발로 밟아 터뜨린다. ④ 제한시간이 되면 자기 팀의 지역으로 돌아와 터지지 않고 남아 있는 풍선의 숫자로 승패를 가린다.
요령	4팀일 경우 색깔이 있는 포장 끈(청·홍·백·황색)으로 묶고 4팀이 동시에 경기를 치른다.

그림 7-3 풍선 터트리기 게임

(10) 그 밖의 게임들

야외에서 할 수 있는 활동들은 매우 다양하다. 개별적으로 하는 활동과 팀을 이루어서 하는 활동, 단체가 함께 어울려 하는 활동 등 장소가 넓기 때문에 가능한 활동들이 매우 많다. 또한 다양한 기구, 장애물 등을 활용하기에 무리가 없다.

힘겨루기를 하는 황소씨름, 종이 박스를 높게 쌓는 바벨탑의 최후, 인간 철도, 파도를 넘자, 황소 줄다리기, 모둠발 뛰기, 알 낳고 돌아오기, 캥거루 드리블, 경운기 몰기, 오리발 릴레이, 3인 줄넘기 릴레이, 소풍 게임, 고무줄 나르기, 개미떼 풍선 터뜨리기, 몸으로 말해요, 철인경기, 바람의 월드컵, 알까기 술래잡기, 그물 술래잡기, 꼬리 늘리기, 사람 줄다리기 등이 있다.

모든 프로그램을 마치고 주변을 정리할 때에도 게임을 통해 마무리할 수 있는데 자연보호 게임이 그것이다. 장소와 주변 정리를 한꺼번에 놀이로서 이 활동을 통해 일석이조의 게임이 되는 셈이다.

４ 수영장에서 할 수 있는 게임

영유아들이 야외에서 활동을 하면서 자신의 환경을 이해하기 위한 다양한 경험을 통해 자신이 지니고 있던 인지구조를 변화시키고 새로운 정보를 받아들이는 동화와 조절이라는 과정을 거쳐 인지발달이 이루어진다. 야외활동은 영유아들의 다양한 발달을 도모한다. 특히 수영장에서 하는 물놀이의 경우, 다양한 종류와 탐색이 가능함으로 영유아의 호기심과 탐구력을 함께 도모시키며 인지발달을 도울 수 있다. 또한 수영장에서의 물놀이를 통해 불안이나 불만, 긴장, 공격적 성향 등이 발산, 해소되어 정서적 안정감을 얻게 된다. 물은 형태가 정해져 있지 않으며 저항이 거의 없는 감촉을 주기 때문이다. 또한 서로 협동하는 기회를 통해 사회적 적응력이 촉진되고, 물을 휘젓고 퍼올리며 다양한 기구를 통한 활동을 하면서 소근육과 대근육까지 발달시킬 수 있다. 새로운 환경을 접하게 되는 영유아들에게 야외 활동을 통한 게임은 새로운 어휘도 발달시키며 자신의 표현 능력도 기를 수 있다.

예를 들면 차갑다, 매끄럽다, 물에 뜬다, 가라앉는다, 젖는다 등의 다양한 어휘와 수구, 그물, 물통 등의 새로운 도구명을 배울 수 있다. 야외활동을 통해서 영유아들은 새로운 지식을 확장시키고 새로운 정보를 전달하며 이를 통한 발달이 이루어진다.

수영장에서 게임을 할 때에는 무조건 안전사고에 신경을 곤두세워야 한다. 안전요원의 배치는 의무사항이다. 수영장에서 할 수 있는 다양한 활동들은 다음과 같다.

(1) 준비운동

수영복을 바르게 입고 수영모를 착용한다. 필요시 수경과 튜브, 구명조끼를 입고 실시할 수 있다. 물에 들어가기 전 준비운동을 반드시 실시한다. 바닥이 미끄러울 수 있으니 주의하며 준비운동을 충분히 한다.

(2) 안전수칙

물놀이를 하면서 사전에 안전수칙을 반드시 숙지하여 건강한 활동을 할 수 있도록 한다.

그림 7-4 수영장 게임은 준비운동에서 시작된다.

〈물놀이하기 전에 알아두어야 할 사항〉
• 평소에 응급처치와 수상안전에 대한 지식을 익혀둔다. • 수영을 얼마나 잘하느냐에 상관없이 위급상황에 대비하여 어떻게 행동할지를 알아둔다. • 수상활동을 할 때는 구명조끼를 착용한다. • 잠재적인 위험요소를 확인한다. • 지역 날씨 상황과 일기예보를 확인하라. • 일사병, 열성경련, 저체온증에 대한 예방법과 처치법을 알아둔다.
〈물놀이 활동 시 반드시 지켜야 할 안전수칙〉
• 친구와 함께 수영한다. 절대 혼자 수영하지 않는다. • 안전수칙을 반드시 읽고 지켜야 한다. • 수상 인명구조원이 있는 곳에서만 수영을 한다. • 너무 피곤하거나, 너무 춥거나, 너무 멀리 와 있거나, 태양광선이 너무 뜨겁거나, 너무 지나친 격렬한 활동을 삼간다. • 물에 들어가기 전에 깊이를 항상 확인한다. • 위급 상황에 대비하여 어떻게 행동할지를 알아둔다. • 술을 마시고 들어가지 않는다. • 찬물에 다이빙하거나 갑자기 뛰어들면 심장마비가 일어날 수 있으므로 반드시 준비운동을 하고 몸에 물을 적신 후 다리 먼저 천천히 물속에 들어가도록 한다. • 머리부터 물에 들어갈 때는 주위에 장애물이 있는지를 살핀다. • 물놀이 도중 발에 쥐가 날 때는 엄지발가락을 앞쪽으로 힘껏 잡아 땅겨 근육이 풀릴 때까지 마사지해준다.

자료 : 안전한 물놀이를 위한 핸드북, 대한적십자사

물에 들어갈 때에는 다음과 같은 사항을 꼭 지켜야 한다.

- 준비운동을 한 다음 다리부터 서서히 들어가 몸을 순환시키고 수온에 적응시켜 수영하기 시작한다.
- 초보자는 수심이 얕다고 안심해서는 안 된다.
  ※ 물놀이 미끄럼틀에서 내린 후 무릎 정도의 낮은 물인데도 허우적대며 물을 먹는 사람들을 자주 볼 수 있으므로 절대 안전에 유의한다.
- 배 혹은 떠 있는 큰 물체 밑을 헤엄쳐 나간다는 것은 위험하므로 하지 않는다.
  ※ 숨을 들이쉰 상태에서 부력으로 배 바닥에 눌려 빠져나오기 어려울 때는 숨을 내뱉으면 몸이 아래로 가라앉기 때문에 배 바닥에서 떨어져 나오기 쉽다.
- 통나무 같은 의지물이나 부유구, 튜브 등을 믿고 자신의 능력 이상 깊은 곳으로 나가지 않는다.
  ※ 의지할 것을 놓치거나 부유구에 이상이 생길 수 있다.
- 수영 중에 "살려 달라"라고 장난하거나 허우적거리는 흉내를 내지 않는다.
  ※ 주위의 사람들이 장난으로 오인하여 사고로 이어질 수 있다.
- 자신의 체력과 능력에 맞게 물놀이를 한다.
  ※ 물에서 평영 50m는 육상에서 250m를 전속력으로 달리는 것과 같은 피로를 느낀다.
- 껌을 씹거나 음식물을 입에 문 채로 수영하지 않는다.
  ※ 기도를 막아 질식의 위험이 있다.
- 일반적으로 수영하기에 알맞은 수온은 25~26℃ 정도이다.

자료 : 재난대비 국민행동요령, 소방방재청

어린이를 동반하여 물놀이를 할 때의 유의사항은 다음과 같다.

- 어른들이 얕은 물이라고 방심하게 되는 그곳이 가장 위험할 수 있다.
- 어린이는 거북이, 오리 등 각종 동물 모양을 하고 보행기처럼 다리를 끼우는 방식의 튜브사용은 뒤집힐 때 아이 스스로 빠져나오지 못하고 머리가 물속에 잠길 수 있다.
- 보호자와 물 안에서 함께 하는 활동 안에서만 안전이 보장될 수 있으며, 어린이는 순간적으로 짧은 시간 안에 익사할 수 있다는 점을 명심해야 한다.
- 어린이와 관련된 수난 사고는 어른들의 부주의와 감독 소홀에 의해 발생할 수 있다.
- 인지능력과 신체 적응력이 떨어지는 유아와 어린이들은 보호자의 손을 뻗어 즉각 구조가 가능한 위치에서 감독해야 한다.
- 활동반경이 넓어지는 만 6~9세 이하 어린이들은 보호자의 통제권을 벗어나려는 경향을 보이므로 사전 안전 교육과 주의를 주어 통제한다.

자료 : 재난대비 국민행동요령, 소방방재청

출발하기 전

1. 예정지의 날씨는?   □ 맑음 □ 흐림 □ 비 □ 태풍 전

2. 안전장비와 구급약품은 준비하셨나요?   □ 안전장비 □ 구급약품 □ 준비 못함

3. 간단한 구조법과 응급처치법을 익히셨나요?   □ 구조법 □ 응급처치법 □ 준비 못함

물에 들어가기 전

1. 물의 깊이와 온도, 물 흐름의 빠르기를 확인하셨나요?   예 ｜ 아니오

2. 공기 튜브에 바람이 새지는 않나요?   예 ｜ 아니오

3. 유사시에 필요한 물에 뜨는 기구는 가지고 계신가요?   예 ｜ 아니오

4. 어린이는 물이 배꼽 이상 차지 않았나요?   예 ｜ 아니오

5. 햇빛 차단크림을 바르셨나요?   예 ｜ 아니오

6. 머리카락이 긴 사람은 묶거나 수영모를 쓰셨나요?   예 ｜ 아니오

7. 준비운동을 하셨나요?   예 ｜ 아니오

8. 구조요원과 의무실을 확인하고 유사시에 도움을   예 ｜ 아니오
   받을 수 있는 방법을 알아두셨나요?

이럴 땐 물놀이를 하면 안 돼요

1. 물이 오염되어 있나요?   예 ｜ 아니오

2. 햇볕이 너무 뜨거운가요?   예 ｜ 아니오

3. 방금 식사를 마쳤거나 술을 드셨나요?   예 ｜ 아니오

4. 열이 나거나 피곤한가요?   예 ｜ 아니오

5. 물놀이를 할 때 주의해야 할 것이 있어요.

자료 : 물놀이 안전 매뉴얼, 소방방재청

(3) 수중 줄다리기

밧줄을 사용하지 않고 앞사람의 허리를 잡고 일렬로 늘어선 다음 게임을 시작한다. 서로 마주보는 제일 앞에 서 있는 사람은 자동차용 튜브를 잡아 당겨 자신의 팀 쪽으로 많이 오면 이기는 것이다.

(4) 간단한 장애물 경기

무릎 정도의 깊이에 훌라후프를 지그재그로 3~5개 정도 세운다. (물론 훌라후프를 잡아주는 사람이 필요하다.) 시작 신호와 함께 훌라후프를 통과하여 반환점을 돌아오는 게임이다.

(5) 수상권투

어린이용 보트 2대의 머리 부분을 서로 묶는다. 한 사람씩 보트에 올라가서 아톰막대(바람으로 세우는 오뚝이로 반환점으로 사용하는 것)의 밑부분을 잡고 상대를 쳐서 먼저 물속에 빠트리면 이긴다. 반드시 아톰막대는 밑부분을 잡아야 한다. 아랫부분은 단단하기 때문에 다칠 위험이 있기 때문이다.

(6) 수중 릴레이

수심이 허리 정도의 깊이에서 튜브를 허리에 차고 비치볼을 발로 (힘들겠지만) 차서 반환점 돌아오는 경기로 유치원에서 초등학생까지는 손으로 쳐서 반환점을 돌아온다.

그림 7-5 수영장에서 하는 비치볼 게임

(7) 수중피구

중앙의 경계선만 노끈으로 양쪽에서 잡아 표시해 주고 육상에서 하는 피구를 물에서 한다.

영유아 야외 게임의 실제

영유아들을 대상으로 하는 표준보육과정 및 누리과정의 생활주제와 연계하여 영유아 레크리에이션의 실제를 다음과 같이 계획해 볼 수 있다.

생활주제	시원한 여름	대상 / 유아수준	만 3세
일일주제	안전한 놀이와 생활	교육과정 영역	신체운동 및 건강
활동유형	신체	집단유형	대·소집단
교육과정 관련요소		·신체운동·건강 > 신체 활동에 참여하기 > 바깥에서 신체 활동하기 > 규칙적으로 바깥에서 신체 활동을 한다. ·신체운동·건강 > 신체 활동에 참여하기. 기구를 이용하여 신체 활동하기 > 눈과 손을 협응하여 소근육을 조절해 본다.	
교육목표	·운동에 활발하게 참여하면서 운동능력을 기른다. ·안전수칙을 지키며 야외에서의 신체 활동을 경험한다.		
자료 및 준비물	물고기 인형, 바구니, 뜰채		

단계	활동내용	교수·학습활동	시간(분)	자료 및 지도상의 유의점
사전활동	물놀이 안전 수칙에 대해 알아본다. 새노래 '고기잡이'를 배운다.			
도입	오늘 활동에 대해 호기심을 가지고 안전하게 놀이하는 방법을 이야기 한다.	1. 물놀이한 경험에 대해 이야기를 나눈다. "물놀이를 해 본 경험이 있나요?" 2. 물가에서 할 수 있는 놀이에 대해 이야기 하고 '고기잡이' 노래를 불러 본다. 3. 준비운동을 한다.	7	
전개	고기잡이 게임을 한다. 게임을 하면서 안전수칙을 지킬 수 있도록 한다.	1. '고기잡이' 게임에 대해 소개한다. 2. 안전 수칙을 다시 한 번 이야기 한다. 〈고기잡이〉 ① 팀을 나눈다. ② 수영장(얕은 물)에 물고기 인형을 풀어 놓는다. ③ 정해진 시간 안에 자신의 바구니에 물고기 인형을 많이 담으면 이기는 게임 3. '고기잡이'게임을 즐겁게 한다. 4. 어느 팀에서 물고기 인형을 많이 잡았는지 세어보고 우승 팀을 가린다. 5. 잡은 물고기 인형을 다시 수영장에 풀어 놓고 이번에는 뜰채를 이용해 물고기를 잡는다.	18	수영장에 안전요원을 배치한다.

〈계속〉

단계	활동내용	교수·학습활동	시간 (분)	자료 및 지도 상의 유의점
정리	오늘 한 활동을 정리해 본다.	1. 정리 음악에 맞춰 정리 정돈한다. 2. 활동했을 때 좋았던 점에 대해 유아들과 이야기를 나눈다. "오늘 친구들과 함께한 고기잡이 게임 활동 어땠나요?" "활동을 하면서 즐거웠던 점이나 어려웠던 점이 있었나요?" 3. 다음 시간에 할 활동에 대해 간단하게 소개한다.	5	
확장활동		다양한 도구를 이용해 물고기를 잡아본다.		

영유아들이 야외에서 활동을 하면 활동량이 증가함에 따라 근육량과 폐활량 등을 증가시킬 수 있다. 또한 야외 게임을 통한 규칙과 질서에 대해 익힐 수 있다. 그러나 활동반경이 넓어진 만큼 지도자는 영유아들의 활동을 더욱 세심히 체크하여야 하며, 사전에 안전에 대한 부분을 충분히 고려하여 대비할 수 있도록 하는 것이 필요하다. 활동이 끝나는 마무리에서는 정리 정돈을 하는 순서를 마련하면 효과적이다.

CHAPTER

08

야외 게임 Ⅱ

야외 게임 II

1 캠프파이어의 의미

캠프(camp)라는 말의 어원은 헬라어의 '케포스($\kappa\eta\pi o s$)'와 라틴어의 '캄푸스(CAMPUS)'에서 유래되었다. 케포스는 '정원'이라는 뜻을 가지고 있으며, 캄푸스는 전쟁이나 훈련 시 군대가 주둔했던 '들'을 의미했으나 이는 일시적으로 야전기지를 지칭하는 군사용어로 사용되었다. 이후 캠프라는 용어는 일정한 장소를 선정하고, 특정 목적을 가지고 가정이 아닌 다른 장소에서 지도자의 지휘 아래 규칙적인 생활을 하며 공동생활을 하는 것이나 그런 장소를 의미한다. 캠프라는 용어는 캠프만의 목적으로 하는 레크리에이션의 의미도 지니고 있고, 비슷한 용어로 수련회(Conference) 등이 있다.

미국 뉴욕 YMCA의 더들리(S. F. Dudley)가 1885년 7명의 소년들을 이끌고 7일 동안 야영했던 것이 조직캠프(organized camp)의 기원이 되었다. 그 후 1902년 뉴햄프셔의 케혼카(Kehonka) 캠프에서 최초의 소녀 캠프가 탄생했고, 이러한 활발한 활동으로 1912년 조지아 주의 사바나에서 로(J. Lowe)가 캠프지도자협회를 창립하면서 발전은 가속화되었으며 걸스카우트(Girl Scouts)가 미국에 뿌리를 내리는 계기가 되었다. 1907년 영국의 장교 파월(B.

Powell)이 20명의 소년을 데리고 브라운 시(Brown Sea) 섬에서 시험 야영을 실시한 것이 보이 스카우트(Boy Scouts) 캠프의 효시가 되었다.[5]

미국의 캠핑협의회(ACA)에 의하면 캠프는 '야외의 풍족한 환경을 이용하여 인간의 신체적·지적·사회적·정서적·또는 영적 성장을 위하여 뜻 깊게 공헌할 수 있도록 목적하고 유능한 지도자 아래서 협동적인 공동체 활동을 하는 창조적이며 교육적인 생활경험'이라고 정의한다.

캠프활동을 하면서 가장 기억에 남는 것은 야간행사의 꽃으로 불리는 캠프파이어(Campfire)일 것이다. 불 주위로 모여들어 노래하고(Song), 이야기하며(Story), 장기(Stunt)를 겨루는 일은 캠프에서 가장 중요하고 대표적인 프로그램이라 할 수 있다.

캠프파이어의 유형은 행하고자 하는 목적에 따라 분류할 수 있는데 하나는 오락적(Recreation) 캠프파이어로서 모닥불을 중심으로 둘러앉아 즐거운 노래(모두 함께 노래 부르기, 노래듣기, 캠프 송)를 부르거나 게임(전체 게임, 팀 대항 게임, 커플 게임, 개인별 게임)을 하기도 하고 춤(포크댄스, 탈춤, 인디언 춤), 무용, 촌극(캠프 주제나 내용에 따른 촌극, 무언극), 이야기, 자기소개 등을 나누는 부드러운 분위기와 활기 넘치는 행사로서 특별한 형식에 구애 없이 레크리에이션 활동을 망라하여, 모든 참가자들 간의 연합을 도모할 수 있다. 다른 하나는 의식적(Ceremonial) 캠프파이어로서 야외활동의 대부분 끝날 무렵에 경건하고 진지한 분위기 속에서 마음속에 깊은 인상을 주거나 헌신, 봉사하는 일꾼으로 다짐하는 기회가 되거나 반성회 등에 행하는 의식적인 행사이다.

앞으로의 마음속 다짐과 소망을 이야기하고 서로간의 우정을 더욱 돈독히 하는 계기가 되며 작별의 아쉬움을 나눈다. 자연의 신비함과 아름다움을 상기시켜 감사와 보은의 마음을 갖게 하는 내용으로 이루어진다.

영유아 레크리에이션의 캠프파이어는 단체 기관 등을 대상으로 하는 공동체 의식을 높이기 위한 프로그램으로 구성할 수 있다. 특히 요즘 아동 중심이 아닌 부모 중심의 양육이 빈번하여 영유아들의 자립심을 키우기 위한 방법으로 적합한 활동이다. 캠프파이어는 자립심을 키울 수 있고 사회적 관계에 있어서도 매우 좋은 활동이다.

---

5) 함정혜·김옥례·김영선(2001), 캠핑의 즐거움, 이화여자대학교 출판부

캠프파이어의 기본 프로그램은 모든 사람들이 참여하여 할 수 있는 장기자랑, 공동체 놀이, 촛불의식 등이 프로그램이 안에 포함된다. 이 외에도 이벤트 게임, 댄스타임 등 다양한 프로그램들과 연계시켜 진행이 가능하고 학교, 기관, 단체, 기업 등 행사 주체에 따라 목적과 그 성격을 고려하여 수정이 가능하다.

2 캠프파이어의 게임 및 안전수칙

1 │ 캠프파이어에서의 게임

(1) 촛불의식
① 주위 정리

② 기다림

"저녁 해가 기운 지 벌써 오래인 것 같군요. 모든 불빛이 사라진 이곳, 숨을 멈추고 고요만이 남겨져 있습니다. 이제 깨끗하게 비워진 마음으로 촛불을 밝히며 나의 다짐을 하는 시간을 갖도록 하겠습니다."

③ 시 낭송

"태초에 하늘이 열리며 신의 노여움을 사면서까지 프로메테우스는 인간에게 불을 전했습니다. 이제 우리는 신비롭고 소중한 불 앞에서 서로의 마음과 마음의 문을 열고 순수한 자연의 섭리를 쫓아 아름다운 무지개다리를 놓는 귀중한 시간이 되도록 경건한 마음으로 불을 기다립니다."

④ 밝히며

"그러면 우리 주위를 밝혀줄 촛불이 점화되겠습니다.

촛불을 밝힌 친구들은 옆의 친구에게 나의 불씨를 전달해 주시기 바랍니다. – '밤배'
우리가 들고 있는 하나의 작은 초는 비록 작고 보잘것없지만 자신의 몸을 태워 이렇게 주위
를 밝게 빛내주고 있습니다."

그림 8-1 캠프파이어의 게임

⑤ 촛불의 의미

밝힘, 따뜻함, 희생, 봉사

⑥ 부모님께(어머님 마음)

> 우리는 지금 언제나 다정하신 어머니의 곁을 떠나와 이 밤을 맞이하고 있습니다.
>
> 귀찮게 굴던 개구쟁이 동생도… 언제나 공부만 하라고 잔소리하던 언니(형)도 없습니다.
>
> 손만 내밀면 금방이라도 잡힐 듯한 어머니…
>
> 이 촛불 속에서 따뜻한 어머니, 아버지의 사랑이 묻어나고 있습니다.
>
> 어머니, 아버지가 그러셨던 것처럼 저도 남을 위해 살아가겠습니다.
>
> 그리고 끝끝내 저 자신의 나약함을 이겨내고 강한 딸, 아들이 되어 제 앞에 펼쳐진 시간을 성실하게
> 일구어 나가겠습니다.
>
> 어머니! 아버지!
>
> 이제 집으로 돌아가면 좀 더 성숙하고 의젓한 모습을 보여 드리겠습니다.
>
> 건강하게 오래오래 사셔서 이 못난 딸, 아들의 효도도 받으시길 이 촛불 앞에서 간절히 빕니다.
>
> 어머니, 아버지 사랑해요!

⑦ 다짐을 하며('사랑을 할 거야' 노래)

"이제 여러분은 오늘을 통해 새로이 탄생되었습니다.

자랑스럽고 자신 있는 행동으로 앞날을 개척해 나갑시다.

내 부모님과 선생님 친구들을 사랑하며 이웃을 더 크게는 나라를 사랑하는 마음으로 살아

간다면 누구보다 훌륭한 학생이 아니겠습니까?

바뀐 내 모습을 보면서 자신 있는 목소리로 다같이 '사랑을 할 거야'

노래를 힘차게 불러보겠습니다."

⑧ 마감하며('아리랑' 노래)

"그동안 잘못 살아온 날들을 반성하며 다 같이 촛불을 조용히 꺼 주십시오. 자기의 시간을

갖도록 하겠습니다. 모두 살아왔던 날들과 그리고 살아왔던 날보다 더 많은 앞으로 살아가

야 할 날을 생각하며 자기만의 시간을 갖도록 하겠습니다. 이상으로 캠프파이어의 촛불의

식과 함께 모든 시간을 마치겠습니다. 감사합니다."

2 | 빛 받으세요

준비물	성냥, 초
활동 방법	① 둥글게 모여 앉는다. ② 지도자는 촛불 1개를 켠다. ③ 촛불을 쳐다보며 빛에 대한 인상 깊은 이야기나 덕담을 한 마디 한다. ④ 이야기가 끝나면 다음 사람에게 촛불을 넘겨준다. ⑤ 한 사람씩 지날 때마다 훈훈한 마음을 느낄 수 있다.
요령	• 지도자는 적당한 시간에 피드백(feedback)을 해 주면 좋다. • 인간관계 훈련 프로그램으로 활용하면 좋다.

3 │ 안전수칙

야외에서의 레크리에이션 중 캠프파이어를 할 때에는 장작에 점화를 하거나 촛불의식 등의
행사를 하기 때문에 화재에 대한 안전수칙이 특별히 요구되고 있다. 화재발생에 대한 안전
수칙을 살펴보면 다음과 같다.

〈화재발생 시 행동요령〉

발화 초기의 안전조치
- 화재가 발생하면 최초 발견자는 큰 소리로 다른 사람에게 화재가 발생했다는 사실을 알려야 하고 즉시 소화기, 모래, 옥내소화전 등을 이용하여 소화 작업에 임해야 한다.
- 이때 주의해야 할 사항은 불 끄는 일에만 정신이 팔려 연기에 질식하거나 불길에 갇히는 일이 없도록 하고 소화기는 화염이나 연기에 방사하는 것이 아니라 화원에 방사해야 한다는 것이다.
- 그러나 무엇보다도 중요한 것은 소방서에 신고하는 것으로, 초기 소화가 불가능하다고 판단되어지면 지체 없이 소방관에 신고를 하고 대피해야 하는데 이때는 연소 속도를 늦추기 위하여 반드시 출입문을 닫고 대피하여야 한다.

화재신고
- 소화기나 물 등을 이용하여 초기소화가 불가능하다고 판단되면 서로 미루지 말고 즉시 소방서에 화재신고(전화 119)를 해야 한다.
- 화재를 당했을 경우 침착함을 잃지 말아야 한다.
- 최초발견자는 큰소리로 "불이야"를 외치거나 비상벨을 눌러 다른 사람에게 화재사실을 알려야 한다.
- 소방서에 화재신고를 할 때에는 화재발생 장소, 주소, 주요 건축물, 화재의 종류 등을 상세하게 설명하여야 하며 침착한 신고를 위해서는 평소에 유사시를 예상한 마음자체와 훈련이 필요하다.

피난 유도
- 불특정 다수인이 출입하는 곳에서는 그 건물구조에 익숙한 사람이 적절한 피난유도를 해야 한다.
- 만일의 경우를 생각하여 피난계획을 세워둔다.
- 평소 피난통로의 확보와 피난 유도 훈련을 철저히 실시한다.
- 건물 내부에는 두 개 이상의 피난 통로를 설치하여 유사시에 충분히 활용할 수 있도록 한다.
- 피난 유도 시에는 큰 소리로 외치는 것보다 가급적 불안감을 느끼지 않도록 차분하고 침착하게 행동해야 한다.

자료 : 울산광역시 온산소방서

야외에서 활동을 하다 보면 크고 작은 사고가 날 수 있다. 레크리에이션을 하면서 안전수
칙을 준수하며 활동을 하면 좋지만 개인의 체력을 무시한 채 승부욕을 내세우거나 주위를
살피지 못하고 지나치게 게임에 집중하다 보면 불의의 사고를 불러일으킬 수도 있다. 이를

<산불발생 시 행동요령>

산불이 발생할 때
- 산불 발견 시 119, 112, 시·군·구청으로 신고한다.
- 초기의 작은 산불을 진화하고자 할 경우, 나뭇가지를 사용하여 두드리거나 덮어서 진화한다.
- 산불은 바람이 부는 방향으로 확산되므로 풍향을 감안하여 산불의 진행경로로부터 벗어난다.
- 불길에 휩싸일 경우 당황하지 말고 침착하게 주위를 확인하여 타버린 지역, 저지대, 수풀이 적은 지역, 도로, 바위 뒤 등으로 대피한다.
- 산불구역보다 높은 곳으로 가지 않도록 하고 수목이 강하게 타고 있는 곳에서 멀리 떨어진다.
- 대피할 시간적인 여유가 없을 때에는 낙엽, 나뭇가지 등 탈것이 적은 곳을 골라 낙엽과 마른풀을 긁어낸 후 얼굴을 가리고 불길이 지나갈 때까지 엎드린다.

주택가로 산불이 확산될 때
- 불이 집으로 옮겨 붙지 못하도록 문과 창문을 닫고 집 주위에는 물을 뿌려주며 가스·기름통, 장작 등을 제거한다.
- 주민대피령이 발령되면 공무원의 안내에 따라 침착하고 신속히 대피하되 산림에서 멀리 떨어진 논, 밭, 학교 등 공터로 대피한다.
- 대피하지 않은 사람이 있을 수 있으므로 이웃집을 확인하고 위험상황을 알려준다.
- 가축은 미리 안전한 곳으로 이동시켜 피해를 예방한다.

산불진화에 참여할 때
- 산림과 가까운 지역에 거주하는 주민은 평소 산불진화를 위한 간이 진화 도구(삽, 톱, 갈고리 등)와 안전장구(긴 팔 면직 옷, 안전모, 안전화)를 준비한다.
- 산불 진화에는 많은 인력이 필요하므로 가까운 지역에서 산불이 발생하면 건강한 젊은이들은 자율적으로 진화활동에 참여한다.
- 산불진화에 참여할 경우 현장대책본부의 안내를 받아서 조직적으로 진화활동을 수행한다.

자료 : 국가재난정보센터

대비하여 간단한 응급처치를 숙지하면 좋다.

응급처치가 필요할 경우 다음의 10대 원칙을 준수하여 실시하도록 한다.

첫째, 환자를 수평으로 눕히고 토했을 시에는 얼굴을 옆으로 돌린다. 호흡장애를 동반할 경우에는 앉혀서 발을 뻗게 한다. 둘째, 인공호흡과 지혈이 필요한 경우 실시한다. 셋째, 부상자를 조사 시 움직이지 않게 한다. 넷째, 환자를 안심시키고 기분을 좋게 한다. 다섯째, 상처를 보고 흥분하거나 놀랄 수 있으므로 환부를 보지 않도록 한다. 여섯째, 불필요한 환부를 손으로 만져서 감염을 시켜서는 안 된다. 일곱째, 의식불명 환자에게 음식을 제공하지 않는다. 특히 출혈이 있는 환자에게 물을 먹이지 않도록 한다. 여덟째, 가능한 환자를 움직이지 않게 한다. 아홉째, 들것 운반 시 발을 앞으로 하고 운반한다. 마지막으로 체온 유지를 위해 담요 등으로 덮어준다.

4│ 각종 시나리오 참고 자료

서시	하늘을 우러러 한 점 부끄럼이 없기를 잎새에 이는 바람에도 나는 괴로워했다. 별을 노래하는 마음으로 모든 죽어가는 것을 사랑해야지. 그리고 나에게 주어진 길을 걸어가야겠다. 오늘밤에도 별이 바람에 스치운다.
작은 촛불	까만 씨를 태우며 고요히 타오르는 작은 촛불처럼 내 마음에 영원한 불꽃이 되소서. 당신의 그윽하신 사랑을 나로 하여금 꽃피우게 하시고 당신을 닮은 너그러움과 당신을 닮은 모든 인내가 거친 세상 이기는 힘이 되게 하소서. 시기 질투 미움의 무리는 내게서 멀리 뿌리 뽑아 가시고 영원히 낡지 않고 빛 발함 없는 비둘기의 순결로 옷을 지으사 사랑하는 하느님 내게 입혀 주소서. 칠흑같이 어두운 적막한 밤에도 마음은 언제나 한낮의 찬란한 태양과 같이 밝게 깨어 생각하며 진리대로 행하는 거룩한 빛의 자녀로 삼아 주소서.

〈계속〉

불의 의미	여러분! 오늘 이곳 야영장의 싱그러운 대 자연 속에서 촛불의식을 갖게 된 것을 진심으로 기쁘게 생각합니다. 이 촛불은 제 몸을 태워서 어둠을 밝혀 우리의 눈이 되게 하고 바른 길을 인도하고 있습니다. 촛불을 눈 가까이 해 주시기 바랍니다. 촛불은 자기의 몸을 태워 온 누리를 밝히고 있습니다. 우리 인간 하나하나는 나약하지만 우리 모두 힘을 합한다면 우리 주변을 환하게 밝힐 수 있을 것입니다. 우리 모두 촛불처럼 어두운 곳을 밝혀주는 참다운 사람이 됩시다. 이번에는 촛불을 가슴 가까이 가져가시기 바랍니다. 촛불의 훈훈함을 느끼실 것입니다. 우리 모두의 훈훈한 인정은 밝은 사회를 건설하는 지름길임을 깨닫고 힘 모아 나아갑시다. 인색하기보다는 너그러움으로, 방관하기보다는 참여함으로 웃음 꽃 만발한 조국 대한민국을 창조해 나갑시다. 촛불을 두 손 높이 받쳐 들어주십시오. 이 빛은 우리 젊음의 희망이며, 꿈이요, 이상입니다. 드높은 이상을 실현하기 위하여 줄기찬 노력을 기울입시다.
부모님 글	자식이 밤늦게 급체를 앓았습니다. 당신은 자식을 업고 읍내 병원까지 밤길 이십 리를 달렸습니다. 그해 겨울은 유난히도 추웠습니다. 당신은 자식이 학교에서 돌아올 무렵이면 자식의 외투를 입고 동구 밖으로 나갔습니다. 그리고 자식에게 당신의 체온으로 덥혀진 외투를 입혀 주었습니다. 환갑이라고 자식이 모처럼 돈을 보내 왔습니다. 당신은 그 돈으로 자식의 보약을 지었습니다. 오직 하나 자식 잘 되기만을 바라며 쏟아온 한 평생 하지만 이제는 주름진 얼굴로 남으신 당신 우리는 당신을 어머니라 부릅니다. 자식이 초등학교에서 우등상을 탔을 때 당신은 액자를 만들어 가장 잘 보이는 곳에 걸어 두었습니다. 일요일 아침 모처럼 뒷산 약수터에 올라 갔을 때 이웃사람들이 아버지를 닮았다고 인사할 때 당신은 괜히 기분이 좋았습니다. 자식이 첫 월급을 타서 내의를 사왔을 때 당신은 쓸데없이 돈 쓴다고 나무랬지만 밤늦도록 내의를 입어보고 또 입어봤습니다. 오직 하나 자식 잘 되기만을 바라며 쏟아온 한 평생 하지만 이제는 희끗희끗한 머리만 남으신 당신 우리는 당신을 아버지라 부릅니다.

3 영유아 캠프파이어의 실제

영유아들을 대상으로 하는 영유아 레크리에이션의 실제를 다음과 같이 계획해 볼 수 있다.

주제	우리는 하나	대상 / 유아수준	만 5세
활동유형	신체	집단유형	대·소집단
목표	나와 공동체에 대해 관심을 갖는다.		
자료 및 준비물	음향시설, 캠프파이어(장작, 촛불 등) 세트		

단계	활동내용	교수·학습활동	시간 (분)	자료 및 지도 상의 유의점
도입	행사준비 레크리에이션	1. 어색한 분위기를 띄우기 위한 간단한 레크리에이션 준비 〈퐁당퐁당 돌을 던지자〉 퐁당퐁당 돌을 던지자 누나 몰래 돌을 던지자 냇물아 퍼져라 멀리멀리 파저라 건너편에 앉아서 나물을 씻는 우리 누나 손등을 간질어 주어라 "노래를 부르며 옆 사람을 간질어 주세요."	10	
전개	공연 이벤트 게임 시상	〈장기자랑〉 준비한 장기자랑을 진행한다. 공연에 맞게 시스템을 준비한다. 〈림보게임〉 림보도구를 가지고 가장 낮은 높이를 통과하는 사람에게 상품증정 가위바위보 게임 〈가위바위보 게임〉 사회자와 가위바위보 게임을 해서 5명 미만의 인원을 선발하고 무대에서 댄스타임 및 상품증정 〈시상〉 장기자랑 결과를 가지고 1등부터 3등까지 시상	30	
	캠프파이어	〈레크댄스〉 노래에 맞춰 춤을 추며 쌓아 놓은 장작을 중심으로 크게 원을 하나 만든다.		

〈계속〉

단계	활동내용	교수·학습활동	시간 (분)	자료 및 지도 상의 유의점
전개	캠프파이어	〈장작점화〉 미리 쌓아 놓은 장작에 불을 점화하다. 〈공동체 놀이〉 전체 인원이 모두 참석하여 공동체 놀이를 한다. 〈촛불의식〉 주의를 정리하고 촛불에 물을 점화시킨다. 사랑하는 이에 대해 생각해 보는 시간을 갖는다.	20	
정리	마무리활동	서로에 대한 이야기를 나누며 캠프파이어를 마무리한다.	5	
확장활동		주변을 정리하면서 팀을 나눠 정리게임을 한다. 사랑하고 감사하는 사람에게 편지를 써본다.		

영유아들의 캠프파이어는 다양한 목적을 가지고 임할 수 있다. 지도자는 캠프파이어의 목적을 설명하고 영유아들이 안전하게 활동에 임할 수 있도록 해야 한다. 캠프파이어를 통해 협동적인 공동체 활동을 통해 창조적이며 교육적인 경험을 할 수 있도록 적극적으로 지도해야 한다. 특히 촛불, 장작 등의 화기에 주의해야하며 사고 발생에 대비해 사전에 소방서 등에 연락을 취하여 안전에 만전을 기할 수 있도록 한다.

4 응급처치 방법

1| 응급처치의 의미[6]

응급처치(First Aid)는 다친 사람이나 급성 질환자에게 사고 현장에서 즉시 조치를 취하는 것을 말한다. 이는 보다 나은 병원 치료를 받을 때까지 일시적으로 도와주는 것일 뿐 아니

---

6) 3) 응급처치 국민행동 요령

라 적절한 조치로 회복상태에 이르도록 하는 것을 포함한다. 예를 들면 위급한 상황에서 전문적인 치료를 받을 수 있도록 119에 연락하는 것부터 부상이나 질병을 의학적 처치 없이도 회복될 수 있도록 도와주는 행위도 포함한다. 이에 따라서 사람의 삶과 죽음이 좌우되기도 하며, 회복기간이 단축되기도 한다.

또한 의학적 치료 여부에 따라 장애가 일시적이거나, 영구적일 수도 있다. 응급처치는 일반적으로 타인에게 실시하는 것이지만 상대가 본인이나 가족인 경우는 곧 자신을 위한 일이 된다. 이처럼 응급상황을 인지하고 처치할 줄 안다면 삶의 질을 향상시킬 수 있다. 문제는 응급상황을 인지하지 못하여 기본증상조차 파악하지 못하는 경우가 생각보다 많다는 것이다. 예를 들면, 심장마비 증세가 나타났는데도 상태를 파악하지 못하고 시간을 허비하다가 병원으로 옮겨지기도 한다. 또한 많은 사람들이 응급처치 방법을 모르고 있으며 비록 교육을 통해 응급처치 방법을 아는 사람이라도 실제 응급상황에 접하게 되었을 때는 크게 당황하게 되는 것이 사실이다. 그러므로 침착하게 응급상황을 파악하는 것이 매우 중요하다.

2 | 응급처치의 필요성[7]

응급처치는 일상생활에서 발생할 수 있는 1분 1초를 다투는 긴박한 상황에서 사용되는 하나의 생명보험이다. 잘 알려진 바와 같이 사람은 심장마비 후 4분 이내에 아무런 조치를 취하지 않는다면 그것은 곧 죽음을 의미할 수 있다. 이처럼 응급상황에 대처하는 처치자의 신속·정확한 행동 여부에 따라서 부상자의 삶과 죽음이 좌우되기도 한다. 물론 모든 질병과 상처에 응급처치가 필요한 것은 아니다. 평생 동안 우리는 이러한 상황을 고작 한두 번 겪을 수도 있다. 하지만 생명을 구하는 일은 무엇보다도 중요하고 소중하기에 우리는 다음과 같은 응급처치 방법을 알아두어야 한다.

---

[7] 3) 응급처치 국민행동 요령

(1) 심폐소생술[8]

① 정의

심폐소생술이란 갑작스런 심장마비이거나 사고로 인해 폐와 심장이 활동이 멈추게 되는 때에 필요한 기본적인 생명연장 차원의 꼭 필요한 기술이며 심장정지가 의심되는 환자에게 인공으로 호흡과 혈액순환을 유지함으로써 조직으로의 산소공급을 유지시켜서 생물학적 사망으로서 전환을 지연시키고자 하는 기술이다. 심폐소생술 실시 지연은 응급의료기관 요원들이 심장을 재 박동시킬 수 있는 기회를 그만큼 감소시킨다. 또한 뇌세포는 산소의 공급 없이 4~6분 후에 죽어가기 시작한다.

② 심폐소생술 실시방법[9]

* 심정지 확인 : 어깨를 가볍게 두드리거나 흔들면서 큰 소리로 "괜찮으세요?" 하고 물어보면서 환자의 반응 확인과 동시에 숨을 쉬고 있는지 확인한다**1.**

* 도움 및 119신고 요청
  − 환자가 아무런 반응이 없으면 큰 소리로 주변사람들에게 119에 신고해 달라고 부탁한다**2.**
  − 주변에 아무도 없으면 직접 119에 신고하고 자동제세동기도 요청한다.

* 자세교정
  − 필요하면 환자를 바로 눕힌다.
  − 머리와 목의 뒤쪽을 받쳐주면서 머리와 목이 동시에 통나무 굴리듯 바르게 눕힌다.

* 가슴압박 30회 시행
  − 압박위치 : 환자의 가슴 중앙(양쪽 유두를 이은 가상선 흉골의 중심부)에 손꿈치를 대고 다른 손을 그 위에 깍지를 낀다. 손가락이 환자의 가슴에 닿지 않도록 주의하고 팔꿈치는 곧게 펴서 환자의 몸과 수직이 되도록 한 후 체중을 실어서 가슴을 압박한다**3.**

---

8) 자료 : 국가재난정보센터(http://www.safekorea.go.kr/dmtd/Index.jsp)
9) 심폐소생술(CRP) 도우미 : 동영상 및 모바일(Mobile) 제공, 경상북도 소방본부(http://gb119.go.kr)

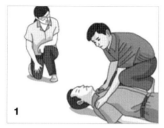  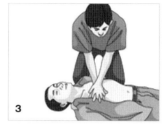

- 가슴압박 : 가슴압박 속도는 분당 100~120회, 깊이는 5~6cm로 빠르고 깊게 30회 압박을 실시합니다. 압박 후에는 가슴이 완전히 이완되도록 충분히 힘을 빼준다.

• 기도 유지
  - 머리를 뒤로 기울이고 턱을 들어 올린다.
  - 입이 닫히지 않도록 하고 턱밑의 부드러운 부분을 누르지 않는다.

• 인공호흡 2회 시행4
  - 기도 개방을 유지한 상태에서 환자의 코를 엄지와 검지로 막고 입을 벌려 환자의 입을 완전히 밀착시킨다.
  - 가슴이 올라올 정도로 1초간 공기를 부드럽게 불어 넣는다.
  - 공기를 불어 넣은 후에는 막았던 입과 코를 열어 공기가 배출되도록 한다.
  - 인공호흡 방법을 모르거나 꺼려지는 경우에는 인공호흡을 제외하고 지속적으로 가슴압박만 시행한다(가슴압박 소생술).

• 가슴압박과 인공호흡의 반복5
  - 30회 가슴압박과 2회의 인공호흡을 119구급대가 도착할 때까지 반복해서 시행한다.
  - 구조자가 두 사람인 경우에는 30:2로 1인은 흉부압박을 30회 하고 다른 1인은 2회 인공호흡을 한다.

 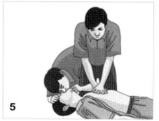

– 5주기(30:2 가슴압박과 인공호흡 5회)를 시행한 뒤에 서로 역할을 교대하여 실시한다.

※ 흉부압박 중단시간은 10초 미만이 되도록 해야 하며 환자가 회복되거나 119구급대가 도착할 때까지 계속해서 시행한다.

③ 주의사항

• 숨을 불어 넣는 중에도 가슴이 오르락내리락 하지 않으면 이는 숨구멍이 막혀 있다는 증거이다.

• 이때는 환자의 아래턱을 앞으로 당겨서 다시 시도한다.

• 영유아인 경우에는 머리를 어른에서와 같이 심하게 뒤로 젖히지 말아야 하며, 코와 입을 동시에 사용해서 1분에 20회 정도의 속도를 공기를 불어 넣어 준다.

• 흉부압박 시 손가락을 흉곽에 붙이거나 잘못된 위치에서 압박을 하면 간 또는 비장의 파열, 흉골골절, 늑골골절, 심장파열 등이 유발될 수 있다.

④ 흉부압박 시

• 영아 : 검지와 중지의 끝만을 이용하여 가슴두께 1/3(4cm) 정도 압박

• 소아 : 한 손바닥만 이용 5cm 정도 압박

(2) 인공호흡

① 정의

자연호흡이 멈추었거나 자신의 힘으로 적절히 호흡할 수 없을 때 부상자의 폐에 공기를 불어 넣어 주는 호흡방법이다.

② 실시방법

• 환자를 바로 눕힌 다음 머리를 뒤로 젖히고, 턱을 끌어올려서 기도를 개방한다.

• 손가락으로 환자의 코를 쥔다.

• 숨을 크게 들이마신 후 자기 입으로 환자의 입을 완전히 덮고 가슴이 부풀어 오를 때까지 공기를 불어 넣는다.

• 입을 떼어서 들어갔던 공기가 저절로 나오도록 한다.

- 이때 구조자는 귀를 환자의 입에 가까이 대고, 숨쉬는 소리를 듣고, 가슴부위가 상하로 움직임을 본다.
- 이와 같은 방법으로 실시하되, 최초의 2회는 부드럽고 충분하게 불어 넣어주며, 그 다음은 5초에 1회(1분당 2회)의 속도로 반복한다.
- 만약 입김이 잘 느껴지지 않는다든가, 가슴이 부풀었다 줄었다를 하지 않으면 기관에 이물이 있는 것으로 간주하여 이불에 의한 기도폐쇄처치를 해야 한다.
- 인공호흡 중 위장 팽만이 초래될 경우 낮은 압력으로 시행하고 손은 편평하게 하여 배꼽과 흉관 사이를 눌러 제거하여 위 냉물의 폐내 역류를 방지한다.

(3) 드레싱 및 붕대

① 드레싱

드레싱의 주요목적은 차상이나 화상 등에 의한 상처에 병균이 침입하는 것을 막고 피가 흘러나오는 것을 억누르며, 창상의 분비물을 빨아들이는 데 있다. 드레싱으로서는 구급상자 속의 것과 같이 특별히 준비된 것을 사용하던가, 위급한 경우에는 사고현장에서 발견되는 깨끗한 천으로 만들어 사용한다.

② 붕대의 종류

- 삼각건 : 삼각건의 재료로는 광목이나 부드러운 천이 쓰이며 76~101cm 나비의 천을 대각선으로 잘라 두 개의 삼각건을 만드는 것이 일반적이다. 또한, 삼각건은 반창고가 없이도 드레싱이 잘 붙어 있으며 모든 상처에 손쉽게 사용할 수가 있기 때문에 가장 많이 사용한다.
- 권축붕대 : 잘 포장된 멸균 '거즈' 권축붕대가 가장 이상적이며, 나비가 좁아서 겉이 고르지 못한 신체 부위에 쓰기에 편리하다.
- 사두붕대
- 넓은 붕대 : 배나 가슴에 창상 혹은 화상의 상처에 넓게 드레싱할 때 사용된다. 이 붕대는 30~45cm, 길이 1~1.6cm의 네모진 헝겊으로 만든다. 상처에 드레싱한 후 넓은 부상지의 등에 깔아 놓고 신체의 양편을 싸며 앞에서 잡아맨다.

③ 붕대의 사용법

• 사용목적

  – 드레싱을 상처에 붙어 있게 고정시키는 데

  – 골절되었을 때 부목을 고정시키는 데

  – 압박에 의하여 출혈을 정지시킬 때

  – 팔을 끌어올려 맬 때

  – 기형을 조정하고 관련된 부위 및 약한 부위

• 매듭

  – 특별한 지시가 있는 경우를 제외하고는 간단하고 가장 빠른 붕대매듭법을 사용한다(올
    매듭, 코매듭).

  – 삼각건은 사각매듭을 하는 것이 좋다.

• 주의할 점

  – 붕대를 꼭 매지 않으면 미끄러져 내려가 상처가 들어나는 일이 있다.

  – 붕대를 너무 졸라매면 혈액순환이 안 되고 상처가 아프다.

  – 상처가 부어 붕대가 너무 졸라지지 않거나 자주 검사하여, 필요하면 늦추어 준다.

  – 젖은 붕대를 매지 않아야 합니다. 젖은 붕대는 그것이 마르면서 졸아들어 더 졸라매어
    지기 때문이다.

  – 붕대의 시작이나 매듭이 상처 부위에 가지 않도록 한다.

(4) 호흡장애(기도폐쇄)

① 기도폐쇄의 원인

• 덜 씹은 음식물의 큰 덩어리를 삼키려고 할 때

• 식사 전, 식사 중 술을 마신 경우

• 의치를 하고 있는 경우(의치는 음식물 크기의 판별이 어렵다.)

• 흥분해서 말하거나 먹을 때(너무 빨리 먹는 경우)

• 입안에 물건을 넣고 걸어 다닌다든가 놀거나 뛰는 경우

• 의식 없는 환자의 경우(혀와 목구멍을 구성하고 있는 근육이완으로 기도가 폐쇄될 수 있다.)

• 위 내용물의 구토나 역류, 응고된 혈액, 뼈 조각, 상해 후 손상 받은 조직, 치아, 이물 등에 의한 폐쇄

② 증세와 징후
• 기침을 한다. 그러나 심할 경우 기침을 잘하지 못한다.
• 숨을 쉬면서 그르렁거린다(심한 천명음이 들린다).
• 두 손으로 목 부분을 감싼다.
• 호흡이 곤란해진다.
• 입술 주위에 청색증이 나타난다.
• 기도가 완전히 막힌 경우 3~4분 이내에 의식을 잃게 되고, 5~6분이 경과하면 사망하게 된다.

③ 응급처치
• 의식이 있는 경우
  − 환자가 기침을 하도록 유도해야 한다. 환자의 뒤에 위치한 상태에서 하임리히법[10]을 시행한다.
  − 환자를 세우고 뒤로부터 갈비뼈 밑에 양팔을 두르고 두 손을 환자의 배꼽 위 부위에 잡고서 안쪽으로 세게 당겨주기를 몇 차례 실시한다.)
• 의식이 없는 경우
  − 환자를 눕힌 상태에서 변형된 하임리히법을 시행한다.
  − 한 손꿈치를 환자의 배꼽과 흉골 하단에 놓고 다른 손을 먼저 손위에 바꿔 얹는다.)
  − 구조자의 어깨가 환자의 배 바로 위에 있도록 앞으로 몸을 이동하고 환자의 머리를 향해 빠르게 위쪽으로 눌러 민다.
  − 작은 소아의 경우 환자의 머리를 아래쪽으로 향하게 한 후 등을 두드린다.

---

10) 하임리히법(Heimlich maneuver)은 약물, 음식, 이물질에 의해 기도가 완전히 폐쇄되거나 의식이 없는 환자의 복부를 압박하는 기초적인 응급처치법으로 삼패인 마개를 터뜨리는 효과의 원리가 비슷하다. ‘복부 밀쳐올리기’라고도 한다.

- 30개월 미만의 아이, 심한 비만, 임산부 등과 같이 복부를 압박할 수 없는 경우에는 흉부압박법을 시행해야 한다.
- 영아나 30개월 미만의 아이인 경우 손으로 밀기(흉부압박) 빠른 속도로 네 번 위쪽으로 아이의 가슴을 손가락으로 눌러 민다)
- 30개월 이상의 어린이는 복부타격법을 시행한다.
- 아이를 세우거나 앉힘, 한 손을 주먹을 쥐고 주먹의 엄지 쪽을 아이의 흉골 하단과 배꼽중간의 복부에 위치할 것. 다른 손을 주먹 위에 얹고 아이의 배를 빠르게 위로 향해 밀어야 한다.)

• 이물질 제거방법
  - 입안의 이물질이 육안으로 관찰되는 경우
    요구조자를 옆으로 뉘인 후 수지교차법이나 혀와 턱을 들어 올리는 방법으로 입을 연 후에 손가락을 넣어서 이물질을 직접 제거해야 한다.
  - 입안의 이물질이 육안으로 관찰되지 않는 경우
    요구조자를 횡이나 상반신을 아래도 향하게 한 후 등 가운데의 중앙부에서 약간 위의 부분을 손바닥으로 강하게 두드린다. 상기한 하임리히법을 실시한다.

• 인공호흡의 시도
  - 숨을 쉬지 않으면 즉시 인공호흡을 실시해야 한다.
  - 가슴이 올라오지 않으면 하임리히법이나 등치기부터 다시 시작한다.
  - 인공호흡이 잘 되면 맥박을 점검하고 필요순서에 따라 심폐소생술을 실시하여야 한다.

(5) 화상 [11]

① 정의

열이나 화염, 증기, 뜨거운 물, 약물, 전기의 감전 및 전기의 서광 등으로 인한 피부조직의 손상을 뜻한다.

---

11) 자료 : 경상북도 소방본부

② 화상의 정도

- 1도 화상: 피부가 열이나 뜨거운 물에 닿을 때 색이 붉어지며 통증을 느끼는 경우
- 2도 화상: 물집이 생긴 상태로 통증이 심하다.
- 3도 화상: 피부조직 및 피하조직까지 파괴된 상태로 감각기능의 상실

③ 일반적 응급처치법

- 가능한 한 화상 입은 부분을 빨리 냉각시킨다.
- 생리식염수, 수돗물에 담근다.
- 충격을 예방한다.
- 의복을 벗기지 말고 가위를 이용하여 의복을 제거한다.
- 화상부위를 소독된 거즈를 이용하여 두툼하게 덮고 체온을 유지한다.
- 산소를 투여한다.

④ 구체적 응급처치법

- 화재에 의한 화상
  - 옷이나 몸에 불이 붙으면 멈춰 바로 바닥에 쓰러져서 몸을 빠르게 뒹굴면서 불을 진화한다.
  - 수돗물이나 흐르는 물 등으로 통증이 가실 때까지 화상 부위를 담근 채 식한다.

※ 주의: 화상 부위를 찬물에 10분 이상 담그면 체온의 손실을 초래하여 저체온증을 유발할 수 있다.

- 경화상(1도, 2도 화상)
  - 물집은 터트리지 마십시오.
  - 소독된 약용 바셀린이나 화상연고를 바르고 드레싱을 한다.

※ 주의: 화상 부위를 찬물에 10분 이상 담그면 체온의 손실을 초래하여 저체온증을 유발할 수 있다.

- 중화상(3도 화상)
  - 충격과 감염을 방지한다.
  - 체온을 유지시킨다.
  - 타서 몸에 붙은 의복을 억지로 떼려 하지 말고 그 외의 의복부분을 가위로 절단한다.

– 깨끗한 헝겊을 소다수 또는 식염수에 적셔 댄다.

– 물을 조금씩 천천히 먹인다.

– 더러운 물건이나 먼지가 화상 부위에 닿지 않게 주의한다.

– 호흡곤란이 있는 환자에게는 신속히 산소를 투여한다.

⑤ 화학물질에 의한 화상

• 화학물질이 닿은 부위를 흐르는 찬물에 회소한 20분간 씻어낸다.

• 약품이 닿은 부분의 옷을 벗긴다.

• 석탄산인 경우는 알코올로 씻어낸 뒤 물로 씻어낸다.

• 즉시 구조를 요청한다. 화학물질에 따라 처치가 다를 수 있으므로 되도록 어떤 화학물질에 의한 화상인지 아는 것이 중요하다.

• 눈에 화학물질이 들어간 경우 환자의 눈을 벌린 후 20분간 물로 충분히 세척해야 한다.

CHAPTER
09

실내 게임

CHAPTER
09

실내 게임

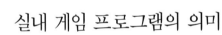

1 실내 게임 프로그램의 의미

야외 게임이 동적이라면 실내 게임은 정적인 게임이다. 영유아들의 실내 게임은 무대 게임, 팀빙고 게임, 팀파워 게임, 그리고 실내 어떤 곳에서도 할 수 있는 게임이 다양하게 있으며, 지도자는 대상 전체와 스킨십을 할 수 있는 프로그램으로 진행하여야 한다. 다양한 게임을 통한 신체표현활동, 율동과 체육활동 등을 통해 신체의 움직임을 통해 심신을 건강하게 할 수 있게 된다.

그림 9-1 영아들의 실내 게임

2 무대 게임 프로그램

무대 게임은 대상을 선정하여 무대 위로 올라와서 프로그램을 진행하며 참가자 전체가 라포 (rapport)가 형성되는 게임을 말한다. 무대 게임으로 적절한 활동을 살펴보면 다음과 같다.

(1) 커플 맞아?

5쌍 정도 앞으로 나오게 하여 남자는 의자에 앉게 하고, 여자는 남자 뒤로 서게 한 뒤 여자의 눈을 가린다. 지도 자는 미리 준비한 먹을 수 있는 것과 먹지 못할 것이 섞여 있는 쟁반 5개를 각 탁자 위에 올려놓는다. 그리고 시작과 함께 여자는 먹여주고 남자는 먹게 되는데 남자는 두 손을 뒤로 해야 되고 말도 하면 안 된다. 먹을 수 있는 것을 가장 빨리 먹으면 승리!

그림 9-2 영아들의 커플게임

　이 게임은 여자가 눈을 가렸기 때문에 먹을 것을 남자의 눈이나 코에 넣어주기도 하고 먹지 못하는 것을 억지로 먹여 주기도 하기 때문에 보는 사람은 더욱 재미있다.

(2) 음정 울타리

두 사람이 마주 서서 '도레미~~~' 번갈아가면서 음정을 높여간다. 한 음씩 음계를 올리다가 어느 한쪽에서 더 이상 못 올라가면 지는 것이다.

(3) 시간 맞추기

지도자가 시간을 정해준다(예를 들어 30초). 참여자 두 사람을 마주보고 서게 한다. 상대방 칭찬하기, 어떤 주제에 대한 자신의 생각 말하기 등 상대방에 밀리지 않고 각자 말을 끊임없이 해나가게 한다. 참여자들은 말을 하다가 자신이 생각하기에 30초가 되었다고 생각되면 "Stop!"을 외친다. 30초에 가장 근접한 사람이 이기는 게임이다.

(4) 그것이 알고 싶다

두 사람을 무대 위로 불러낸 후, 등을 마주대고 서게 한다. 지도자가 하나의 질문을 던진다. 예를 들어 "두 사람은 친구 사이입니까?"

그 다음 지도자가 "하나 두울 셋"을 외치면, 두 사람은 각자 고개를 왼쪽 또는 오른쪽으로 돌린다. 고개가 마주보게 되면 'Yes'로 간주하고, 고개가 엇갈리면 'No'로 간주한다.

참여자의 의도와는 다른 결과가 나오므로 재미있는 질문들을 많이 준비해 갈수록 재미있는 게임이 된다.

* **도움말** 벌칙으로도 활용할 수 있는 게임이다.

(5) 테이프 떼기

각 팀에서 두 사람씩 나온다. 한 사람의 얼굴에 테이프를 붙이고, 나머지 한 사람이 그 테이프를 입으로 떼는 게임으로, 빨리 떼는 팀이 이기는 것이다.

* **도움말** 이 게임은 개인전으로 활용할 수도 있다. 테이프를 얼굴에 살짝 붙여 놓고, 손을 사용하지 않고 얼굴 근육을 움직여 떼어내게 한다.

(6) 빼빼로

흔히 하는 좋아하는 사람끼리 하면 재미있는 게임이다. 커플이 빼빼로 양쪽 끝을 입에 물고, 지도자가 "시작" 하면 주어진 짧은 시간 동안 빼빼로를 가장 조금 남기는 팀이 승리하는 게임이다.

(7) 어조목 / 한중량

지도자와 아이들 모두 검지로 허공에 삼각형을 그리면서 어조목(한중량)을 반복해서 외친다. 그러다가 지도자가 무작위로 한 사람을 가리키면서 "어" 하면 그 아이는 재빨리 고기이름을 대는 게임이다. 여기서 "어"는 고기, "조"는 새, "목"은 나무이다. 또한 "한"은 한국음식, "중"은 중국음식, "량"은 서양음식이다. 방법은 어조목과 같다. 그러나 만약 지도자가 한중량 한중량 하다가 "꽝"이라고 외치며 가리키면 한국음식, 중국음식, 서양음식이 아닌 것을 한 가지 말해야 한다.

* **도움말** 어조목(한중량) 대신에 유아들이 좋아하는 단어를 사용하여도 무방하다.

(8) 가위바위보 왕 뽑기

사람을 뽑아낼 때 쓰는 가벼운 게임이다.

최후에 이긴 자가 나올 때까지 가위바위보를 하는 것! (역시 가장 공정한 건 가위바위보뿐!)

지도자와 참여자 전부가 하는 가위바위보도 있다.

다 같이 가위바위보를 하늘높이 치켜든다.

지도자가 낸 것에 진 사람들은 팔을 내린다.

한 사람이 남을 때까지 계속하고, 맨 나중에 지도자와 승부를 낸다.

(9) 인간 윷놀이

양 팀에서 2명씩 또는 네 팀에서 각각 1명씩 나와 윷이 된다. 하나 두울 셋 하면 각 4명은 벽이 윷판이라고 생각하고, 바로 서거나 뒤돌아선다. 4명이 다 같은 한 팀이 아니기 때문에 짤 수 없다.

도, 개, 걸, 윷, 모로 윷놀이하듯이 진행해 나가면 되고, 윷이 될 사람은 각 팀에서 돌아가면서 나와 다 같이 참여한다.

(10) 올림픽

① 각 팀에서 한 명씩 나와 대결할 경우

• 멀리뛰기 : 소리를 길게, 크게 지르는 사람이 이긴다.

• 100m 달리기 : 빨리 숫자를 거꾸로 세는 사람이 이긴다.

• 높이뛰기 : 번갈아가며 '도레미~~~' 음을 높여간다.

② 모든 팀원이 함께 하는 종목의 경우

• 이어달리기 : 팀원들의 몸에 지닌 소지품을 이용해 길게 이어나간다.

(11) 동전 감추기

각 팀에서 4명이 나온다. 4명이 나란히 서서 손을 뒤로 하고 옆 사람과 손에 손을 잡는다. 지도자가 동전을 하나 주면 그 4명은 뒤로 동전을 돌린다. 멈췄을 때 상대편 팀은 그 4명 중

누가 동전을 가지고 있는지 바로 맞추어야 한다.

* **도움말** 역시 손놀림보다 표정관리가 중요하다.

3 팀 빙고 게임 프로그램

참여대상을 팀으로 나누어 팀원들의 협동심과 자긍심, 인지발달을 테스트하는 게임으로, 팀원 한 사람씩 돌아가면서 진행된다. 팀을 구성하면서 영유아들은 리더십을 기를 수 있고 함께하는 게임을 통해 또래와의 협동심과 자긍심을 기를 수 있다. 다양한 언어를 구사함으로써 어휘력 향상과 순발력을 기르기에도 적합한 활동이다.

(1) 총싸움

엄지와 검지로 총을 만든 후 총소리를 연습한다.

진행방식은 지도자가 '빵' 하고 1방을 쏘면 참여자들은 '빠빵' 하고 2방을 쏜다. 반대로 지도자가 '빠빵' 하고 2방을 쏘면 참여자들은 '빵' 하고 1방을 쏜다.

또 지도자가 '빠바방' 하고 3방을 쏘면 참여자는 '으악' 하고 죽는 시늉을 한다. 전체적인 연습이 끝나면 지도자가 무작위로 사람들에게 다가가 게임을 진행한다.

(2) 주고픈 말

준비물	메모지, 볼펜
활동 방법	① 모두 모여 둥글게 앉거나, 사람이 많을 경우 여러 팀으로 나눈다. ② 메모지 위쪽에 자신의 이름을 적고, 옆으로 3사람 지나게 전달한다. ③ 메모지를 전달받으면 이름을 보고, 그간 느낀 소감이나 첫 인상에 대해 기록을 하고 옆으로 전달한다. ④ 한 사람에 대해 주고픈 말을 전원이 기록하고 나면 자기 것을 찾는다.

〈계속〉

요령	• 주고픈 말을 쓸 때 위에서부터 차례로 쓰지 말고 여기저기 써서, 누가 어떤 내용의 말을 썼는지 모르게 할 필요가 있다. • 메모지에 1번, 2번을 기록하여 1번은 첫 인상을, 2번은 끝 인상을 써서 비교를 해도 좋다. 이러한 것들을 통해 공동생활에서의 인간관계 개선이 얼마나 중요한 것인 지를 느낄 수 있다.

(3) 돌림 악수

활동 방법	① 모두 모여 둥글게 선다. ② 첫 번째 사람이 두 번째 사람과 악수를 한 후 계속해서 세 번째, 네 번째… 사람과 악수를 한다. ③ 두 번째 사람도 첫 번째 사람이 지나간 후 세 번째 사람과 악수를 하고 첫 번째 사람의 뒤를 이어 계속 악수를 한다. ④ 악수를 할 때마다 덕담이나 격려의 말을 간단히 나눈다. ⑤ 모두가 차례대로 나가면서 끝을 맺는다.
요령	• 시간을 충분히 확보하고 진행한다. • 모든 프로그램이 진행된 후 마무리하는 프로그램으로 좋다. 개인적인 덕담이나 격려의 말이 길어지면 전체적으로 지루해진다.

(4) 따라 비벼 발라 세워

준비물	헤어크림 병
활동 방법	① 지도자가 헤어크림 병을 들어 따르는 동작을 한다. 즉 왼손바닥의 안쪽이 하늘로 향하게 하고 오른손 엄지는 따르는 동작을 취한다. ② 양손바닥끼리 비비는 동작을 하고 양손을 머리에 대고 바르는 동작을 한다. ③ 참가자들은 지도자가 말한 대로 그 말과 행동을 따라서 해야 한다. 리더는 '따라, 비벼, 발라'의 순서를 바꿔가면서 동작과 말을 다르게 유도한다. ④ 지도자가 말한 것과 행동이 다르면 지는 게임이다.
요령	• '따라, 비벼, 발라'에서 사회자는 말로 '비벼' 하면서 바르는 동작을 취한다. 그러면 참가자들은 '비비는' 동작을 해야 하는데, 대부분 '바르는' 동작을 취하고 만다. • 이 게임은 말과 행동이 다르도록 유도하는 활동으로 매우 재미있다. 위 세 가지 행동이 숙달되면 '세워'(양손을 머리 위로 세우는 모습)를 넣어 4가지 주문을 해본다. 그러면 더욱 혼동되어 재미있다.

(5) 땅 따 당

활동 방법	① 리더가 '땅' 하면 참가자들은 '따당' 해야 한다. ② 그리고 '따당' 하면 '땅' 해야 하는 것이다. ③ 아래와 같이 자주 바꿔서 하면 재미있다. 　　예) 땅 → 따당 　　　　따당 → 땅 　　　　땅, 땅 → 따당, 따당 　　　　따당, 따당 → 땅, 땅 　　　　땅, 따당 → 따당, 땅 　　　　따당, 땅땅 → 땅, 따당, 따당
요령	• 분위기에 익숙해지면 빠른 속도로 총을 쏘고 참가자들이 대답을 하도록 한다. 총은 오른손 주먹을 　가볍게 쥐고 집게손가락을 펴서 하면 '주먹총'이 된다. • '땅' 외에도 짠–짜짠, 번–데기, 쿵–짝짝, 칙칙–폭폭 등이 있다.

4 팀 파워 게임 프로그램

팀 파워 게임은 팀 간의 결속력을 강하게 하고, 화합을 하게 하는 게임이다. 팀원들은 서로의 강점을 살려 추진력을 함께 기를 수 있는 활동이다. 영유아들은 팀원간의 협동심과 결속력을 통해 타인을 이해하는 과정을 통해 성장할 수 있다.

(1) 첫 글자 이어가기 게임

준비물	첫 글자 목록표
활동 방법	① 첫 글자 게임의 범위를 정한다. 　예 : 동물 중 물에 사는 동물, 뭍에 사는 동물, 파충류 등 그 범위를 정하고 시작한다. ② 첫 글자를 따서 팀원이 순서대로 말을 이어간다. ③ 첫 글자 단어를 말하지 못하면 벌칙을 받는 게임이다.

〈계속〉

요령	• 첫 글자 단어의 범위와 정도까지 정해야 혼돈이 안 일어난다. • 지도자는 위트 있게 목록표를 준비해 주면 게임을 재미있게 하는 요소가 될 수 있다. **목록표 예** ㄱ : 강아지, 고슴도치, 기린, 고양이, 고래, 공룡, 개구리, 갈매기, 고릴라, 　　구미호 등 ㄴ : 노루, 낙타, 너구리, 늑대, 날다람쥐 등 ㄷ : 도요새, 도롱뇽, 돌고래, 다람쥐, 닭, 두더지, 도마뱀, 둘리 등 ㄹ : 라이온, 로드러너, 레옹(사람도 동물이죠?) 등 ㅁ : 망아지, 말, 미꾸라지, 맘모스 등 ㅂ : 붕어, 박쥐, 비둘기, 백조, 봉황, 불가사리, 바퀴벌레 등 ㅅ : 상어, 사슴, 산토끼, 소, 송아지, 수달, 살쾡이, 사람 등 ㅇ : 올챙이, 잉어, 양, 악어, 원숭이, 오리, 여우, 얼룩말, 용가리 등 ㅈ : 자라, 쥐, 집토끼, 조랑말 등 ㅊ : 청개구리, 참치, 치타, 참새 등 ㅋ : 코끼리, 코알라, 캥거루, 킹콩, 카멜레온, 코요테 등 ㅌ : 토끼, 타이거 등 ㅍ : 피라미, 퓨마, 표범 등 ㅎ : 황소개구리, 하마, 홍학, 황새, 하이에나, 해마, 햄스터 등

(2) 텔레파시

준비물	메모지 4~5장, 볼펜 4~5자루, 점수판
활동 방법	① 조를 나누어 먼저 조장을 선출한다. 그리고 각 조장에게 종이와 볼펜을 나누어 주고 종이를 8등분하여 접으라고 한다. 이때 각 조원들은 둥그렇게 무릎을 맞대고 앉게 한다. ② 지도자는 각 조원들에게 16절지 왼쪽 첫째 칸에 서로 협의하여 생선이름 3가지를 기록하도록 한다. 이때 각 조원들이 주의할 점은 진행하는 지도자나 다른 조원들에게 들리지 않도록 떠들지 말고 기록해야 한다. ③ 왼쪽 첫째 칸에 생선이름 3가지를 다 기록했으면 둘째 칸에는 산 이름 3가지, 셋째 칸에는 독립운동가 중에 가장 존경하는 사람 3인, 넷째 칸에는 우리나라 여자 이름 중 가장 흔한 이름이나 시골스러운 이름 3가지, 가정집에 사는 해충, 벌레 3종류 등을 기록하도록 한다. ④ 기록이 다 끝났으면 다시 한 번 확인한 다음 지도자는 각 조원들에게 자기 조가 기록한 32개의 이름을 1분 안에 암기하도록 한다. 암기가 끝났으면 지도자는 각 조장을 통하여 기록한 용지를 다 회수한다. ⑤ 지도자는 이렇게 말한다. 지금부터 이 용지를 보지 않고 순서대로 이름 1가지 지도자 맘대로 부르는데 이때 자기 조원들이 기록한 이름과 같을 경우 양팔을 들고 일어서며 최대한 소리를 지르도록 한다. 이때 소리는 "오! 예." 로 한다. 소리를 잘 지르는 팀은 보너스 점수를 주도록 하며 이와 반대로 소리가 작을 때는 점수를 깎도록 한다.

〈계속〉

요령	• 지도자는 각 제목의 이름을 4~5개 정도만 불러주고 특이한 이름(예: 꽃–며느리밥풀꽃, 벌레–바퀴 벌레, 돈벌레, 시골스러운 여자이름–영순, 순자 등)을 불러줄 때는 점수를 많이 걸어놓고 한다. • 점수는 보통 100점, 특별점수 300점, 500점을 걸어 놓고 하는데 이렇게 되면 역전기회가 주어지게 되어 게임 진행이 더욱 흥미진진하게 된다.

(3) 자기 짝 맞히기

준비물	책상, 커튼 또는 모포
활동 방법	① 손만 보고 자기의 짝을 맞추는 게임이다. 책상 위에 커튼 또는 모포로 막을 만들고, 그 밑으로 손 만 보이도록 한다. ② 남녀가 쌍을 만들고 4~5조씩의 그룹을 만든다. ③ 여성만 막 뒤에 선 후, 위치를 바꾸고 나서 손을 내민다. ④ 남성은 손을 본다든지 악수하거나 하면서 자기의 파트너를 찾는다. 자기의 파트너를 알았다면 손을 잡는다. 전원이 손을 잡았으면 막을 벗기고, 맞힌 쌍이 이기게 된다. ⑤ 여성은 미리 시계, 반지 따위를 벗어 놓는다. 쌍을 이루고 있는 두 사람이 같은 마이크를 달고 있으 면 보고 있는 사람도 알기 쉽다.
요령	손 대신에 코나 귀, 구두 따위로 해도 좋다. 빛을 비추어 그림자를 보고 맞히도록 해도 좋다.

(4) 악센트 넣기(절대음감)

활동 방법	① 팀 이름을 정한다. ② 팀 이름이 정해졌으면 그 팀 이름 앞에 간단한 수식어를 붙이도록 한다. ③ 예를 들어, 잘나가는 마징가의 경우 앞에서부터 한 글자씩 차례로 악센트를 넣으면서 반복한다. 　잘나가는 마징가 잘나가는 마징가 잘나가는 마징가 잘나가는 마징가 　잘나가는 마징가 잘나가는 마징가 잘나가는 마징가
요령	• 팀워크를 체크할 수 있는 게임으로 호응이 좋다. • 시간을 체크하여 어느 팀이 가장 짧은 시간에 악센트를 넣어 팀 이름을 외쳤는지 비교하여 가장 짧 은 시간에 한 팀에게 점수를 준다.

(5) 국수 만들기

준비물	신문, 풀
활동 방법	① 팀을 나눈다. ② 신문지를 각 팀에 나눠주고 제한된 시간을 알려준다. ③ 시작과 동시에 신문을 길게 찢어 풀로 이어서 길게 잇는 팀이 이기는 게임이다.
요령	간단하고 의외로 호응이 좋은 게임이다.

(6) 노래 맞추기

활동 방법	① 팀의 대표를 한 명 뽑는다. ② 그 대표에게 노래제목을 알려주면, 자기 팀에게 단어 하나로 그 노래를 불러준다. ③ 예를 들어, 산토끼 노래를 '콩'으로 부른다. 　 (콩~~콩콩 콩콩콩 콩~콩콩 콩콩콩…) ④ 팀은 그 노래의 제목을 맞춰야 한다. ⑤ 제한시간 내에 많은 노래를 맞추는 팀이 이긴다.
요령	누구나 알 수 있는 노래제목을 선정할 수 있도록 준비한다.

(7) 글자 찾기

준비물	신문, 가위, 풀, 도화지
활동 방법	① 팀별로 준비물을 주고 지도자가 문장 하나를 말한다. ② 그런 다음 팀원들은 제한시간 동안 힘을 합해 신문에서 그 글자들을 찾아 도화지에 주어진 문장을 만든다. ③ 제대로 글자가 많이 만들어진 쪽에 '승'을 주는데, 서로 엇비슷할 때는 글자가 크고 컬러풀한 쪽에 '승'을 준다.
요령	신문지의 양을 제시하는 문장에 맞게 제공하도록 한다.

(8) 벽과 벽 사이

준비물	단어(문장 또는 단어)가 적힌 스케치북
활동 방법	① 팀에서 5명 정도 나와 일렬로 선다. 맨 앞사람을 제외하고는 모두 돌아선다. ② 지도자가 맨 앞사람에게 문장 또는 단어 또는 속담 등을 말해주면 그 사람이 뒷사람에게 몸짓으로 그것을 설명한다. ③ 설명 받은 사람이 그 뒷사람에게 계속해나간다. ④ 마지막에 설명 받은 사람이 맞추면 점수가 높다. ⑤ 못 맞추었을 경우는 그 전 사람에게 기회가 돌아가나 점수가 낮아진다.
요령	진행 후 인상적인 몸짓을 한 사람이 있다면 다시 한 번 모두에게 보여줄 수 있는 기회를 제공하여 웃음을 자아내도록 한다.

(9) 번호 밟기

준비물	0~9 숫자가 적힌 종이
활동 방법	① 연습장 크기의 종이에 0에서 9까지 숫자가 적힌 종이를 두 장씩 20장을 준비한다. ② 바닥에 흩어놓는다. ③ 각 팀에서 한 명씩 나온다. ④ 참여자는 지도자가 부르는 숫자를 밟아나가야 한다. ⑤ 가까이 있는 번호는 상대방에게 뺏기고, 다른 하나는 멀어서 밟지 못하면 지는 것이다.

(10) 무엇이 무엇이 똑같을까

활동 방법	① 여러 팀이 돌아가면서 게임을 할 순서를 정한다. ② "무엇이 무엇이 똑같을까 (젓가락) 두 짝이 똑같아요"를 부르면서 팀이 돌아가면서 똑같은 짝을 가진 것을 댄다. (예: 귀걸이, 안경알, 엉덩이 등) ③ 노래에 맞춰 똑같은 짝을 찾지 못하면 벌칙을 받는 게임이다.

(11) 카드놀이

준비물	도화지, 팬
활동 방법	① 팀별로 준비물을 나누어 준 다음 도화지를 14등분해서 ㄱ~ㅎ칸으로 만들게 한다. ② 제한시간 내에 각 칸마다 그 자음으로 시작하는 동물 이름을 가능한 많이씩 쓰게 한다. ③ 지도자가 각 자음별로 동물 이름을 몇 개씩 불러나가는데 지도자가 부르는 동물 이름을 쓴 팀은 크게 자기 팀 이름을 외치고, 지도자는 확인한 후 점수를 준다.

실내에서 할 수 있는 게임은 매우 다양하다. 위에 소개된 게임 이외에 밀어내기, 스피드 퀴즈, 주제 이름 대기, 주제 노래 부르기, 징검다리, 순발력 게임 전보, 도전 30곡, 장기알 쌓기, 이웃을 사랑하십니까? 자리 메우기, 하나 둘 셋, 짝짓기, 의자빼기, 긴 숨, 김밥말기, 몸글씨 만들기, 상대방 얼굴 그려주기 등 다양한 게임이 있다.

영유아 실내 게임의 실제

영유아들을 대상으로 하는 표준보육과정 및 누리과정의 생활주제와 연계하여 영유아 레크리에이션의 실제를 다음과 같이 계획해 볼 수 있다.

생활주제	나와 가족	대상 / 유아수준	만 4세
일일주제	몸 글씨 만들기	교육과정 영역	신체운동 및 건강
활동유형	신체	집단유형	대·소집단
교육과정 관련요소	* 신체운동·건강 > 감각과 신체 인식 > 신체를 인식하고 움직이기 * 신체운동·건강 > 신체 조절과 기본 운동하기 > 신체 조절하기		
교육목표	* 신체를 인식하고 움직이기를 통해 몸을 적절히 움직여본다. * 자신의 신체를 긍정적으로 인식하고 신체 움직임을 통해 즐거움과 자긍심을 느낄 수 있도록 한다.		
자료 및 준비물	율동 CD, 카세트		

단계	활동내용	교수·학습활동	시간(분)	자료 및 지도 상의 유의점
사전활동	우리 신체의 기관에 대해 알아본다.			
도입	스트레칭을 한다.	1. 유아들과 신나는 율동을 한다. "선생님과 함께 신나는 노래에 맞춰 율동을 해봐요." 2. 신체의 기관에 대해 이야기를 나누며 스트레칭을 한다. "다리를 어깨 넓이만큼 벌리고 허리를 숙여 손을 땅에 닿게 해 보세요." 3. 오늘 할 활동에 대해 소개한다. "오늘은 몸으로 글씨를 만드는 게임을 해볼 거예요. 몸으로 어떻게 글씨를 만들 수 있을까요? 지금부터 선생님이 말하는 글자를 몸으로 만들어 보세요."	5	
전개	몸글씨 만들기 게임을 한다.	1. 팀을 나눈다. 2. 팀원이 함께 하는 게임 '몸글씨 만들기 게임'을 설명한다. 〈몸글씨 만들기〉 각 팀별로 지도자가 요구하는 글씨나 모양을 팀 전원이 몸을 움직여 만들어 낸다. 한 사람도 빠지지 않고 빠른 시간 내에 정확하고 균형 있게 만드는 팀이 이긴다. 예 : 글자(사랑, 친구, 하나 등), 숫자(1, 2, 3~9) 등, 모양(동그라미, 세모, 등), 한자(田, 目, 天 등) 3. 교사가 지시하는 몸글씨를 만들며 게임을 즐긴다. 4. 게임을 마친 후 신나는 노래에 맞춰 율동을 한다.	10	

〈계속〉

단계	활동내용	교수·학습활동	시간 (분)	자료 및 지도 상의 유의점
정리	활동을 마무리 한다.	어떤 팀이 글자를 가장 잘 만들었는지 평가하며 야야기 해 본다. "몸으로 글씨를 만드는 게임 어땠나요?" "어떤 글자를 만들 때 가장 즐거웠나요?"	5	
확장활동		몸으로 표현하는 글자를 그림자놀이를 통해 그림자로 글자 를 만들어 볼 수 있도록 한다. 글자 모자이크를 해본다.		

영유아들과 실내에서 활동을 할 때에는 활동반경이 크지 않기 때문에 정적인 활동을 많이 하게 된다. 그러나 모둠으로 모여 앉거나 제 자리에서 할 수 있는 다양한 활동들이 있어 신체 활동을 충분히 즐길 수 있다. 자신의 신체를 움직여 다양한 몸으로 만든 글자놀이, 짝 체조 등으로 활동을 전개할 수 있다. 특히 무대게임은 소수 인원이 무대에 올라오게 함으로써 자신만의 장기를 보여줄 수 있는 기회가 주어지게 되어 영유아들이 자신감도 기르고 표현력도 기를 수 있다. 신나는 노래에 맞춰 율동을 하면 더욱 흥을 돋을 수 있다. 다양한 활동을 원할 경우 공간을 충분히 마련하면 더욱 좋다.

CHAPTER

10

개인놀이

CHAPTER 10

개인놀이

1 영유아의 개인놀이

개인놀이의 존재 양상은 성인과 아동, 그리고 승부와 비승부 혹은 둘의 혼합 등을 고려함으로써 놀이간의 변별성과 특성을 파악할 수 있다. 성인놀이는 개인 또는 상대라는 측면에서 국한시켜 말하면, 그 내부에는 유희, 경기, 오락, 극적인 요소들이 잡다하게 혼합되어 있다.

그런데 성인 계층은 일과 구분하여 놀이를 할 때에는 오락의 성격이 강하다. 오락은 여가활동의 차원에서 생리적 쾌감과 심리적 만족을 누리는 데 있다. 더구나 소수 인원의 상대놀이는 지혜, 기량, 힘쓰기로 겨루는 쪽으로 발전하여 결국에는 도박성을 띠기도 한다. 이 점이 아동놀이와 확연히 다르고, 더구나 집단놀이의 응집력 차원과는 달리 소비적 측면의 성격을 지닌다.

그림 10-1 영유아의 개인놀이

1│ 아동 중심의 개인놀이

(1) 아동 중심 개인놀이의 특징

아동의 세계는 그 자체가 놀이로 이루어진다고 해도 지나친 말이 아니다. 아동의 놀이는 성인과 달리 일상, 비일상의 구분 없이 평상시에 유지된다. 놀이 방식은 혼자나 둘 이상의 상대적이거나 간혹 또래끼리 집단적으로 이루어진다. 아동의 성장과정에서 놀이는 필수적이며 놀이 자체가 신체단련이고 개인의 사회화 방식을 터득하는 교육의 장이기도 하다.

놀이의 성별 특성은 놀이의 방식에 따라 구분되나 여아의 놀이가 남아의 놀이보다 경합 쟁취형 놀이에 치중되어 있어 행동적이고 전투적인 성향을 지닌다. 여아의 놀이는 경합 쟁취형 놀이가 적고 신체 단련형 놀이나 모의 재현형 놀이가 많은데, 경합 쟁취형이라도 춤이나 노래를 통해 정서적 교감을 누리는 쪽으로 놀이가 발달되어 있다. 또 소년·소녀 아동이 혼합되어 놀이를 하는 경우도 있고 지역에 따라 남아의 놀이를 여아가 하는 경우도 보인다.

(2) 아동중심의 개인놀이 유형

① 신체 단련형 놀이

아동놀이는 주로 운동이면서 재미있게 노는 행위라고 볼 수 있다. 아동의 상대놀이는 서서 하는 놀이인 동시에 야외에서 하는 경우가 많다. 도구를 이용하는 놀이는 서서하는 운동인 동시에 야외에서 하는 경우가 많다. 도구를 이용하는 경우에는 일정 기량을 갖추어야 잘할 수 있고, 기량의 습득에 따라 성취감도 맛보게 된다.

② 경합 쟁취형 놀이

아동의 경합쟁취형 놀이에는 고누[12], 종경도 놀이[13], 공기놀이처럼 승부를 염두에 두고 상대

---

[12] 고누는 인류가 만들어낸 가장 오래된 놀이 중의 하나로 때와 장소에 구애받지 않고 누구나 돌멩이나 바둑알을 이용하여 즐길 수 있는 신선한 승부 오락이다. 여름철 아이들이 시원한 나무 그늘 밑에서 땅바닥에 선을 긋고 조그만 돌멩이를 주워 놀이하는 모습을 보여 주는 단원 김홍도의 풍속화(고누놀이)에서도 볼 수 있다.

[13] 종경도(從卿圖)는 벼슬살이 하는 도표라는 뜻으로 승경도(陞卿圖)·종정도(從政圖)라고도 한다. 종경도 놀이는 말판에 정1품에서 종9품에 이르는 문무백관의 관직명을 차례로 적어 놓고 윤목(輪木)을 던져 나온 숫자에 따라 말을 놓아 하위 직부터 차례로 승진하여 고위 관직에 먼저 오르는 사람이 이기는 놀이이다. 이 놀이는 주로 양반집의 아이들이 즐겨 했는데, 이는 자녀들에게 어릴 때부터 관직에 대한 체계적인 관념을 가르쳐 주기 위한 것이었다. 이 놀이는 4~8명이 노는 것이 적당하며, 두 패로 갈라서 논다.

적으로 노는 것들이 이에 해당한다. 이는 겨루기에서 오는 재미에 있다. 누구든 상대와 겨루어서 이기고자 하는 욕망으로 인하여 승리는 즐거움을 주고 다시 겨루기에 집착하게 만든다. 대부분 놀이들은 기본적으로 겨루기 형식을 지니고 있어 겨루기 요소는 놀이가 존재하는 중요한 매력 중의 하나다. 무엇을 걸고 하는 내기인 경우에는 겨루기 자체가 더 적극성을 보여주고 있다. 돈치기나 낫치기, 나무치기, 엿치기 등은 개인의 능력이나 운에 다라 기대하면서 먼저 말을 나게 하여 승리감을 느끼도록 하면서 삶의 오묘한 이치를 교육하는 데도 유익하다.

그림 10-2 김홍도의 풍속화(고누놀이)[14]

③ 모의 재현형 놀이

모의 재현형 놀이에는 주로 어떤 것을 변형시켜 이를 이용하거나 새로운 형상을 만들면서 노는 경우가 있다. 전자는 조형놀이로서 성인의 문화 양태를 모방하는 측면이 강하고, 후자는 모형놀이로서 아동의 순수한 심리에서 발상된 측면이 강하다. 아동들은 이런 놀이를 통해 그들만의 동심세계를 표출하거나 이런 놀이의 반복을 통하여 현실을 인지하고 사회화의 눈을 갖게 되는 것이다.

조형놀이로서 두꺼비집 짓기나 소꿉장난 및 풀각시 놀이[15]는 주변의 사물을 조작하여 새로운 모습을 재현함으로써 예술적 감각을 학습하고 동시에 손놀림도 익숙하게 된다. 피리 만들기, 물풀들이기, 사람이나 동물 그리기 등도 놀이 꾼인 아동들이 다시 만들고 변형하면서 그들만이 접촉하는 재미를 누리는 것이다.

---

14) 자료 : 문화재청

15) 풀각시 놀이는 어린아이들의 인형놀이로써 옛 문헌에서는 이를 각시놀음이라고 전한다. 풀각시 놀이라는 명칭은 풀을 가지고 각시(인형)를 만들어 논 데서 온 말이다. 각시놀음을 최초로 기록한 《동국세시기(東國歲時記)》에서는 '처녀들이 풀을 줌에 찰 만큼 뜯어 쪽진 머리를 만들어서 깎아 놓은 나무에 씌우고 붉은 치마를 입힌 것을 각시라 하여 이부자리에, 베개, 병풍 들을 차려 놓고 장난을 한다.'고 묘사하고 있다. 인형놀이는 누가 배워주거나 전승되는 것이 아니라 아이들의 성장에 따른 자연스런 놀이다.

2 개인놀이의 유형

1 | 죽마타기

(1) 놀이의 유래

죽마타기 놀이의 기원과 유래는 확실하지는 않으나, 옛날 집안에서 손쉽게 구할 수 있는 큰 장대(간짓대)나 대빗자루를 가지고 놀던 데에서 유래했던 것으로 보인다. 또, 죽마고우(竹馬 故友)[16]라는 한자성어가 있는 것으로 보아 아주 오랜 옛날 부터 크게 유행했던 놀이로 보인다. 이 놀이는 대로 만든 말을 타고 논다고 해서 '대말타기, 죽마놀이, 죽족'이라고 불린다.

그림 10-3 죽마타기

죽마타기 형식은 두 가지가 있는데, 하나는 긴 장대나 마당비 따위를 가랑이 사이에 기우고 달리며 노는 방법이고, 또 하나는 장대를 이용하여 디딜 수 있는 발판을 붙여 올라타고 걸어 다니는 방법이 있다.

(2) 놀이 방법

① 준비물 : 긴 장대나 대나무(2.3~5m) 또는 큰 빗자루

② 긴 장대나 대빗자루 등을 가랑이 사이에 끼고 (죽마를 타고) 돌아다닌다.

③ 혼자씩 재미로 하는 경우에는 노래를 부르며 마음껏 돌아다닌다.

노래 가사의 예	
탄 놈도 꺼덕꺼덕	소 탄 놈도 꺼덕꺼덕
여봐라 길 비켜라	양반 지나간다
이랴 말아 굽 다칠라	양반님 나가신다

---

16) 대나무 말(竹馬)을 타고 놀던 벗이라는 뜻으로, 어릴 때부터 함께 자라온 친구를 의미한다. 비슷한 성어로는 죽마지우(竹馬之友), 막역지우(莫逆之友)의 의미와도 통용된다.

소풍이나 운동회 또는 체육시간에 여럿이 경기를 하는 방법은 다음과 같다.

① 똑같은 크기의 큰 막대기(또는 죽마) 두 개를 준비한다.

② 숫자가 같도록 청백 양 팀으로 편을 가른다.

③ 출발선과 반환점을 정하여 청백 한 명씩 죽마를 타고 반환점을 돌아와서 죽마를 건네준다.

④ 마지막 사람까지 반환점을 돌아서 처음 출발선까지 죽마를 타고 먼저 도착하는 편이 이긴다.

(3) 놀이 효과

① 죽마를 타고 뛰는 과정을 통하여 지구력과 순발력을 기르고 몸을 튼튼하게 할 수 있다.

② 간단한 도구를 이용하여 야외에서 마음껏 뛰는 과정을 통해 흥미를 느끼고 친구들과 우정을 기를 수 있다.

③ 현대에 맞게 고안한 죽마타기 경기를 통해서도 사회성과 협동성을 기를 수 있다.

(4) 유의할 점

① 보통 마을길을 돌아다니며 죽마를 타고 놀았으나 요즈음에는 교통사고 등의 안전사고에 특히 유의해야 한다.

② 대나무를 이용한 놀이이기 때문에 자칫 부상의 위험이 있으므로 대나무 끝을 둥글게 잘 깎아 상처를 입지 않도록 한다.

③ 놀이가 끝난 후에는 반드시 손을 씻도록 한다.

2 | 줄넘기

(1) 놀이의 유래

줄넘기 놀이는 동서양을 막론하고 아이들의 놀이로서 널리 알려져 왔으나 의외로 그 기원에 대하여 정설은 없는 것 같다.

옛날에는 물건을 묶거나 잡아맬 때 볏짚으로 꼰 새끼를 이용했다. 우리나라는 조선 말엽에 최영연이 쓴 한시(漢詩) '해동죽지' 중편에 여러 가지 민속놀이가 적혀 있으며, 그 가운데에 오늘날의 짧은 줄넘기 모습을 정확히 묘사하고 있는데 그 제목이 '도색희'이다. 이것은 '옛 풍속'이라는 뜻으로, 여기에서 아이들이 새끼줄의 양쪽 끝을 잡아 넘고 또 뛰어 천여 번에 이른다고 했다. 일설에 조중봉 선생(1544~1593. 임진왜란 때 의병장)이 아이들을 시켜서 이 놀이를 만들었다고 한다. "새끼줄 하나로 천 본 뛰고 만 번 뛰어 옥황각법으로 점점 올라가 양발이 가볍기가 마치 새와 같아 튼튼한 성을 날아 올라가도 힘들지 않다."고 표현했다. 이렇듯 우리나라는 줄넘기를 옛날부터 내려오는 민속놀이라고 했고 조중봉 선생의 연대로 보아 우리나라 줄넘기의 기원도 400여 년 전으로 거슬러 올라간다.

영국의 스포츠 사가로 이름 있는 슈트라스(1949~1802)도 예로부터 있었던 아이들의 놀이라고 그 방법에 대해 설명하고 있지만 발생년도에 대한 언급은 없다. 다만 주목할 것은 어떤 지방이나 나라에서는 호프의 수확기가 되면 아이들이 호프로 줄을 사용하여 열심히 줄넘기 놀이를 했다고 적혀 있어 매우 흥미롭다.

독일의 구츠무츠. J.(1759~1839)는 그의 저서 《청소년을 위한 체조》(1804, 2판)에서 줄넘기의 효과와 종류, 줄넘기 전용의 손잡이에 대해 재질이나 구조를 자세히 적고 있으며, 또 다른 저서인 《체조 입문서》와 《독일체조의 개요》(1818)에서 윤(輪:Reifen), 짧은 줄(Stick), 긴 줄(Seil) 등으로 구분하여 각각의 도약 방법을 제시했다.

유럽에서 성행한 줄넘기는 미국에 전파되어 많이 발달했다. 처음에 어린 아이들이 "I love coffee, I love tea 커피가 좋아요, 홍차가 좋아요"라고 노래하며 줄을 넘는 놀이로 유행하다가 전국에 전파되어, 육군사관학교의 정식 훈련교과과정에 들어갔으며 일반인들에게는 레크리에이션이나 건강증진용으로 많이 보급되었다.

중국에서도 여자아이들의 민속놀이로 긴 줄넘기 놀이가 정초에 널뛰기 등과 함께 행해졌다는 기록은 있으나, 그 기원에 대하여 알 수 없다.

일본의 아이들 놀이연구가 한자와 도시로 오는 일본의 줄넘기의 발생에 대해서는 확실한 자료가 없다고 하면서도 줄이라는 인간의 생활도구를 사용한 놀이라는 점에서 줄의 역사와 함께 하는 오랜 기원을 가진 것으로 추측하고 있다.

이상 각국의 예에 비추어 볼 때 아이들의 유희심이란 본질적으로 나라나 지역에 다라 차이가 없으며 극히 소박한 형태로는 줄넘기가 예로부터 세계 도처에서 그 나라 민속놀이로 자연발생적으로 존재하고 있었고 그것이 전승되고 발전하여 오늘날에 세계 공유의 소중한 운동문화재로 정착된 것으로 생각된다.

그림 10-4 노래의 즐거움을 더해주는 율동

(2) 놀이 방법

① 짧은 줄넘기

양손에 쥔 줄을 늘어뜨려 줄을 밟아 서면 양 겨드랑이쯤 오는 줄을 가지고 제자리 뛰기, 거꾸로 뛰기, 한 번 뛰어 줄을 여러 번 돌리기, 한 바롤 뛰기, 엇걸어 뛰기, 릴레이 등 다양한 방법으로 경기를 한다. 몸에 걸리지 않고 많은 횟수를 넘을 수 있도록 타이밍 조절이 중요하다.

그림 10-5 짧은 줄넘기

② 긴 줄넘기

- 둘이서 줄을 돌린다.
- 두 편으로 갈라서 한 편에서 한 명씩 동시에 줄을 넘는다.
- 노래에 맞춰 줄을 넘으면서 가위바위보를 한다.
- 진 사람은 나오고 다음 사람이 들어간다.
- 줄을 넘다가 걸리면 죽는다.
- 마지막 남는 편이 이긴다.

그림 10-6 긴 줄넘기

* **도움말** 꼬마야 꼬마야 노래를 부르며 노랫말대로 표현하며 즐기는 방법도 있다.

③ 여러 줄넘기

- 두 줄넘기 : 두 사람이 다른 방향으로 줄을 돌리면 한 사람이 들어가 넘는다. 이때는 줄 돌리는 기술이 매우 중요하다.
- 길고 짧은 줄넘기 : 긴 줄 안에서 다시 짧은 줄을 동시에 겹쳐 넘는다.
- 세 줄넘기 : 긴 줄 중간 줄, 짧은 줄을 동시에 겹쳐 넘는다.

④ 엇갈려 넘기
• 양편이 서로 마주보고 선다.
• 양쪽에서 한 사람씩 나와 엇갈려 뛰어 넘는다.

⑤ 여러 사람이 같이 넘기
• 5~6명이 한 사람씩 들어가 전원이 같이 호흡을 맞춰 넘는다.

(3) 놀이 효과
① 줄넘기는 언제 어디서나 손쉽게 할 수 있는 전천후 운동으로 짧은 시간에 충분한 운동 효과를 얻을 수 있다.
② 줄넘기는 돌림과 도약을 통해 탄력성과 유연성을 길러주는 운동이며, 신체의 전신 근육을 움직여 줌으로써 영유아의 성장을 촉진한다.
③ 줄넘기는 남녀노소 신체적 조건을 가리지 않고 운동량의 자유성이 있다.
④ 줄넘기는 손과 발의 타이밍이 맞아야 하는 협응 운동이다.
⑤ 줄넘기는 자연 발생적인 놀이로 풍부한 레크리에이션의 요건을 갖추고 있다.
⑥ 다양한 줄넘기 운동을 통하여 일체감이나 협동심을 기를 수 있다.

(4) 유의할 점
① 지면이 평탄하고 위험물이 없어야 한다.
② 먼지가 많이 나지 않는 곳이 좋다.
③ 놀이 후 적절한 휴식이 필요하다.
④ 줄이 약간 무게가 있는 것이어야 좋다.
⑤ 끝난 후 줄의 보관에 유의하여야 한다.

3 | 연날리기

(1) 놀이의 유래

우리 민족이 즐기던 민속놀이중 하나인 연날리기는 언제, 어느 민족이 처음 연을 만들어 날렸으며 어떤 방법 에 의해 각 나라에 전파 되었는지 그 유래에 대해서는 정확히 밝히기 어렵다. 연은 정월 초하루부터 대보름(음력 1월15일)까지 날리며, 액을 쫓는 주술적인 의미로 대보름에는 연에 '송액영복(送厄迎福)'이라는 글을 써서 해질 무렵 연실을 끊어 멀리 날려 보낸다. 즉 그 해의 온갖 재앙을 연에 실어 날려 보내고 복을 맞아들인다는 뜻이 담겨 있다. 서울특별시에서 무형문화재 제4호로 지정되어 있다. 연날리기에 대한 가장 오랜 기록은 647년 신라 때 김유신 장군이 불을 붙인 허수아비를 연에 달아 백제 진중에 띄워 보내 적을 물리쳤다는 내용이 삼국사기에 있다. 우리나라에서 연날리기가 널리 민중에게 보급된 것은 조선시대의 영조왕 때라고 한다. 영조왕은 연날리기를 즐겨 구경했고, 또 장려했다고 한다. 우리나라 연은 형태와 문양에 따라 분류되어 그 종류가 100여 종에 이르고 있다. 형태면에서 보면 우리나라 전통연의 99% 이상을 차지하고 있는 사각 장방형의 방패연과 어린이들이 주로 많이 날리는 꼬리 달린 가오리연, 그리고 사람, 동물 등 제작자의 창의성에 의해 입체감 있게 만든 창작연 등 크게 3종류로 나뉜다(애니메이션 : 어린이민속박물관)[17].

그림 10-7 구한말 연날리기(연대미상)[18]

서양에서는 기원전 그리스의 과학자 아키타스(Archytas)가 처음 연을 만들었다고 하고, 중국에서는 한 나라 때 무장 한신이 연을 이용하여 적정을 탐지한 것이 시초라고 전해져 온다.

(2) 놀이 방법

높이 띄우기, 재주 부리기, 끊어 먹기(연싸움) 등이 있다. 연줄 끊어 먹기 놀이에서 우리 조

---

17) http://211.252.141.20/education/em200601003/em200601003.html

18) 국가기록원 http://www.archives.go.kr/next/viewMain.do

상의 아름다운 마음씨를 엿볼 수 있다. 이긴 쪽이 진 쪽을 위해 한 턱 내는 것이 그것이다. 진 편의 연이 이긴 편을 위하여 먼 하늘로 길보를 전하러 갔다고 여겨 진 편에게 한 턱 내는 아름다운 미덕의 풍습인 것이다. 또 한편으로는 이와 반대되는 이야기도 전해지고 있다. 그것은 진 편에서 이긴 편을 위해 한 턱 낸다는 것인데 이는 진 편(연줄이 끊

그림 10-8 연날리기

어져 날아간 연)은 이긴 편(끊은 연)이 자기를 위해 연을 끊어 주어 자기의 액땜을 대신 해 주었다고 해서 한 턱 낸다고 한다. 여하튼 우리 조상은 예부터 모든 것을 양보하고 남을 생각하며 빼앗고 침범하기보다는 남을 대접하고 도와주기를 좋아하는 미덕을 가지고 있다.

4│ 팽이치기

(1) 놀이의 유래
팽이에 남자 아이들이 얼음판 위에서 많이 하는 놀이로서 '도래기 치기'라고도 한다.

(2) 놀이 방법
5~10m 지점을 설정해 놓고 팽이채로 정확하게 팽이의 허리를 치면서 빨리 돌아오기를 겨루는 놀이, 돌고 있는 팽이를 맞부딪쳐 상대편 팽이를 쓰러뜨리는 팽이싸움놀이, 아래위로 총알을 박은 팽이를 팽이 줄로 감아 머리 위로 또는 팔을 옆으로 비켜 마치 야구의 투수가 던지는 식으로 팽이를 던져 돌려 서로 맞부딪치게 하는 팽이 찍기, 얼음판이나 땅바닥에 손으로 팽이를 돌린 다음 가는 막대기에 헝겊 또는 삼실을 달아 만든 팽이채로 쳐서 세게 돌리는데 여러 아이들이 저마다 팽이를 힘껏 친 후 일제히 팽이채를 거두고 가장 오래가는 팽이를 장원으로 뽑는 것 등이 있다.

3 영유아 개인놀이의 실제

영유아들을 대상으로 하는 표준보육과정 및 누리과정의 생활주제와 연계하여 영유아 레크리에이션의 실제를 다음과 같이 계획해 볼 수 있다.

생활주제	바깥놀이가 재미있어요	대상 / 유아수준	만 2세
일일주제	데굴데굴 굴러봐요	교육과정 영역	신체운동
활동유형	신체	집단유형	소집단
교육과정 관련요소	\u200b·신체운동 > 신체조절과 기본운동하기 > 기본운동하기 > 걷기, 계단 오르기 등 이동운동을 한다. ·신체운동 > 신체활동에 참여하기 > 신체활동에 참여하기 > 신체활동에 참여해 본다.		
교육목표	·방향을 조절하며 굴러 본다. ·매트를 이용한 신체활동에 참여한다.		
자료 및 준비물	쿠션감이 있는 매트		

단계	활동내용	교수·학습활동	시간 (분)	자료 및 지도 상의 유의점
사전활동	여러 가지 운동기구에 대해 알아보았다.			
도입	유아 체조를 한다.	1. 선생님과 함께 신나는 노래에 맞춰 체조를 한다. 2. 체조를 마친 뒤 매트에 대해 관심을 가질 수 있도록 놀이에 대해 이야기해 본다. "이게 뭘까요?" "푹신푹신한 매트가 있네요. 매트 위에서 어떻게 움직일 수 있을까요?"	5	
전개	친구와 부딪히지 않도록 하고 충분히 움직일 수 있도록 한다.	1. 매트에서 충분한 시간 동안 탐색을 해보며 놀이해 본다. 2. 영아와 함께 다양한 동작을 시도해 본다. "매트 위에서 콩콩 뛸 수도 있네요." "매트 위에서 구르기도 할 수 있겠네요. 함께 굴러 볼까요?" "매트에 누워 옆으로 굴러 보세요." "매트 끝까지 굴러 보세요." "이번에는 아주 천천히 굴러 볼까요? 이제 빠른 속도로 굴러 보세요."	10	

〈계속〉

단계	활동내용	교수·학습활동	시간 (분)	자료 및 지도 상의 유의점
정리		1. 활동을 마친다는 것을 이야기한다. 2. 주변을 정리하고 스트레칭을 하며 활동을 마무리 한다.	5	
확장활동		매트를 겹쳐놓고 그 위에서 뛰어 보기 등의 이동운동 을 시도해 본다.		

    영유아들의 놀이는 개인적인 활동도 모두 놀이에 포함된다. 영아들의 경우 자신의 신체를 놀이로 함아 표현하기도 하고 유아의 경우 도구를 중심으로 개인놀이를 하게 된다. 개인놀이는 짝이나 팀으로 나누어서 하는 것이 아니기 때문에 승패에 크게 연연하지 않는 활동들이 있다. 개인 활동은 개인의 기록을 중심으로 이루어지는 활동들이 있어 반복하여 자신의 기량을 높이는 활동으로 자신의 신체 발달을 촉진시키는 활동이 많이 있음으로 지도자들은 개인이 잘 하는 활동은 계속 지지해 주고 다소 부진한 활동이 있더라도 끈기와 도전정신으로 자신의 역량을 키울 수 있도록 지도해 주면 좋다.

전통
민속놀이

전통 민속놀이

1 민속놀이의 의미

전통사회에서 놀이는 인간의 생계수단과 관련이 있는 행위와 일에 해당되는 활동을 제외한 신체적·정신적 활동의 모든 것을 일컫는다. 특히 민속놀이는 민속사회에서 민중에 의해 전승된 놀이를 가리킨다. 놀이의 행위는 생활상의 이해관계를 벗어나서 자발적으로 참여하는 비일상적 활동으로서 그 나름대로 재미가 있어야 하고 다른 사람들을 끌어들이는 공감이 있어야 하며, 모든 제한으로부터 일탈시켜 주는 자연스러움과 놀이 주체의 자발적인 참여가 보장되어 있어야 한다.

영유아의 민속놀이 중에서 윷놀이 등은 논리적·수학적 지식을 제공하고 언어발달도 도모한다. 비석치기 등은 신체, 운동능력을 길러주며, 연날리기는 물리적인 지식과 고도의 신체기능 조정능력의 향상에 도움이 된다. 또한 전통놀이에 전래동요가 활용될 경우 흥을 돋우며 음악적 요소를 발달시키기에 기여한다. 민속놀이를 통해 영유아에게 민족의 전통문화를 자연스럽게 전승하고 다양한 우리 문화에 대한 관심과 새로운 가치관 정립과 긍정적인 인식을 강화할 수 있다.

 영유아 놀이와 레크리에이션의 실제

민속놀이에는 민속유희, 민속오락, 민속경기, 민속예능 등 다양한 측면과 맞물려 있다. 이는 민간전승 과정에서 점점 축적되어 다층적·다면적 성격을 반영하기 때문이다. 민속놀이는 오랜 세월 동안 민속사회에 전승되어 온 놀이로서 강한 향토성을 띠는 동시에 대부분 민간제의의 요소가 두루 포함되어 있다. 그러나 오늘날 민속놀이는 신성한 세계를 지향하는 오락 기능만 부각되고 있다.

1│ 민속놀이의 정의

민속이란 그 민족이 소유하고 있는 생활양식을 말하며, 민간에서 발생하여 민간에 전해 내려오는 놀이(한국민속대사전, 1991)를 민속놀이라 한다. 한 민족 또는 한 지방을 단위로 실제 사회생활의 필요에 의해서 시작되어 역사적 유래를 갖고 전승·발전되어 온 집단적인 건전한 신체 문화를 일컫는다(한양순, 1987). 국어사전에는 민속놀이를 '각 지방의 풍속과 생활 모습이 반영된 민간에 전하여 오는 놀이'라고 정의하고 있다.

민속놀이는 '우리 조상들의 얼과 슬기, 생활모습, 풍습 등의 발자취를 더듬어 볼 수 있는 역사적인 소산물로서 전승·발전해 내려오는 놀이'로 그 가지 수를 모두 헤아리기 어려우나 150여 가지로 추정하며, 우리나라 민속놀이는 대부분 설날·정월대보름·단오·한가위 등 4대 명절에 집중되어 있다. 이러한 전래놀이는 전국에서 행하는 국중(國中)놀이, 일부 지역에서만 행하는 향토놀이, 황해도와 강원도 북부를 경계로 하여 이남에서 행해지는 남부놀이, 이북에서 행하는 북부놀이로 나누기도 한다. 그러나 놀이의 내용은 거의 풍작을 기원하는 것이다.

한편 전통놀이는 대개 민속놀이와 동일한 뜻으로 사용하는 말이지만 엄격히 말하자면 큰 차이가 있다. 전통놀이는 놀이 생성 과정에서 볼 때 원형에 해당하며 최초로 생겨날 때 그 골격을 지닌 놀이를 일컫는다. 민속놀이는 전통놀이가 계승되면서 변모한 형태를 포함한다(김종만, 1993).

2 │ 민속놀이 전승과정

민속놀이의 변화와 분화과정은 점차 집단생활이 정착되고, 사회가 변함에 따라 다양한 내용과 방향으로 발전했을 것으로 보인다. 근본적으로는 몸짓을 중심으로 발달한 흉내와 춤, 소리를 중심으로 발달한 노래와 음악 등은 각기 따로 발생했을 것이라는 추측이 유력하다.

그러는 가운데 특정한 기능에 익숙한 놀이꾼들이 생겼을 것이며, 그들은 다른 일을 하지 않고 자신의 재주를 통해서 살 수 있는 전문적 익살꾼인 '노릇바치'로 변했을 것이다. 그러다가 어느 한 시기에 이들과 집단 구성원들이 볼거리나 즐거운 것에 대한 공통적인 관념이나 신앙적 이념에 의해 표현양식이 통일되거나 세련된 종합적인 놀이의 구성으로 변했을 것으로 보인다.

우리나라에서 오랜 역사를 갖는 토속신앙류인 무속에서 굿을 하는 것을 흔히 '논다'라고 표현한다. 이것으로 미루어 보아, 놀이에 신상성이 깃들기 시작한 것을 '굿'이라고 불렀던 것 같다. 이로서 놀이는 일정한 의례절차와 음악, 노래, 몸짓 등이 미분화된 원시종합예술을 형성하게 된 것이다.

6세기 초에 저술된 《삼국지(三國志) 위지동이전(魏志東夷傳)》에 나타나는 부여의 영고(迎鼓), 동예의 무천(舞天), 고구려의 동맹(東盟)[19], 한(韓)의 천군(天君) 등과 같은 국중대회(國中大會)에 대한 설명에서 그 성격을 짐작할 수 있다. 농사가 시작되고 끝나는 시기에 열리고, 무리를 지어 술을 마시고 노래하고 춤을 추었다고 하는 내용으로 보아, 아마도 당시의 중요한 생계수단이었던 농사나 사냥이 잘 되게 해달라는 축원의례와 함께 그 성공을 보장하는 모의농경과 모의사냥이 이 대회의 중요한 줄거리였을 것이다.

초기의 놀이는 다음과 같은 세 종류의 원인에 의해 점차 변화하게 된다. 첫째, 밭농사나 사냥에 의한 생활에서 논농사를 중심으로 한 농경기술의 변화에 따라, 둘째, 지배계층이 도교나 불교, 또는 유교와 같은 외래사상을 받아들여 새로운 통치이념으로 삼게 되면서, 셋째, 예측하지 못한 역사적 사건에 의해 새로운 사회제도가 등장하게 됨에 따라 변화하는 것이다.

---

[19] 《후한서(後漢書)》 '동이전(東夷傳)'에도 "고구려는 10월에 제천의식을 지내는데, 밤에 남녀가 모여 노래하고 귀신(鬼神)과 영성(靈星), 사직(社稷)에 제사를 모신다. 이를 동맹이라고 불렀다."고 되어 있다.

따라서 점차 놀이의 신앙성이 쇠퇴하고 남자 어린이, 여자 어린이, 남자, 여자, 놀이패 등과 같이 특정한 놀이를 전담하는 집단으로 분화되었을 것이다. 고대 국중대회의 전통은 통일신라시대에는 불교이념을 바탕으로 한 팔관회[20]로 이어졌으며, 고려시대에는 팔관회와 연등회[21]와 같은 불교행사로 계승되었고, 유교를 통치이념으로 삼은 조선시대에 들어서는 17세기 중엽 인조 때 폐지될 때까지 궁중의 산대잡극[22] 등으로 계승되었다가 그 후 완전히 민간의 놀이로 변한 것으로 보인다.

이러한 변혁기를 거쳐 옛 놀이는 구식으로, 새 놀이는 신식으로 불려 구분되거나, 혹은 일부 계층(반상제도 등)의 놀이로 분화되어 일정한 기간 동안 공존하게 된다. 이렇게 하여 놀이는 끊임없이 변화와 창조, 잔존을 통해서 역사적으로 축적되고, 동시에 공존하면서 일상생활의 한 부분을 이루어 삶을 바람직하게 영위하는 방법, 즉 생활문화를 형성해 왔던 것이다. 예컨대, 쌀이 주식으로 바뀜에 따라 밭농사와 사냥을 흉내 내던 놀이는 구식놀이로 남아 공존하게 되는 것이다. 이러한 원리는 과거의 사회제도와 통치이념에 의해서 형성된 놀이들에도 그대로 적용된다.

옛날의 군사제도나 훈련 또는 활동은 술래잡기, 기마전, 격구 또는 진 놀이[23] 등과 같은

---

20) 팔관회(八關會)는 신라 때 시작되어 고려 때까지 이어진 불교 의식으로 신라 진흥왕 12년(551년)에 팔관지법(八關之法)을 둔 것이 처음이다. 이후 팔관회는 고려 태조 때 중요성이 강조되어 성종(成宗) 때를 제외하고는 연등회와 함께 국가의 2대 의식의 하나가 되었다. 팔관회는 매년 11월 15일에 거행되던 고려시대 최고의 국가 행사로서 불교의례와 우리 민족 고유의 전통습속의례가 결합된 종교 제전이자 축제였다.

21) 연등회(燃燈會)는 석가탄신일을 즈음해서 '등불을 밝히고(연등)' 부처에게 복을 비는 불교 행사이다. 신라 때는 간등이라는 이름으로 등을 밝혔으며, 고려의 연등회는 연등도감이라는 국가기관에서 행사를 주관하는 최대의 축제로 궁궐부터 시골까지 갖가지 화려한 연등을 밝히고 잔치를 열어 가무를 즐겼다. 조선시대에는 초파일 관등놀이가 민간의 세시풍속으로 다채롭게 전승되어 이 날이 되면 집집마다 등대를 세우고 자녀 수대로 등을 밝혔으며, 거리에도 형형색색의 등을 달고 흥겨운 축제가 벌어졌다. 연등회는 2012년 4월 6일 중요무형문화재 제122호로 지정되었다.위 놀이하는 모습을 보여 주는 단원 김홍도의 풍속화(고누놀이)에서도 볼 수 있다.

22) 산대잡극(山臺雜劇)은 고려시대에 발전한 종합적 무대극으로 국가의 경사에 채붕(綵棚: 나무를 걸치고 비단을 깔고 덮은 일종의 고대의 관람석)을 차리고 그 위에서 상연된 가무백희(歌舞百戲)이다.

23) 진놀이는 전봇대나 큰 나무를 진(陳)으로 삼아서 서로 상대편을 잡아오거나 진지를 어느 편이 먼저 점령하는가를 겨루는 어린이 놀이이다. 진놀이는 옛날에 군사들 훈련을 위해 만든 것으로, 놀이 이름도 군사용어인 진(陣)이 그대로 남아 있다. 함경도에서는 '집잡기, 진치기, 섬지키기', 평안도에서는 '진지키기, 진놀이'라고도 불렸다. 이 놀이를 '집잡기, 진치기'라고 하는 것은 진을 치거나 차지하면 승리한다는 데서부터 부른 이름이며, 섬지키기라는 것은 진을 섬으로 생각하면서 붙인 이름이다. 변형된 놀이로 '나이먹기'가 있다.

놀이나, 군악에 위한 진법훈련에서 농악 진법놀이와 같은 놀이로 변했을 것으로 추측된다. 또한 새로운 통치이념으로 도교와 불교, 유교가 도입됨에 따라 정책적으로 바둑이나 승경도 놀이 등과 같은 새로운 실내놀이가 등장했고, 이에 따라 그 이전에 주류를 이루었던 야외 국중대회의 집단적 놀이는 부차적인 위치로 전락하게 되었을 것이다. 또한, 이 집단적 놀이 형태는 국중대회가 열렸던 수도에서 멀리 떨어진 일부 변두리 지역이나 특정한 사회집단의 민속놀이로 전환하게 되었을 것이다.

따라서 현재 마을의례와 함께 벌어지는 대동놀이와 같은 형태나 강강술래와 같은 여성들만의 집단놀이로 남아 있게 된 것으로 추측된다. 이와 같이 놀이는 하나의 성인 남녀집단과 같은 공동 노동집단이나 집, 마을과 같은 독립된 생활 단위를 통해서 전승되는 생활문화의 일부로 바뀌었다.

이는 지금까지 전하는 전통놀이의 내용을 통해서도 증명할 수 있다. 그 가운데 상당한 부분이 베짜기와 같은 과거 구식생활의 모습을 나타내거나, 탈춤과 같은 놀이패의 집단놀이에서는 과거의 사회계층이나 신분제도 사이의 사회적 갈등을 숨김없이 드러내어 비판하기도 하고, 편싸움이나 전차놀이 등과 같이 무리를 나누어 겨루거나 싸우는 군사 활동의 성격을 띠기도 한다.

여기에서 전통놀이의 기원과 발달에 대한 근거를 쉽게 유추해 낼 수 있다. 이러한 놀이 형태는 산업사회를 거쳐 정보화사회에 이르기까지 전승되면서 동화되고 시대화되었지만 지금까지도 여전히 그 의미와 성격 속에는 우리의 민족성이 살아 숨쉬고 있다.

3 │ 민속놀이의 특징

민속놀이는 첫째, 세시풍속과 밀접한 연관되어 있고, 둘째, 남자들은 공격적이고, 격렬한 놀이, 즉 치기와 차기 중심인 데 비해 여자들은 부드러운 손놀림과 율동적으로 짜인 놀이와 뛰기 중심이며, 셋째, 전래되면서 그 시대의 영향을 받아 남녀 놀이로 구분하기 어렵게 되었는데 이것은 관습과 성차별이 차츰 극복되고 있기 때문으로 생각된다. 넷째, 시대상을 잘 반영하고 있어 억압된 삶의 양식과 왜곡된 시대의 구체적 생활을 엿볼 수 있는 등 그 민족성이 짙게 배어 있어 값진 문화적 유산의 가치를 내포하고 있다.

영유아들의 민속놀이는 첫째, 즐거움을 준다. 목적물을 맞추고, 뛰고, 쫓고, 숨고, 밀고, 당기며, 여럿이 함께 움직이면서 정서를 마음껏 표출한다. 둘째, 건강하게 자라게 한다. 온 몸을 움직여 놀면서 신체적으로 성장해 간다. 시선집중과 맞추기 등 몸의 균형을 유지하고 잡고 옮기면서 튼튼하게 자라게 한다. 셋째, 공동체의식을 기른다. 또래들과 어울려 놀이 규칙을 정하면서 자연스럽게 느끼게 되며, 서로 힘을 합해 놀이를 진행시킬 때 협동심이 길러진다. 넷째, 사회적 규칙을 몸소 터득한다. 전통놀이를 통해 경쟁, 양보, 공정성과 같은 사회적 기능과 태도를 경험할 수 있다. 다섯째, 창의적인 표현능력을 기른다. 주어진 자극을 창의적으로 해석하고 다양한 형태로 표현할 수 있는 기회를 준다.

4 │ 연령별 전래놀이의 종류와 특징

유아들의 전래놀이는 전통놀이기도 하다. 전통놀이는 민속놀이와 맥을 같이 한다. 전래 놀이는 교육적으로도 많은 가치들을 내포하고 있다. 신체적 건강과 자아 존중감, 사회성을 발달을 촉진시키고 언어 발달과 인지 발달을 촉진시킨다. 또한 계승되어 오는 우리나라의 전통 문화에도 관심을 가지며 친숙함을 느낄 수 있도록 한다. 영유아들의 연령대에 맞는 전래놀이의 종류와 특징을 살펴보면 다음과 같다(유안진, 1981).

그림 11-1 장구를 치고 노는 유아들[24]

---

24) 자료 : 어린이민속박물관(http://211.252.141.20/education/ms200501004/ms200501004.html)

표 11-1 영유아들의 연령대에 맞는 전래놀이의 종류와 특징

연령	전래놀이	특징
0~2세	짝짜꿍, 곤지곤지, 도리도리, 잼잼, 따로따로, 목말타기, 단지팔기	• 놀이의 명칭이 단순하고 발음하기 쉬우며 반복적이다. (예 : 곤지곤지, 잼잼) • 영유아의 근육 운동을 훈련시키는데 기여한다. • 교사(성인)가 시범을 보이고 영유아가 따라하는 전래놀이가 대부분이다. 이를 통해 유아는 시각을 통한 변별 능력이 발달하고 시각적 기억력이 증진된다. • 부모나 할머니, 형제 등 여러 사람과 함께 놀이를 함으로써 대인 관계의 폭을 넓힌다.
3~5세	세상 달강, 이거리 저거리 각거리, 두껍아 두껍아, 깨끔뛰기, 목말타기	• 놀이의 흥을 돋우는 노래가 수반된다. • 동생이 생기면서 느끼게 되는 불만, 질투심을 건전하게 승화시켜 주는 노래 놀이가 많다. • 언어 중심의 놀이가 대부분이어서 어린이의 언어 발달을 촉진시킨다.
5~7세	술래잡기, 공기받기, 윷놀이, 자치기, 팽이치기, 과녁 맞추기, 연날리기, 그네타기, 널뛰기, 씨름	• 놀이와 노래가 분리되기 시작한다. • 대부분 규칙 있는 게임의 형식으로 진행된다. • 운동 능력과 인지 능력의 발달을 기본 전제로 하는 놀이가 대부분이다. • 집단놀이가 이루어진다. • 성별 차이가 나타난다. • 놀이에 성인 협조자가 사라지고 대부분 놀이 도구를 사용한다.

2 민속놀이의 유형

1 가마타기

(1) 놀이의 유래

가마는 옛날 탈것의 한가지로 작은 집같이 만들어 그 안에 사람이 들어앉도록 했으며, 밑에 붙은 가마채를 손으로 들거나 끈으로 매고 운반했다. 고구려 고분벽화나 신라 기와에 새겨진 그림 등으로 보아 삼국시대에 이미 사용되었던 것으로 추정된다. 지금도 전통혼례 때 남자는 말을 타고 여자는 가마를 주로 이용하는

그림 11-2 가마타기

데, 이 가마타기 놀이는 열 살 안팎의 소년·소녀들이 이런 가마 타는 모습을 본떠 즐겼던 놀이라고 한다.

가마타기 놀이가 전라남도에서는 강강술래의 부수 놀이로 행해지기도 했는데, 우리나라 어느 고장에서나 가마타기 놀이를 즐겼다고 한다. 흥을 돋우는 놀이로 실구대 소리[25] 노래에 맞춰 즐기는 손가마 놀이도 있다.

(2) 놀이 방법

① 가위바위보를 해서 가마꾼과 탈 사람을 정한다.

② 가마꾼이 되면 손목끼리 엮어 가마를 만들고 가위바위보로 정해진 사람이 가마를 먼저 탄다.

③ 위에 탄 사람은 땅에 떨어지지 않도록 손으로 가마를 만든 사람의 어깨를 양손으로 잡는다.

④ 가마꾼과 탈 사람을 번갈아가며 반환점을 돌아오는 릴레이 게임으로 즐길 수 있다.

(3) 놀이 효과

① 놀이를 통하여 단결심과 지구력을 기른다.

② 규칙과 질서를 지켜 명랑하게 놀이하는 태도를 기른다.

(4) 유의할 점

땅에 떨어지면 위험하므로 안전하게 놀이하도록 지도한다.

---

25) '실구대 소리'는 옛날에 실타래를 실 뭉치나 실패에 감으려면 한쪽에서는 풀고 한쪽에서는 감아야 했는데, 이 시간이 꽤 오래 걸려서 엄마, 아빠가 돌아오기를 기다리는 아이의 심정과 같다는 것을 비유한 노래이다. '가마놀이 하는 소리'는 옛 아이들 노래가 대부분 그런 것처럼 놀이를 하면서 부르는 노래이다. 두 사람이 마주 보고 손을 엇갈려 잡아 네모나게 손가마 모양을 만드는데, 그 위에 다른 동무를 걸터앉게 하고 이 노래의 가락과 리듬에 맞춰 노래를 부르고 논다(한국민속문학사전). 실구대 실구대 실구대 틀이 늘어가네/ 앞뜰에 일 나간 엄마 빨리 돌아오소/ 엄마 빨리 돌아오소 // 꼬꾸대 꼬꾸대 꼬꾸대 틀이 늘어가네/ 앞뜰에 일 나간 아빠 빨리 돌아오소/ 아빠 빨리 돌아오소 // 절이세 절이세 배추김치 절이세/ 앞뜰에 일 나간 아빠 엄마 돌아오소/ 아빠 엄마 돌아오소(초등학교 3학년 음악 교과서, 2012)

2 | 기차놀이

(1) 놀이의 유래

기차놀이의 기원과 유래는 확실하지 않으나 새끼줄을 길게 묶어서 그 안에 들어가 놀이를 한 것으로 보아 농경문화사회에서 파생된 놀이로 볼 수 있다. 특히 기차가 우리나라에 들어온 이후에 본격적으로 놀이화한 것으로 추정할 수 있는데, 그 역사가 그리 길지 않은 것으로 보인다.

그림 11-3 기차놀이

(2) 놀이 방법

준비물 : 새끼줄이나 노끈 또는 동아줄 10m 정도

방법 :

① 사람 수에 맞게 새끼줄이나 나일론 끈의 양쪽 끝을 적당한 길이로 묶는다.

② 가위바위보를 하여 이긴 사람이 기관사가 되어 맨 앞에 선다.

③ 다른 사람들은 기관사 뒤에 한 줄로 서서 양손으로 새끼줄을 잡는다.

④ 각자 자기가 내릴 역을 정하고 여러 곳에 역을 만든다.

⑤ 일정한 지점에 만든 서울, 수원, 천안, 대전, 대구, 부산 등의 역에 도착할 때마다 기관사가 "여기는 대전역입니다. 내릴 손님은 빨리빨리 내려 주세요." 하는 식으로 말하면, 그것을 목적지로 정한 사람은 얼른 새끼줄에서 빠져나와 내려서 기차가 다시 올 때까지 기다린다.

⑥ 위와 같은 방법으로 정해진 지점을 계속 돌면서 반복하며, 달릴 때에는 '칙칙폭폭' 하는 기차 소리를 함께 내면서 달린다.

(3) 놀이 효과

① 여러 명이 하나의 새끼줄 묶음 속에 들어가서 놀이를 하는 과정을 통해, 사회성과 협동정신을 기를 수 있다.

② 야외에서 많은 거리의 호흡을 맞춰 뛰는 과정을 통해, 지구력을 기르고 튼튼하고 건강한 심신의 발달을 꾀할 수 있다.

③ 차례차례 내리고 타는 경험을 통하여 교통질서 의식을 기를 수 있다.

(4) 유의할 점

① 새끼줄은 튼튼하고 깨끗한 것을 사용하며, 도시에서는 가는 나일론 끈이나 포장끈 등을 이용할 수도 있다.

② 교통사고를 비롯한 안전사고의 위험이 없는 장소에서 놀이를 할 수 있게 한다.

③ 간혹 중간에 넘어진 어린이를 방관하고 끌어서 부상을 당하지 않도록 특히 주의해야 한다.

④ 놀이가 끝난 후에는 반드시 손을 씻게 하고, 놀이 도구의 뒤처리를 잘 할 수 있게 한다.

3 │ 말 타기

(1) 놀이의 유래

말을 탄다는 것은 출세를 의미한다. 그리고 무엇을 탄다는 그 자체가 퍽 재미있는 행위였다. 이런 욕망을 놀이로 나타낸 것이 바로 말 타기 놀이(말뚝 박기라고도 함)로서 그 기원이 꽤 오래되었다.

발로 흙을 밟지 않고 움직인다는 자체가 정말 흥미로운 일이다. 그래서 말 타기는 하늘을 향한 꿈을 갖게 하는 놀이라고 할 수 있다. 언제부터 즐긴 놀이라고 꼬집어 말할 수 없지만, 아이들의 꿈과 재미가 함께 맞아 떨어지는 놀이임에는 틀림없다. 청소년들이 골목길이나 넓은 마당 모퉁이 또는 당산나무 아래에서 즐기던 말 타기는 요즘에도 흔히 볼 수 있는 놀이로 아이들에게는 큰 말을 타고 다니는 것은 부러움의 대상이었을 것이다. 이러한 부러움을 실현하고자 하는 욕망으로 이 놀이가 생겨난 듯하다. 말 타기는 우리나라에만 있는 것이 아니라 방법과 규칙이 조금씩 다르기는 하지만 세계 여러 나라

그림 11-4 말타기

에서 쉽게 볼 수 있는 놀이라고 하는데, 동심은 어느 나라나 비슷하기 때문인 듯하다.

(2) 놀이 방법

① 한 편에 4~5명씩 두 편으로 나눈다. '가위바위보'를 해서 이긴 편이 먼저 말을 탄다.

② 이긴 편이 말을 모두 탄 후 맨 앞 사람과 마부가 '가위바위보'를 하여 이기면 또 말을 탈 수 있고, 지면 서로 위치를 바꾸어 놀이한다.

③ 마부는 요령 있게 말들을 움직여서 잘 타지 못하게 하고, 맨 끝의 말은 뒷발질을 하여 말을 못 타게 한다.

④ 말이 무너지면 지기 때문에 힘 있게 버텨 서야 한다.

(3) 놀이 효과

① 서로 몸을 접촉하기 때문에 더욱 친밀감을 갖는 효과가 있다.

② 협동심을 기를 수 있다.

(4) 유의할 점

① 허리와 머리를 다치지 않게 안전사고에 유의한다.

② 말을 타는 시간을 정해 놓고 그 안에 탈 수 있게 해야 한다.

③ 마부는 순서대로 바꾸어 가면서 하는 것이 바람직하다.

4│ 실뜨기

(1) 놀이의 유래

실뜨기란 실의 양 끝을 매어서 손에 건 다음 양손가락에 얼기설기 얽어 두 사람이 주고받으면서 여러 가지 모양을 만드는 놀이이다. 실이나 노끈을 이용하여 언제 어디서나 별다른 준비 없이 놀이를 할 수 있기 때문에 어린이들

그림 11-5 실뜨기

에게 사랑받는 놀이로 널리 보급되어 왔다.

실뜨기는 준비물이 간단하기 때문에 손쉽게 즐길 수 있고, 오락 기구가 별로 없었던 옛날에 시간을 보내기도 딱 좋으며, 지능 계발에도 도움을 주는 놀이다. '손 밖으로 나온 뇌'라는 제하에 아이들은 실뜨기 등의 놀이로 손을 많이 쓸수록 지성, 감성의 발달이 더 왕성해진다[26]는 기사가 소개된 바 있다.

이 놀이를 통해서 정교한 손동작이나 손재주 등을 익힐 수 있으며, 둘이서 하는 경우는 서로 실이 엉키지 않도록 정해진 규칙대로 진행해야 하기 때문에 협동심과 함께 규범을 익히는 계기가 된다.

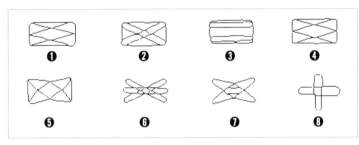

여러 가지 실뜨기 방법

(2) 놀이 방법

① 한 어린이가 실테를 두 손에 한 번 감아서 걸고 다시 두 손의 가운뎃손가락으로 감은 실을 걸어 뜬 뒤에 상대편에게 차례를 넘기는 방법이다. 그 모양은 그림 1처럼 되며 이를 '날틀'이라고 한다.

② 뒤의 어린이는 날틀 양쪽의 가위처럼 벌어진 부분을 엄지와 검지 두 손가락으로 걸어 쥐고 아랫줄 밖으로 둘러서 위쪽 가운데로 올려 뜬다. 이렇게 하면 그림 2처럼 되며 이를 '바둑판'이라고 한다.

③ 앞의 아이는 엄지와 검지 두 손가락으로 바둑판 가운데의 줄이 교차된 두 각을 걸어 쥐고 바깥 줄을 밖으로 빼었다가 위쪽 가운데로 올려 뜬다. 이렇게 하면 그림 3처럼 되며

---

26) 머리에 쏙!, 중앙일보(2005. 6 .21.)

이를 '젓가락'이라고 한다.

④ 뒤의 어린이는 두 새끼손가락으로 가운데의 두 줄을 걸었다가 서로 반대쪽으로 당겨서 늘인다. 그리고 엄지와 검지로 바깥 줄이 걸어서 아래로부터 가운데로 올려 뜬다. 모양은 그림 4처럼 되며 그림 1과 반대 방향의 형태를 이룬다. 이를 '베틀'이라고 한다.

⑤ 앞의 아이가 엄지와 검지로 '베틀'의 양쪽 각을 걸어 쥐고 밖으로 뺐다가 이번에는 위쪽에서 아래쪽으로 내려 뜨면 두 번째의 '바둑판' 형태가 된다.

⑥ 뒤의 아이가 '바둑판'을 '젓가락'으로 만들 대처럼 '베틀'을 떠올린다. 이렇게 하면 그림 5처럼 가운데가 마름모꼴이 되는데 이를 '방석'이라고 한다.

⑦ 앞의 아이가 새끼손가락으로 뒤의 아이의 엄지와 검지 사이의 줄을 건 다음 자기의 엄지와 검지로 방석의 양쪽 각을 걸어 쥐고 가운데의 마름모를 향해 아래에서 위로 올려 뜬다. 이렇게 되면 그림 6처럼 손가락에 걸린 모든 줄들이 가운데에서 얽힌다. 이를 '가위줄'이라고 한다.

⑧ '베틀'로 '바둑판'을 뜰 때와 같이 얽힌 '가위줄'의 교차점 양쪽에 걸어 쥐고 한가운데를 통해서 위에서 아래로 내려 뜬다. 이렇게 하면 다시 '바둑판'이 만들어지며 손가락은 그림 2의 경우처럼 모두 아래쪽을 향하게 된다. 이와 같은 방법을 계속해서 '바둑판'을 다시 뜨면 그림 5의 방석이 되고 이를 또 뜨면 '가위줄'이 나오는 등 여러 가지 형태가 반복된다. 그러나 실을 뜰 때 반드시 앞의 방식을 따를 필요는 없으며, 재간 있는 어린이는 제 마음 내키는 대로 실을 떠서 모양을 바꾸어 나간다.

(3) 놀이 규칙

① 처음 사람이 70~90㎝ 정도의 질긴 실을 이어 양쪽 엄지, 검지에 벌려 건다.

② 양쪽 손가락을 이용해 걸어 내리거나 걸어 올려 새로운 모양으로 실을 뜬다.

③ 같은 모양이 나오거나 실이 엉키거나 풀어지면 끝난다.

④ 한꺼번에 한쪽에 2가닥 이상씩 걸어서는 안 된다.

(4) 놀이 효과

① 판단력과 말초 신경의 감각을 기르고 지성, 감성의 발달에도 도움이 된다.

② 실뜨기는 남녀 같이 즐길 수 있는 놀이로서 협동심과 준법성이 길러진다.

③ 여러 가지 새로운 모양을 궁리하다 보면 탐구력과 창의력이 신장된다.

5 │ 장치기

(1) 놀이의 유래

장치기 놀이는 오늘날 필드하키와 흡사한 놀이로 다른 용어로 격구라고 일컬어지며, 삼국시대부터 조선시대에 걸쳐 행해진 전통 민속놀이지만 오늘날에는 거의 자취를 감추었다. 격구가 장치기로서 일반 민중에게 널리 전해지기 이전에는 군사들의 훈련과 조정 대신들의 여가 선용을 위한 사교용 놀이로서 행해졌으며 또 질병이나 건강관리로도 활용되었음이 기록에 나타나 있다.

격구는 중국 및 고구려, 고려, 신라의 옛 문헌에 타구(打毬), 격구(擊毬), 포구(捕毬), 장구(長驅), 봉구(棒毬) 등 여러 이름으로 나타나는데, 타구 또는 격구라는 표현을 많이 써 왔다. '장'이 막대기를 의미하고, '치기'가 '친다'에서 온 말로 보아 장치기란 명칭은 노는 방법을 그대로 본뜻 것으로, 지방에 따라 공치기, 타구놀이, 장채놀이라고도 한다.

그림 11-6 장치기

(2) 놀이 방법

① 놀이도구

놀이를 위해서는 땅매(막대, 공채)와 짝공(짱이, 공)을 준비해야 한다.

• 땅매(공채) : 1m 정도의 끝이 구부러진 단단한 나무를 골라 짝공을 치기 편리하게 만들거나 각목을 이용하여 만든다. 요즘은 PVC 파이프에 모래를 담아 끝을 골프채 끝처럼 구부려 만들기도 한다(굳은 뒤 모래를 빼고 씀).

• 짝공(장이, 공) : 소나무의 옹이가 있는 부분이나 고양나무, 박달나무와 같이 굳은 나무를 둥글게 깎아서 만들거나 새끼를 뭉쳐 만든 공 또는 지름이 6~10㎝인 고무공이면 된다.

② 놀이장소

장소는 넓은 풀밭이나 운동장을 이용할 수 있다. 길이 40~50m, 너비 30~40m의 장소에 가운데에 짝공이 들어갈 만한 구덩이를 하나 파놓는다.

③ 놀이 방법 1

놀이는 두 편으로 갈라 하되 한 편을 10~15명 정도로 하는 것이 좋다. 네모로 사방에 구역을 만들고 가운데에 중앙선을 정한다. 축구처럼 중앙선 가운데서 시작되어 땅매로 짝공을 쳐서 30m 라인을 많이 넘기는 편이 이긴다. 이 놀이를 시작하는 방식에는 세 가지가 있다.

첫째, 아래 짱은 중앙선 가운데에 파놓은 구멍에 짝공을 놓고 양편이 동시에 쳐서 시작하는 방법, 둘째, 위 짱은 짝공을 심판이 위로 똑바로 던진 다음 떨어지는 짝공을 서로 쳐서 시작하는 방법, 마지막으로, 소래기(소래기치기)는 이긴 편이 짝공을 위로 던지면 양편이 한 바퀴 돌면서 떨어지는 짝공을 쳐서 시작하는 방법이 있다.

짝공을 쳐서 경기장 밖으로 나가면 상대편이 짝공이 밖으로 나간 선에서 짝공을 굴려주어 '굴러공'을 치게 하거나 '구멍공(가운데 구멍에 공을 놓고 치는)'을 치게 한다. 이 놀이에도 반칙과 벌칙이 주어지는데 그 내용은 짝공이 몸의 일부에 닿는 것, 상대편의 땅매를 몸으로 막는 행위, 상대편의 몸을 땅매로 치거나 치려고 하는 행위, 상대편의 경기 활동을 몸으로 막는 것, 짝공을 격장의 선 밖으로 쳐내는 것 등이다. 그리고 벌칙으로는 '물레공', 즉 제자리에서 한 바퀴 돌고 짝공을 치든지 짝공을 굴려주는 '굴러공' 또는 '구멍공' 치기 등이 있다. 짝공을 놓고 칠 때는 모든 사람이 5m 이상 떨어진다.

④ 놀이 방법 2

방법 1과 다른 점은 축구장 같은 골대가 아니고 다만 상대방의 골라인(3m 폭)을 많이 넘기는 편이 이긴다.

• 시작 방법은 위와 같다.
• 짝공을 땅매로 쳐서 상대 골에 놓는다.
• 시간을 전·후반 각 10분씩으로 하고, 휴식시간을 2~3분으로 한다.
• 짝공이 선 밖으로 나가면 그 위치에서 당매로 쳐서 보낸다.

- 손이나 발로 짝공을 차거나 던질 수 없다.
- 짝공을 놓고 칠 때는 모든 사람을 5m 이상 떨어져 있게 한다.
- 골에서 5m는 문지기 외에 아무도 들어가지 못한다(공격 제한선).

(3) 놀이 효과

① 조정력, 판단력, 민첩성을 기른다.

② 팀을 위해 결속하고 협동하는 마음을 기를 수 있다.

③ 기구 사용 능력을 높이고, 정확한 조정력을 기를 수 있다.

(4) 유의할 점

① 땅매는 잘 다듬어진 것을 사용하되 너무 길거나 짧은 것을 사용하지 않는다.

② 땅매와 짝공(짱이)에 다치지 않도록 조심하고 규칙을 잘 지킨다.

③ 짝공은 부드럽고 탄력 있는 재료로 만든 것을 사용하면 부상을 줄일 수 있다.

④ 승패에 연연하여 경기를 할 때는 부상당할 염려가 있으니 항상 상대방의 안전을 생각하여 심한 반칙은 삼간다.

⑤ 공중볼은 많은 연습이 있어야 잡을 수 있기 때문에 주의가 요구된다.

6 │ 강강술래

(1) 놀이의 유래

강강술래는 우리나라 남해안 일대에 전승되어 오는 민속무용으로서 주로 한가위에 여성들이 즐긴다. 이 놀이의 유래에 대하여는 아직 추측 단계를 벗어나지 모하고 있으나, 놀이 또는 무용 일반의 기원과 그 궤를 같이 하는 것으로 믿어진다. 강강술래는 여성의 놀이가 적었던 때에 활달한 여성의 기상을 보여준 민속놀이의 하나로 민족정서가 아름답게 표현되어 있다.

옛 농경사회의 가장 큰 축제는 음력 5월의 기풍제와 10월의 추수감사제였다. 옛 농민들은 논밭에 곡식의 씨앗을 뿌리고 심을 때, 그해 농사가 잘 되어 풍년이 들기를 하늘에 기원하는 잔치를 벌였고, 농사일이 끝나면 풍성한 농산물을 수확하게 해준 하늘에 감사하는 축제를 마련했다.

강강술래란 말은 '강한 오랑캐가 물을 건너온다.'는 뜻인 한자어로, '강강수월래'라 표기하여 왜적이 물을 건너오니 이를 경계하라는 뜻으로 풀이하는 경우가 있는데, 이는 우리말 강강술래의 한자어 차음으로 생각된다. 또 강강술래라는 말은 순수한 우리말로 '강강'은 둘레, 원을 뜻하는 전라도 방언이고, '술래'는 본딧말이 순라(巡邏)로 강강술래란 '주위를 잘 지키라'는 구호였다고 한다. 전라남도 해남, 진도 등 섬 지역을 중심으로 지금까지 계승되고 있는 이 놀이판은 1966년 2월 15일 중요무형문화재 제8호로 지정되었으며, 2009년 9월 세계무형유산으로 지정되었다.

그림 11-7 강강술래

(2) 놀이 방법

수십 명의 부녀자들이 손과 손을 맞잡고 둥그런 원을 지어 무리를 이룬다. 이들 중에는 목청이 빼어난 사람이 앞소리를 메기면 나머지 사람들은 뒷소리를 받으면서 춤을 추는 것이다. 노래는 처음에 느린 가락의 진양조로 시작하다가 점점 빨라져 춤 동작도 여기에 따라 변화한다. 이렇게 노래 가락에 맞추어 여러 가지 형태로 원을 변형시키며 '고사리 꺾기, 덕석몰이[27], 청어 엮기, 문지기 놀이, 지와 밟기[28], 가마 둥둥, 닭살이[29], 남생이 놀이[30]' 등 재미

---

27) 덕석몰이는 강강술래 놀이요 중의 하나이다. 이 놀이는 곡식을 말리려고 멍석을 펴 놓았다가 비가 오면 말고 비가 그치면 다시 무는 모습을 흉내 낸 것이다. 덕석은 '멍석'의 사투리이다.

28) 〈지와〉는 〈기와(瓦)〉의 전라도 방언인데 기와를 밟는 형상을 본 따서 재미있는 놀이로 만든 것이다.

29) 닭살이 놀이는 주로 여자아이들이 많이 하는 놀이로, 살쾡이가 닭을 잡아간다는 데서 붙여진 것이다. 놀이의 내용은 술래 두 명이 각각 살쾡이와 닭이 되고 여러 사람이 울타리가 되는 것이다.

30) 남생이 놀이는 강강술래 놀이의 삽입놀이로서 거북이과에 속하는 남생이 흉내를 내며 노는 놀이이다. 이 놀이는 강강술래를 하다가 지치면 메기는 소리를 하는 사람이 노래를 바꿔 "남생아 놀아라"를 부르고 이를 신호로 하여 원형을 이루고 있는 여러 아이들 가운데로 남생이 역할을 하는 한 아이가 뛰어 들어가 남생이 흉내를 내면서 춤을 추는 놀이이다. 이 놀이는 강강술래 놀이로 가빠진 숨을 돌리게 하며, 활동적인 움직임들을 통해 얻어진 집단성과 통일성을 동물을 흉내 내는 춤을 통해 자기 표현을 할 수 있을 뿐만 아니라, 서로에 대해 깊은 이해를 할 수 있는 기회 또한 놀이를 통해 마련될 수 있다.

있는 춤 놀이를 벌이는 것이다. 놀이꾼이 많이 모이면 여러 패로 나뉘어서 놀며, 한동안 춤을 추다가 피로해지면 잠시 쉬었다가 다시 놀기도 한다. 손은 편한 대로 잡으면 되고, 발은 보통 걷는 동작으로 디디면 된다. 그리고 뛰게 될 때에는 제한 없이 마구 뛴다.

그림 11-8 고사리 꺾기[31]

참고자료 덕석몰이 악보

몰 자 몰 자 덕 석 몰 자   비 온 - 다 덕 석 몰 자

비 야 비 야 오 지 마 라   딸 밭 에 장 구 친 다

풀 자 풀 자 덕 석 풀 자   비 겠 - 다 덕 석 풀 자
                        볕 난 - 다 덕 석 풀 자

(3) 노래

강강수월래(전라남도)	강강술래(진도)
대밭에는 대도 총총 강강수월래 하늘에는 별도 총총 강강수월래 꽃밭에는 꽃이 총총 강강수월래 하늘에다 베틀 놓고 강강수월래 구름 잡어 잉아 걸고 강강수월래 둥둥 떠가는 구름 경상 강강수월래 총총 하늘에 별도 밝다 강강수월래	술래 소리는 어디로 갔나 강강술래 찾아 잘 돌아온다 강강술래 달 떠온다 달 떠온다 강강술래 동창에서 달 떠온다 강강술래 우리 님은 어데를 가고 강강술래 달 떠온 줄 모르는가 강강술래 강강술래

---

31) 자료 : 문화재청

(4) 놀이 효과

① 강강술래를 통하여 옛 여인들의 애국정신을 본받는다.

② 협동과 우애에 기초를 두고 여러 가지 형태의 춤사위를 창안할 수 있다.

③ 즐거운 놀이 형식을 통해 사회성을 기를 수 있다.

7) 꽃따기

(1) 놀이의 유래

꽃따기 놀이의 기원과 유래는 확실치 않다. 일명 '우리 집에 왜 왔니?'라고도 하는데, 함께 노래를 하면서 앞으로 갔다가 뒷걸음으로 나오는 놀이로 요사이 많이 잊혀져가고 있지만 여럿이 쉽게 즐길 수 있는 놀이이다. 일렬로 서서 노래를 부르며 상대방 사람을 빼앗아 오는 놀이로 여럿이 움직이는 모습이 겉으로도 아름다울 뿐 아니라 하나 된 마음을 심어줄 수 있는 계기가 되기도 한다.

꽃따기 놀이는 대여섯 명 또는 여럿이서 어울릴 때에 서로의 친근함을 표시하고 무료함을 달래기 위해서 시작된 놀이라고 볼 수 있다.

(2) 놀이 방법

① 모둠별로 두 패씩 짝을 짓는다(단, 모둠은 6~7명 정도로 한다).

② 두 패가 각각 일렬횡대로 옆 사람과 손을 잡고 서로 마주보고 선다.

③ 가운데 부분에 선을 긋고 자기 진영의 위치를 확실히 한다.

④ 두 패에서 한 명씩 나와 가위바위보를 하여 공격할 편을 정한다.

⑤ 수비 편은 '우리 집에 왜 왔니 왜 왔니 왜 왔니?'라고 노래를 부르며 모두 앞으로 나간다. 이때 공격 편은 뒤로 물러선다.

⑥ 이어서 공격 편이 앞으로 나가면서 '꽃 찾으러 왔단다 왔단다.'라고 역시 모두 앞으로 나아가면 수비 편은 물러선다.

⑦ 수비 편은 또 앞으로 나아가면서 '무슨 꽃을 찾으러 왔느냐 왔느냐?'라고 노래한다.

⑧ 공격 편은 이 때 수비 편 중 한 명의 이름을 노랫가락에 넣어 불러 세운다.

'○○ 꽃을 찾으러 왔단다, 왔단다.'

그림 11-9 꽃따기

⑨ 공격 편의 대장과 수비 편의 이름을 불린 사람이 가위바위보를 한다. 가위바위보에서 진 사람은 이긴 편으로 간다.

⑩ 이어서 이긴 편은 앞으로 나아가면서 '이겼다 꽃바구니 하나 얻었다.'라고 하면 진 편은 '졌다 분하다 말도 말아라!'라고 노래한다.

⑪ 이어서 처음과 같은 방법으로 이긴 편이 '우리 집에 왜 왔니 왜 왔니?'하고 노래하며 계속하다가 한 쪽이 없어지거나 인원이 적은 편이 지게 된다.

(3) 유의할 점

① 이름 불리는 사람을 한정하지 않고 골고루 불러 볼 수 있도록 지도한다.

② 이름을 부를 때도 서로 약속된 상태에서 한 사람의 이름을 힘차게 외치도록 한다.

③ 노래를 신나게 불러야 이긴다고 하여, 다 같이 참여하는 분위기를 만든다.

④ 앞으로 전진하고, 또 후진하며 리듬을 잘 탈 수 있도록 한다.

8 | 못 치기

(1) 놀이의 유래

못 치기 놀이는 어느 때부터 어떤 연유에서 비롯되었으며, 또 나무못이나 쇠못 중에서 어느 것이 먼저냐에 대해서는 그 기록이 없으므로 알 길은 없으나, 힘이 덜 들고 구하기 쉬운 쇠못이 주로 많이 쓰이고 있음을 알 수 있다. 못 치기 놀이는 집을 짓거나 생활용품을 만들어 쓸 때부터 시작되었을 것으로 생각된다.

(2) 놀이 방법

못을 가지고 두세 명이 '가위바위보'를 하여 이긴 아이가 먼저 못을 손으로 힘껏 땅에 내리 꽂는다. 못이 꽂히면 계속 적당한 길이만큼 간격을 두고 꽂아가면서 선을 그어간다. 그러면 다음 차례는 앞서가는 아이의 뒤를 계속 따라야 하는데 먼저 꽂은 사람이 못을 꽂은 회수 는 꼭 지켜 따라가야 한다(선두로 가는 사람의 못 꽂은 횟수를 초과하면 자기가 선두가 됨). 뒤따라오는 진로를 어렵게 하기 위하여 달팽이 모양이나 별모양 등을 만들며 계속 나아간 다. 못을 선 가까이 꽂아 사이를 아주 좁게 하여 다른 아이가 못을 꽂기 어렵게 하거나 선 을 그을 때 다른 선에 접촉되어 죽게 한다. 남을 어렵게 훼방하는 머리싸움 놀이이며 못을 잘 못 꽂거나 돌멩이에 부딪혀 튀면서 넘어지면 상대방 순번으로 넘어간다.

또 다른 방법으로 진 순서대로 못을 꽂아 나가고 그 다음 사람이 먼저 꽂아 놓은 못의 몸 통을 쳐서 땅에서 뽑아내면 이겨서 그 못을 따먹게 된다. 그 못을 땅에서 뽑아 내지 못하면 다음 차례의 선수가 또 땅에 못을 힘껏 내리쳐서 승부를 가린다. 못은 대못이라 하여 큰 것 일수록 유리하기 때문에 길이가 30cm 정도 되게 만들어 쓰기도 한다.

(3) 놀이 효과

① 어깨의 힘을 길러 주고, 목표물을 적중시키는 조정력을 길러준다.
② 늦가을부터 겨울철 놀이로 추위를 이겨내는 정신력을 기르는 데 도움이 된다.

(4) 유의할 점

① 날카로운 못을 다룰 때에는 장난을 치지 않도록 유의하고 주변 사람들과의 거리 등 안전
   을 고려해야 한다.
② 못을 땅에 내리꽂을 때는 자기 발이나 상대방 발등의 안전거리를 확인한다.
③ 못을 쳐내어 뽑아낼 때는 못이 튕겨 위험할 수 있으므로 특히 세심한 주의가 필요하다.

9) 널뛰기

(1) 놀이의 유래

널뛰기는 여자들의 활동이 제한적이어서 운동량이 부족했던 시절에 생겨난 놀이로서 출산과 가사 전담을 했던 여성들의 체력증진을 수단으로 설날을 중심으로 정월에 주로 했던 놀이이다.

(2) 놀이 방법

널의 크기는 대체로 길이 2.5~3m, 너비 30cm, 두께 5cm 가량 되는 구부러지지 않은 판자를 준비하는 것이 좋다. 긴 널판 가운데 짚단이나 가마니를 말아서 괴도 한다. 지방에 따라서는 방법이 약간씩 다르나 널판이 닿는 끝부분의 땅을 파서 구름이 강하게 하기도 한다. 널이 움직이지 않도록 하기 위해서 널 가운데 사람이 앉아 있기도 한다.

뛰는 방법은 양쪽에 한 사람씩 올라서 널이 수평 저울처럼 평형을 유지해야 한다. 몸무게가 다르면 거리로 조절한다. 널뛰기의 승부는 한 쪽이 힘껏 굴러서 상대편이 널빤지에서 떨이지면 이기게 된다. 널에서 떨어지면 다음 사람이 올라서 또 뛰게 된다. 이 놀이는 개인 간의 승부도 되지만 여러 사람이 두 편으로 나누어서 할 수도 있다.

그림 11-10 널뛰기

(3) 놀이 효과

① 전신운동으로 민첩성을 기른다.
② 높이뛰기의 힘(점프력)을 기를 수 있다.
③ 조상들의 생활 모습을 엿볼 수 있다.

10 │ 씨름

(1) 놀이의 유래

씨름은 우리나라 전통적인 남자 운동경기의 하나로 한문으로 각희, 각력, 각저라고 한다. 허리와 다리에 띠나 샅바를 두른 두 장정이 넓은 마당에 마주 꿇어 앉아 각각 한 손으로 다리의 띠를, 다른 한 손으로는 허리띠를 잡은 다음 심판관의 호령에 의해 동시에 일어나 먼저 상대방을 넘어뜨림으로써 승부를 결정하는 놀이이다.

그림 11-11 씨름놀이

만주 통구에 있는 씨름경기 벽화로 보아 고구려 시대에 있었음을 알 수 있고, 동왕 5년(1344) 2월과 7월에 이를 기록한 고려사를 통해 고려에서도 성행했음을 알 수 있다.

옛날부터 우리 조상들의 얼과 함께 민속놀이로 이어져 온 씨름은 1912년 서울 단성사에서 현대 형태의 씨름경기가 개최되면서 현재 스포츠의 형태를 갖추게 되었다. 씨름은 격투기로 발전된 대부분 운동과는 달리 상대를 때리는 기술이 전혀 없는 폭력성이 없는 신사적인 놀이다. 이러한 씨름의 특징은 예절을 중요시하고, 상대를 배려하는 우리 민족의 착한 마음이 고스란히 잘 담겨있다고 볼 수 있다. 바로 이러한 씨름의 특징이 단지 경쟁과 승리만을 강조하는 스포츠와는 다른 점이라고 할 수 있다.

(2) 놀이 방법

① 씨름의 종류

- 왼씨름 – 오른쪽 다리 샅바를 두른다. 오른손으로 상대방의 허리 샅바를 잡는다. 왼손으로 상대방 오른쪽 다리에 두른 샅바를 잡는다. 서로 오른쪽 어깨를 맞대고 씨름을 한다.
- 오른씨름 – 왼씨름과 반대 방향으로 샅바를 잡고 하는 씨름이다.

그 외에 눈을 깜빡거리는 사람이 지는 '눈싸움', 두 명씩 짝을 지어 가운뎃손가락 둘째 마디를 서로 마주 대고 밀어서 승부를 겨루는 '손가락씨름', 손이나 손목을 서로 잡고 겨루어 상대방 손등이 먼저 바닥에 닿으면 이기는 '팔씨름', 두 사람이 다리를 어깨 넓이로 벌리고 마주보고 선 후 서로 줄 끝을 오른쪽 허리로부터 감아서 왼손으로 신호와 함께 잡아당겼다 놓았다 하다가 상대방이 중심을 잃으면 이기는 '줄 씨름', 마주서서 상대방의 손바닥을 밀어 균형을 잃어 넘어지게 하는, 단 몸을 밀치거나 잡아당길 수 없는 '손바닥 밀기', '쪼그려 앉아 허벅지 밑으로 양손을 잡고 힘을 겨루어 넘어뜨리거나 밀어내는 돼지씨름' 등이 있다.

② 씨름의 기술

- 메치기(공격기술) : 메치기에는 허리 기술, 다리 기술, 손 기술 등이 있다.
  - 허리 기술 : 상대방을 자기 앞으로 끌어 당겨서 위로 들어 좌우로 돌리거나 젖혀서 뒤 또는 옆으로 넘어뜨리는 기술을 말한다.
  - 다리 기술 : 상대방을 자기의 다리와 발로 걸고, 앞으로 당기거나 뒤로 밀며, 또는 옆으로 틀거나 돌리면서 후려쳐 넘어뜨리는 기술이다.
- 되치기(방어 기술) : 상대방이 공격해 올 때 상대방의 힘을 이용하여 되받아치는 기술이다.

③ 씨름 경기장

- 실외 경기장 : 모래를 수평으로 깔아 만든 것을 원칙으로 한다. 모래 바닥의 높이는 30-70cm이며, 넓이는 지름 10m의 원형으로 한다.
- 실내 경기장 : 매트로 시설하여 경기를 하도록 되어 있으나, 실제로는 모래로 시설하고 있으며, 지름 10m의 원형으로 한다.

④ 경기 방법

대부분은 3판 경기해서 2판 먼저 이기는 사람이 승자가 된다. 장사대회에서는 5판의 경기 중 3판을 이기는 선수가 승자가 된다. 1판은 1분, 그 시간 동안 승부가 나지 않을 때는 공격을 많이 한 선수가 샅바를 유리하게 잡고 30초 연장전을 진행한다. 연장전에서도 또 무승부일 경우에는 반칙(경고)의 횟수가 적은 선수가 승리하게 된다. 그렇다면 이때도 경고 수가 같거나 없을 때는 경기 복장 그대로 청 샅바 선수부터 체중을 측정하여 체중이 적게 나가는 사람이 이긴 것으로 판정한다.

⑤ 반칙

- 목을 조르거나 비틀어 쥐는 행위

- 팔을 비틀거나 쥐는 행위

- 머리로 받는 행위

- 주먹으로 치는 행위

- 발로 차는 행위

- 경고를 받고도 재차 반칙을 되풀이하는 경우

- 반칙 행위를 하는 자는 패자로 간주하며, 대회의 선수 자격이 자동 상실된다.

(3) 놀이 효과

① 씨름을 통하여 신체의 정상적인 발달과 건전한 정신을 기를 수 있다.

② 우리나라 전통적인 남자 운동경기를 즐기며, 군센 힘과 슬기로운 재치를 기른다.

③ 신체의 근력과 빠른 판단력을 기른다.

(4) 유의할 점

① 씨름판 및 샅바 등을 사전에 점검하고 준비 운동 및 보강 운동을 철저히 하여 안전에 유의하도록 한다.

② 씨름장의 모래를 잘 정리하여 위험 방지에 노력한다.

그림 11-12 김홍도의 풍속화 (씨름)[32]

11 | 윷놀이

(1) 놀이의 유래

윷놀이가 시작된 때가 언제인지는 명확하지 않지만 고대의 부여에서 다섯 가지 가축을 다섯 부락에 나누어 주고 그 가축들을 경쟁적으로 번식시키기 위한 목적에서 비롯된 놀이라

---

32) 자료 : 문화재청

고 전해진다. 윷놀이는 '척사(擲柶)'라고 불리기도 하며 고려시대를 거쳐 조선시대 초기부터는 우리 조상들의 민속놀이로 널리 성행한 것으로 보인다.

그림 11-13 윷놀이

　일반적으로 윷놀이는 개인끼리 또는 여럿이 편을 갈라 윷가락이나 윷쪽을 별의 움직임을 본떠 만든 윷판에 던져 윷이 나오는 결과에 따라 말을 쓰면서 어느 편이 먼저 정해진 말수를 모두 내놓는가를 겨루는 놀이이다.

(2) 놀이 방법

윷말의 이름은 농사와 관계가 깊은 가축 이름을 따서 지었으며 '도'는 돼지, '개'는 개, '걸'은 양, '윷'은 소, '모'는 말에 비유한다. '쟁두'라 하여 시작에 앞서 누가 먼저 놀 것인가를 정하는데 윷가락을 던져 더 많이 나오는 쪽이 선을 잡게 된다. 윷가락이나 윷쪽이 엎어지거나 젖혀지는 것에 따라 '도, 개, 걸, 윷, 모'라 하여 명칭과 점수에 차이가 난다.

(3) 놀이 효과

① 윷놀이는 지능 계발에 매우 효과적이다. 즉 윷판을 잘 쓰는 일은 유아들의 두뇌를 개발하는 데 큰 영향을 준다.
② 윷놀이를 통하여 또래 간에 단결심과 협동심을 기른다.
③ 윷놀이를 하면서 평소의 또래의 친근감과 우애를 찾아볼 수 있다.

12 │ 투호놀이

예쁜 항아리를 뜰 가운데 놓고 일정한 거리만큼 떨어져서 화살같이 만든 청홍의 긴 막대기를 던져서 어느 편이 더 많이 항아리 속에 던져 넣느냐를 겨루는 놀이로 옛날 궁중의 여자들이 많이 했다고 한다. 이기는 것을 현, 지는 것을 불승이라 하며, 이기고 짐에 따라 헌배와 벌배 등이 행해진다.

13 | 고싸움놀이

전남 광산군 대조면 질석리 웃돌마을에서 매해 음력 정월 10일경부터 2월 초하루에 걸쳐서 벌이던 놀이다. 큰 줄을 꼬아 앞쪽에 고를 짓고 이것을 양쪽에서 밀어 부딪히게 한 다음 상대방의 고를 땅에 내려뜨린 쪽이 이기게 된다.

고싸움놀이는 마을사람들이 남자를 상징하는 동부와 여자를 상징하는 서부의 두 패로 갈라져서 싸움을 벌이는데, 여자를 상징하는 서부가 이겨야 풍년이 든다는 속설이 있다. 고싸움놀이를 통해 마을 사람들은 그 해 농사의 풍년과 마을의 평안을 기원했으며, 마을 사람들의 협동과 단결심을 앙양하고 패기와 강한 투지를 키운다. 1970년 주요무형문화재 제33호로 지정되었다.

14 | 띠뱃놀이

서해의 위도(전라북도 부안군)라는 섬에 전해져 내려오는 특유의 민속놀이이다. 매해 정월 초사흗날이 되면 위도 사람들은 풍어와 섬마을의 안녕을 기원하는 마음으로 띠뱃놀이를 한다. 띠뱃놀이는 바닷가에서 용왕굿을 할 때 띠배를 띄워 보내기 때문에 띠뱃놀이라 부르게 되었고, 소원을 빌기 위해 세운 집인 원당에서 굿을 하기 때문에 원당제라고도 한다. 1985년 중요무형문화재 제82-3호로 지정되었다.

그림 11-14 띠배[33]

---

33) 자료 : 문화재청

3 영유아 민속놀이의 실제

영유아들을 대상으로 하는 표준보육과정 및 누리과정의 생활주제와 연계하여 영유아 레크리에이션의 실제를 다음과 같이 계획해 볼 수 있다.

생활주제	우리나라	대상 / 유아수준	만 5세
일일주제	가마타기	교육과정 영역	신체운동 및 건강
활동유형	게임	집단유형	대·소집단
교육과정 관련요소	신체운동 및 건강 > 신체 활동에 참여하기 > 자발적으로 신체 활동에 참여하기 > 다른 사람과 함께 하는 신체 활동에 참여한다.		
교육목표	• 신체 각 부분을 활용하여 가마타기를 한다. • 민속놀이에 친근감을 갖는다.		
자료 및 준비물	체조 CD, 카세트		

단계	활동내용	교수·학습활동	시간 (분)	자료 및 지도 상의 유의점
사전활동	우리나라 민속놀이의 종류와 방법에 대해 배웠다.			
도입	신체활동을 준비하기 위한 체조를 간단히 한다.	1. 지난 시간에 배웠던 우리나라 민속놀이에 대해 간단하게 이야기한다. 2. 가마타기의 놀이 방법에 대해 다시 한 번 설명한다. 3. 반환점을 설치한다. 4. 체조 노래에 맞춰 몸을 푼다.	10	
전개	• 가마타기 활동 규칙을 정한다. • 가마타기 활동을 한다.	놀이 방법 ① 가위바위보를 해서 가마꾼과 탈 사람을 정한다. ② 가마꾼이 되면 손목끼리 엮어 가마를 만들고 가위바위보로 정해진 사람이 가마를 먼저 탄다. ③ 위에 탄 사람이 땅에 떨어지지 않도록 손으로 가마를 만든 사람의 어깨를 양손으로 잡는다. ④ 가마꾼과 탈 사람을 번갈아가며 반환점을 돌아오는 릴레이 게임을 즐긴다. 1. 유아들의 이해를 돕기 위해 가마타기에서 가마꾼의 손목을 엮는 모습을 시범을 보인다. 2. 한 모둠에 세 명씩 나눈다. 한 모둠에 3명이 가위바위보를 해서 가마꾼 2명과 가마 타는 사람 1명의 역할을 정한 후 가마를 타고 반환점을 돌아온다. 3. 차례를 지켜 놀이를 한다. 4. 순서를 바꾸어 놀이를 진행한다.	25	

〈계속〉

단계	활동내용	교수·학습활동	시간 (분)	자료 및 지도 상의 유의점
정리	활동을 마무리한다.	1. 활동의 마무리를 알린다. 2. 오늘 한 활동에 대한 자신의 생각과 느낌을 이야기 할 수 있도록 한다. "가마타기를 해 보니 어땠나요?" "가마를 탔을 때 어떤 느낌이 들었나요?" 3. 다음 시간에 할 활동을 소개한다.	5	
확장활동		전통혼례 놀이를 해본다. 상자를 이용해 가마를 만들어 본다.		

　영유아들과 민속놀이를 즐기기 위해서는 우리나라의 고유한 풍습과 전통에 대해 이야기
해주며 활동을 전개해 주면 교육적인 효과를 증진시킬 수 있다. 역사박물관이나 전통체험
관 등에서의 활동을 연계하면 좋다. 민속놀이를 예전의 방식과 지금의 방식이 변화된 것,
그리고 새로운 민속놀이를 창안해 보는 활동을 전개해 보아도 좋다.

CHAPTER

12

영유아 레크리에이션 지도자

영유아
레크리에이션
지도자

영유아 레크리에이션 활동의 구체적인 지도 방법은 체험과 학습을 통해서 배우고 익혀야하기 때문에 이를 지도할 지도자가 필요하다. 지도자는 누구에게나 평등하게 기회를 제공하고 물질적·정신적인 바탕을 제공하여 생활 습관을 계몽하고, 참가자 모두가 만족할 수 있도록 도와주어야 한다. 지도 방법에는 민주적·독재적·방임주의적 지도법 등이 있는 데 궁극적으로는 자발적으로 활동할 수 있는 방임주의 지도법에 이르러야 한다. 하지만 그렇게 되기 위한 중간 과정(민주적, 독재적 지도법)이 적절히 혼용되어야 한다.

1 영유아 레크리에이션 지도자의 역할

영유아 레크리에이션 지도자란 효율적이고 성과 있는 지도성의 발현을 실천하는 사람이라 할 수 있는데 이는 '자유롭고 책임 있고 행복하고 충분한 능력을 발휘하는 인격으로서 레크리에이션 활동에 참가하는 사람들에게 가능한 최고의 성장을 촉진하는 것'을 뜻한다(Butler

G. D., 1959). 또 '레크리에이션에 관련된 이해의 수준을 높이고 그 영역을 확대시키며 사람들의 여가시간에 대한 관심과 흥미, 그리고 프로그램을 더욱 풍부하게 하는 활동에 헌신하는 사람'이라 할 수 있다(Bannerman G, & Fakkema R, 1979). 레크리에이션 지도자는 하나의 집단역할을 통하여 모두에게 영향을 주기 위한 프로그램을 전개하는데 필요한 기획, 준비, 진행, 판정, 평가의 전 과정을 주관하며 긍정적인 사고, 풍부한 창의력, 봉사정신과 뚜렷한 목표의식, 그리고 신념에 추진력을 가진 사람이다.

영유아 레크리에이션 지도자의 역할은 그 범주가 광범위하여 프로그램 진행 능력에 한정되지 않고 카운슬링, 기획, 조직관리 등을 포함시킨다. 레크리에이션 활동에 임하는 지도자는 참가자와 같은 위치에 서서 참가자 모두가 능력을 발휘할 수 있도록 지원하고 안내하는 것이다. Kraus와 Batter₁₉₇₅는 레크리에이션 지도자의 역할에 대하여 다음과 같이 열거했다.

① 조직자로서의 역할 : 운동장이나 인근공원에 관한 조사를 실시하고 이들 시설이 필요로 하는 사항을 발견하고 정신적, 신체적, 도덕적으로 최고의 성과를 올릴 수 있도록 활동을 조직화하여 전개해야 한다.

② 지도자로서의 역할 : 새로운 게임을 가르치고 클럽의 조직화를 도모하여 상부의 방침에 따라 관리자에 의해서 지시된 실내 및 야외에서의 활동을 활성화한다.

③ 주인으로서의 역할 : 운동장이나 레크리에이션 센터에 오는 사람들이 다른 여러 가지 활동에도 참가하도록 장려한다.

④ 코치로서의 역할 : 팀을 편성하여 여러 가지의 경기를 실시하고 필요시에는 코치를 맡는다.

⑤ 교사로서의 역할: 문학, 연극, 수예, 자연탐구 등을 장려한다.

⑥ 홍보요원으로서의 역할: 게시판을 만들고 모든 정보가 올바르고 흥미 있게 나타나 있는 가를 확인한다.

⑦ 사무요원으로서의 역할 : 모든 보고가 시간 내에 상부에 보고 될 수 있도록 확인한다.

⑧ 구급요원으로서의 역할 : 긴급할 때 구급법을 사용한다. 사고처리의 순서를 완전하게 숙지하고 있어야 한다.

⑨ 친구로서의 역할 : 지도자의 가장 중요한 일은 운동장이나 체육관에 오는 사람과 친구가 되는 것이 중요하다.

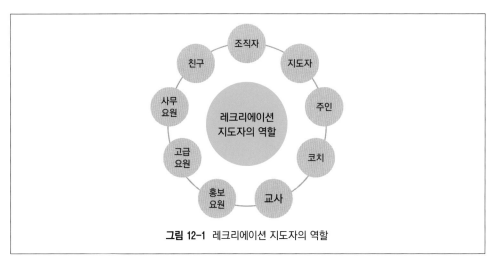

그림 12-1 레크리에이션 지도자의 역할

자료: Kraus와 Batter(1975)

한국직업능력개발원(2000)에서 간행된 한국표준직업분류에 의하면 "레크리에이션 지도자는 각종 모임에서 오락 프로그램의 사회를 보고, 노래, 율동, 게임 등을 지도하며 새로운 프로그램을 개발하는 자로, 경우에 따라서는 레크리에이션을 홍보하기 위한 프로그램에 참여하며, 레크리에이션 지도를 교육하기도 한다."라고 나와 있으며 레크리에이션 직무 기술은

표 12-1 레크리에이션 지도자 직무의 흐름도

책무	작업			
A 안내·상담	A-1 여가정보 서비스하기	A-2 행사 의뢰·접수하기		A-3 행사개요 파악하기
B 기획·제작	B-1 사전답사 및 자료수집하기	B-2 프로그램 기획하기	B-3 조직 구성하기	B-4 제작 및 준비하기
C 지도·진행	C-1 담당자 사전 협의하기	C-2 장비·시설 설치하기		C-3 진행하기
D 여가교육	D-1 학교 교육하기	D-2 직장인 교육하기		D-3 강습회 교육하기
E 관리	E-1 소품 및 장비 관리하기	E-2 인사 관리하기	E-3 프로그램 관리하기	E-4 예산 관리하기

자료: 한국직업훈련능력개발원(2000)

개인이나 단체의 건강하고 풍요로운 생활의 재충전을 위하여 여가와 레크리에이션에 관한 안내·상담을 하며, 프로그램을 기획·제작·운영·관리해주는 역할과 지도력을 제공하는 자로 명시되어 있다. 〈그림 12-1〉는 레크리에이션 지도자의 직무 흐름도를 나타낸 것이다.

레크리에이션에 관한 기획, 프로그램 진행, 관리 등을 성공적으로 수행하느냐 못하느냐의 여부는 오직 지도자의 역량에 의존한다. 레크리에이션의 발상지라 할 수 있는 미국의 레크리에이션 협회에서 레크리에이션 지도자의 자격을 다음과 같이 설정했다.

① 개인의 가치와 존엄성을 인정하려는 의식
② 사람들의 흥미나 요구에 대한 이해
③ 생활의 기쁨이나 사는 수단에 대한 이해 및 그것을 실현하려는 열의
④ 유머(humor)
⑤ 봉사하려는 의욕
⑥ 창조적 표현을 통해서 개인의 성장 및 발달에 대한 관심
⑦ 다른 사람의 의견 및 개성에 대하여 가지는 호의적인 태도
⑧ 예리한 통찰력
⑨ 민주적으로 사물을 보고 운영해 나가는 능력
⑩ 민주적인 진행 방법과 자치의 가치에 대한 확신
⑪ 기분 좋은, 또는 호의적인 성격
⑫ 조직력
⑬ 생산적 에너지와 열의
⑭ 사람들과의 협조
⑮ 심신의 건강

2 영유아 레크리에이션 지도자의 준비와 자질

1 | 영유아 레크리에이션 지도자의 준비

영유아 레크리에이션을 실시하기 위해 지도자가 사전에 준비해야 할 사항은 구체적으로 다음과 같다.

① 행사 전에 행사를 할 수 있는 장소를 선택해야 하며, 참가자의 성격을 파악하여 연령과 지위를 초월시킴으로써 행사 분위기를 살려야 한다.
② 게임에 있어서 게임의 내용을 완전 소화시키고, 짧은 시간 내에 참가자를 이해시키고, 경우에 따라서는 임기응변할 수 있는 사전 준비가 되어 있어야 한다.
③ 게임은 활동적이고 의욕적인 것이어야 하고, 특수한 분야에 대한 것보다는 대중적인 것이 많아야 한다.
④ 게임에 의미를 부여함으로써 참가자의 지적 향상 및 레크리에이션의 특수성을 갖게 하고, 여가 선용을 주장해야 한다.
⑤ 피곤해하면 안 되고 진행 도중 절대로 화를 내지 않으며, 항상 활동적이고 명랑한 분위기를 만들어야 한다.
⑥ 게임에 있어서 창작적 요소가 많은 것을 가르쳐 주어야 하고, 그 게임과 호흡이 맞아야 한다.
⑦ 경험이 많아야 하며, 새로운 게임은 장단점을 찾아내어 실용화한다.
⑧ 안전사고에 대비를 한다. - 시설과 환경 요인, 도구 및 지도 요인
⑨ 행사가 끝난 다음에는 반드시 평가하는 습관을 가짐으로써 다음에 대처할 수 있는 마음가짐을 갖는다.
⑩ 행사에 관한 모든 것을 기획하고 문서화한다.
⑪ 여유 있게 프로그램을 준비하고 평가를 통해 다음 행사에 대비한다.

2 | 영유아 레크리에이션 지도자의 자질

(1) 영유아 레크리에이션의 지도자가 갖추어야 할 내용

① 행동적일 것

② 시간을 잘 지킬 것

③ 음악을 알 것

④ 율동을 알 것

⑤ 풍부한 언어 구사

⑥ 연출을 할 것

⑦ 겸손할 것

⑧ 명령적일 것

⑨ 게임의 기교를 알 것

⑩ 정확한 대상을 파악할 것

⑪ 침착할 것

⑫ 대담할 것

⑬ 갈팡질팡하지 말 것

⑭ 유연성을 풍부히 할 것

⑮ 임기응변에 능할 것

⑯ 첫인상은 부드럽게 할 것

⑰ 행사 분위기에 어울리는 복장

⑱ 자신 있는 얼굴 표정

⑲ 성냄과 지치는 것은 금물

⑳ 자료를 아껴서 쓸 것

(2) 영유아 레크리에이션 지도자의 요건

① 영유아들을 따뜻하게 대할 수 있는 사랑과 이해가 있어야 한다.

② 긍정적으로 받아들일 수 있는 태도와 자질이 있어야 한다.

③ 관용과 인내심이 있어야 한다.

④ 통찰력과 창의력이 좋아야 한다.

⑤ 단정한 옷차림과 건강하고 좋은 인상이어야 한다.

⑥ 교양과 학식이 갖추어져 있어야 한다.

(3) 영유아 레크리에이션 진행시 지도자의 유의점

① 흥미 있게 진행한다.

② 아동의 마음을 읽어야 한다.

③ 눈길을 골고루 보내야 한다.

④ 이름을 불러 주도록 노력해야 한다.

⑤ 설명은 짧게 한다.

⑥ 표정과 동작은 이야기 내용과 일치되어야 한다.

⑦ 정확한 발음과 쉬운 언어 구사를 한다.

⑧ 건전하고 교육적 효과가 있어야 한다.

⑨ 공평하게 진행해야 한다.

⑩ 다양한 내용으로 구성한다.

⑪ 유아의 연령과 능력 수준을 고려한다.

⑫ 분위기에 따라 융통성이 있어야 한다.

⑬ 프로그램과 프로그램 사이에 공백이 없도록 한다.

⑭ 위험하고 비윤리적인 놀이는 피한다.

⑮ 재료나 시간을 낭비하지 않도록 한다.

⑯ 일관성 있게 진행한다.

⑰ 아동의 감정을 소중하게 생각한다.

⑱ 꾸지람보다 칭찬을 많이 한다.

⑲ 유아에게 알맞은 종목을 선택한다.

3 영유아 레크리에이션 지도자의 관중 공략법

영유아 레크리에이션 지도자로서 관중을 공략하는 방법은 다음과 같다.

① 첫째도 개성, 둘째도 개성

남자는 개성 있게, 여자는 빨리 자기의 개성을 찾아라.

② '준비, 시작'이란 구호를 꼭 붙여라

- 가사 첫마디가 제목이 되는 경우가 있다. 정확한 제목을 알려 주어야 한다.
- 첫 음을 잡아주어라!
- 지금부터 '고향의 봄' 노래를 불러보겠습니다. 준비, 나의 살던, 하나 둘, 시작(2/4, 4/4- 하나, 둘 시작. 3/4, 6/8- 하나 시작)

③ 웃어라 ! 웃는 얼굴에 침 못 뱉는다

살면서 이것만 생각하면 웃음이 나는 일을 생각하면서 웃으며
"안녕하십니까? 레크리에이션 지도자 ○○○입니다."

④ 오버해라!

"자기는 자기를 자기라고 부르는데 자기는 자기를 뭐라 불러야 돼, 자기!

⑤ 발음이 정확해야 한다

- 저 잉꼬 새장 안에 있는 잉꼬 새는 알을 깐 잉꼬 새인가 알을 안 깐 잉꼬 새인가 ?
- 중앙청 창살 쌍창살 ! 경찰청 창살 쌍창살 ! ('ㅊ'과 'ㅋ'의 발음 어려움)

⑥ 스킨십을 이용해라

오른쪽으로 돌아. 주물러 주세요. 밑으로 두 손을 모아 머리를 두들긴다. 이게 그 유명한 골 때리는 것입니다. '나의 살던 고향은' 노래에 맞춰 주무르다가 간지럼

⑦ 얼굴에 두꺼운 철판을 깔아야 한다.

　친척 중 포항제철에 근무하는 사람이 있어야 한다.

· "나는 할 수 있다."

· "나는 뻔뻔하다."(5번씩)

· 디스코 시작(제2의 애국가에 맞춰 – 남행열차)

· 무슨 이야기든지 30초 동안 수다 떨기

4 영유아 레크리에이션의 미래

영유아 레크리에이션도 일반적 놀이와 함께 우리 인류의 역사와 명맥을 같이 했음은 물론이고, 시대적 상황에 따라 서로 다르게 이해되어 왔다. 과거에 유아들은 부모 형제 혹은 동료들과 함께 맑은 공기, 오염되지 않은 주변 환경들을 만끽하면서 부모 형제 혹은 동료들과 함께 자연친화적 생활을 즐길 수 있었으며, 과도한 긴장에 노출되는 경우가 적었다.

　그러나 현대의 유아들은 어떤가? 핵가족화, 맞벌이, 과외공부 등으로 부모 형제들과 함께 할 수 있는 시간을 크게 침해당하고 있으며, 오염된 공기와 주변 환경, 아파트 생활들에 따른 자연과의 차단은 물론, 각종 공해, 교통사고 등의 위험이 항상 도사리고 있다. 또한 자동화 기계화, 교통기관의 발달로 인하여 운동의 기회는 점점 축소되어 나약한 비만아가 대부분이다. 이러한 현실에서 유아놀이에 대한 체계적 연구와 보급은 당연한 기성세대의 책무라 할 수 있다.

　유아의 관심을 끄는데 가장 중요한 요소는 웃게 하는 것이다. 이는 21세기 세계화·정보화 시대를 주도할 미래의 주인공인 유아들에게 다양한 레크리에이션을 통해 행복한 웃음을 제공하는 것은 유아의 삶에 매우 중요하기 때문이다. 유아 레크리에이션 교육현장에서 시설이나 교육 체계 등도 중요하지만 역시 가장 중요한 요인은 지도자이다. 지도자에 의해서 교육의 효과와 능률이 결정되고 유아들의 신체적, 정신적, 그리고 지적 발달이 결정되기 때문이다. 즉, 아무리 좋은 시설이나 교육 프로그램이 있다고 하여도 지도자를 통하지 않고는 유아들에게 실천으로 옮겨질 수 없기 때문에 훌륭한 유아 레크리에이션의 교육을 위해서는 바람직한 지도자가 필요하다.

어떤 분야를 막론하고 교육하는 지도자는 중요한 역할을 담당하고 있지만, 특히 유아 레크리에이션 지도자의 역할이 중요하다는 것은 많은 학자들에 의해 주장되고 있다. 그 이유는 사람의 성격이나 신체적 건강의 기초가 유아기에 이루어지며 이 시기가 인지적, 정의적, 그리고 심동적 영역이 급속히 발달하는 시기이기 때문이다. 특히 처음으로 경험해 보는 활동은 평생 동안 남게 되는 기억으로 남게 된다는 점도 간과할 수 없는 것이다.

현재 누리과정에서 행해지고 있는 유아교육과정의 구성방침이 추구하는 인간상은 '심신의 건강과 조화로운 발달을 도와 바른 인성을 갖춘 민주시민의 기초를 형성'하는 것을 목적으로 한다. 따라서 현행 유아교육과정의 5개 발달영역(신체운동·건강, 의사소통, 사회관계, 예술경험, 자연탐구)가운데 유아 레크리에이션과 관련된 부분은 신체운동·건강영역과 사회관계영역으로서, 유아는 신체·언어·인지·정서 및 사회성 발달이 미분화 상태에 있으며, 행동도 전체적이고 복합적으로 나타나는 특성을 가지고 있으므로 유아 레크리에이션 활동은 이러한 모든 영역을 통합하여 지도하는 것이 보다 발달 지향적이다. 또한 유아 레크리에이션에 관한 이론적 배경을 기초로 하여 실제에 대한 연구가 체계적으로 이루어져서 그들을 위한 활동 방법에 오류를 최소화하는 데 기성세대가 앞장서야 할 것이다.

영유아 레크리에이션과 유머

CHAPTER
13

영유아
레크리에이션과
유머

1 유머의 의미

유머(humor)는 인류가 공동생활을 하게 되면서 곤경에 처했을 때 찾아낸 일종의 문명이라 할 수 있다. 유머는 유쾌한 방식으로 사람들의 진심과 마음의 선을 표현하며 일종의 지혜의 표현이기도 한다. 유머 감각을 지닌 사람들은 어디에서나 환영을 받고, 많은 인간관계의 충돌 혹은 난처한 상황에서도 화해를 하게 한다. 다른 사람에게 기쁨을 가져다주는 사람 사이의 거리감을 없애주는 것이 유머이다.

미국 공화당 대통령 후보였던 밥 돌(Bob Dole) 전 상원의원은 2000년 자신의 저서《대통령의 위트》[34]에서 '세상에서 가장 스트레스가 많은 대통령 업무를 수행하는 데 웃음은 감정적인 안전밸브'라고 지적한다. 그의 책에는 미국 역대 대통령의 유머 순위가 매겨져 있다. 1위는 '가장 위대하고 가장 재미있는 대통령'이라는 링컨(Abraham Lincoln, 1809~1865), 2위는 '배우로서 결코 타이밍이 어긋나는 법이 없었던' 레이건(Ronald Reagan, 1911~2004),

---

34 김병찬 역(2013), 대통령의 위트: 조지 워싱턴에서 조지 W. 부시까지, 아테네

3위는 '자신과 미국이 공황과 세계대전을 극복하는데 도움이 된 위트를 구사한' 루스벨트(Franklin Roosevelt, 1882~1945)가 차지했다. 실제로 링컨과 레이건의 유머 감각에 관한 일화는 유명하다.

링컨의 평생 라이벌인 스티븐 더글러스가 링컨을 보고 '두 얼굴의 가진 사나이'라고 했을 때 링컨은 청중을 향해 침착하게 말했다. "여러분들 판단에 맡깁니다. 만일 제게 또 다른 얼굴이 있다면 지금 이 얼굴을 하고 있을 거라고 생각하십니까?" 청중은 폭소했고, 더글러스는 링컨의 농담 한마디가 "등 뒤를 후려치는 것 같다."고 탄식했다. 링컨은 남북전쟁 와중에도 "나는 울면 안 되기 때문에 웃는다."고 했다. 웃음에 고통을 치유하는 힘이 있음을 누구보다 잘 안 것이다. 1981년 3월 레이건은 총에 맞아 병원에 실려 갈 때 혼비백산한 경호원들을 안심시키기 위해 "총에 맞고도 죽지 않은 것은 정말 기분 좋은 일이야."라며 유머를 잃지 않았고, 수술을 받은 뒤 부인 낸시 여사에게는 "예전처럼 영화배우였다면 잘 피할 수 있었을 텐데…"라고 말했다. 남편의 모습에 고통스러워하는 아내를 위로하기 위해 건넨 말이었다. 수술실에 들어온 의사들에게는 "당신들이 모두 공화당원이었으면 좋겠소."라고 말하면서 성공적인 수술을 부탁했다. 이런 유머는 국민을 안심시키는 묘약이 되었으며, 이 한마디로 그의 지지율은 83%까지 올랐다.

그림 13-1 레이건

레이건은 어떻게 생사 고비의 순간에도 웃음과 유머를 잃지 않고 위기의 순간을 의연하게 대처할 수 있었을까? 그는 누구보다 유머의 힘을 잘 알고 있는 지도자였다. 1984년 레이건 대통령이 재선에 출마했을 때 나이가 73세였다. 53세라는 젊은 나이의 상대 후보 먼데일 전 부통령은 TV 토론에서 레이건의 고령을 트집 잡았다. 그러자 레이건은 "나는 이번 선거에서 나이를 문제 삼지 않겠다. 당신의 '젊음'과 '무경험'을 정치적 목적에 이용하지 않겠다."는 유머로 응수했다. 그 후 선거에서 정책 대신 대통령의 나이를 문제 삼은 먼데일은 자기 출신 주를 제외한 나머지 49개 주에서 완패했다.

이렇듯 유머는 죽음이라는 극한상황뿐만 아니라 위기의 순간을 화해와 기회의 순간으로 바꿔 놓을 수 있는 강력한 힘을 가진 바이러스이다.

유머라는 말은 원래 액체와 습기의 의미에서 기본(stimmung)의 뜻으로 전환되었다. 그 후 좋은 기분과 비위에 맞는 것(gute stummung. gute laune)으로 사용되어 오다가 오늘날의 유머로 자리를 잡았다. 웹스터 사전(2001)에는 유머를 ① 우연한 사건, 행동, 상황 혹은 아이디어의 표현에 있어서 나타나는 특질로서 웃음이나 부조화 혹은 어색함을 유발사키는 것(웃음이나 즐거움), ② 아이디어, 상황, 우연한 사건 또는 행동에서 웃음이나 부조화적인 요소를 발견하고 표현하고 평가하는 정신적인 노력(우스꽝스러운 모방 혹은 표현), ③ 우습게 하려는 행동이나 노력으로 정의하고 있다. 빅터 보즈(Victor Borge)는 "웃음은 두 사람 간의 제일 짧은 거리이다."라고 했다. 미인데스(Mindess)는 유머를 일종의 몽롱한 언어로 "유머는… 일종의 심정이고 일종의 이해와 생활체험의 태도이다. 이는 인생관이고, 특수한 시점이며, 치료의 효능으로 우리의 실패와 성공을 자연스럽게 통제할 수 있고 현실과 환상을 초월하며 소박한 생활 중에서 휘황함을 덩을 수 있다."고 했다. 칸트(Immannuel Kant, 1724~1804)는 '웃음을 유발하는 것은 긴장된 기대가 아무것도 아닌 것으로 급작스럽게 변하는 것'이라고 했고, 프로이트(Sigmund Freud, 1856~1939)는 유머를 '유아기의 놀이적 마음 상태로 돌아가게 하는 어른의 해방감'이라고 해석하고 그 분류를 목적성이 있는 것과 목적성이 없는 것으로 나누었다. 이러한 유머는 레크리에이션에서 빠질 수 없는 매우 중요한 요소이다. 시대가 변화함에 따라 유머도 달라지고 있다. 즉, 정열적인 몸짓으로 사자후(獅子吼)를 토하며 군중을 사로잡던 웅변가의 시대는 지났다. 대화의 시대인 오늘은 인간의 마음을 공감시킬 수 있는 자연스러운 표정과 여유 있는 설득력을 요구하고 있다.

영유아 레크리에이션의 게임에 있어서의 웃음은 첫째, 악의나 비난, 야유 또는 가시가 돋친 풍자는 안 된다. 둘째, 누구에게도 상처를 주지 않는 웃음거리이어야 한다. 셋째, 육체적 결함 따위를 대상으로 하면 안 된다. 넷째, 전화위복의 화제로 그 장소의 분위기를 새롭게 해야 한다. 다섯째, 사태에 맞춰 천변만화(千變萬化)한 이야기여야 한다. 마지막으로, 너무 생생한 느낌을 주는 것은 안 된다.

1 | 유머와 인간과의 관계

① 유머와 신체건강

웃음은 면역체계와 소화기관을 안정시켜 암을 비롯한 모든 질병의 예방과 치료에 매우 효과적이다. 실제로 잘 웃는 사람은 그렇지 않은 사람보다 건강하게 오래 산다. 그 이유는 웃는 순간 스트레스를 말끔히 날려 보내면서 면역체계와 소화기관이 강화되기 때문이다.

② 유머와 산소

사람에게 꼭 필요한 것 중 하나가 바로 산소이다. 산소가 없으면 사람은 단 몇 분도 못 견디고 죽는다. 사람이 웃을 때는 체내 산소 흡입량이 평소보다 무려 6배가 들어온다. 잘 웃는 사람은 산소 같은 사람이다.

③ 유머와 내장기관

웃으면 모든 장을 마사지할 수 있다. 특히 간장과 위장에 좋으며 심장을 튼튼하게 한다. 우리가 배꼽을 쥐고 웃다 보면 속이 시원해진 경험이 있을 것이다. 이는 웃음으로 인해 모든 내장기관이 구석구석 마사지가 되기 때문에 느끼는 것이다.

④ 유머와 다이어트

한 번의 폭소는 5분 동안의 에어로빅 효과를 준다. 짧은 순간이지만 대단한 유산소 운동의 결과를 얻을 수 있다. 따로 돈 들이지 않고, 에어로빅 복장을 갖추지 않으며, 장소에 구애 없이 간편하게 다이어트 효과를 볼 수 있다.

⑤ 유머와 아랫배

배꼽을 쥐고 눈물을 찔끔찔끔 흘리면서 웃은 경험이 있을 것이다. 이렇게 웃고 나면 온몸의 긴장이 풀리면서 아랫배가 아프다. 이는 격렬한 복근운동을 했기 때문이다. 튀어나온 아랫배 때문에 스트레스 받는 사람은 울지 말고 웃어야 한다. 옛날에 입던 바지를 다시 꺼내 입을 수도 있다.

⑥ 유머와 마음의 벽

초면이거나 친숙하지 않은 사람과의 만남은 의례 마음의 벽이 가로막기 마련이다. 어쩔 수 없는 상황이라고 하기엔 너무 불편하다. 이럴 때에 유머를 구사하면 마음의 벽을 한방에 날려 보낼 수 있다.

⑦ 유머와 윤활유

윤활유가 없는 엔진을 탑재한 자동차를 운전한다면 소음도 심하고 엔진 과열로 인해 큰 불편과 사고를 만나게 될 것이다. 대화에 있어서 유머가 없는 사람을 만난다면 인간관계가 불편하고 사막 위를 걷는 기분일 것이다. 유머는 인간관계의 대화에서 자동차의 윤활유 역할을 한다.

2 고전 유머 프로그램

1│ 엘리베이터 안의 10가지 감정

① 초조 : 여러 사람과 같이 탔는데 방귀가 나오려고 할 때
② 기쁨 : 혼자만 있는 엘리베이터에서 시원하게 한 방 날렸을 때
③ 감수 : 역시 냄새가 지독할 때
④ 창피 : 냄새가 채 가시기도 전에 다른 사람이 탔을 때
⑤ 고통 : 둘만 타고 있는 엘리베이터에서 놈이 지독한 방귀를 뀌었을 때
⑥ 울화 : 방귀 뀐 놈이 마치 자기가 안 그런 양 딴청을 피울 때
⑦ 고독 : 방귀 뀐 놈은 사라지고 혼자 남아 놈의 체취를 느끼고 있을 때
⑧ 억울 : 놈의 체취가 채 가시기도 전에 다른 사람이 타면서 얼굴을 찡그릴 때
⑨ 황당 : 엄마 손 잡고 올라탄 꼬마가 나를 가리키며 "엄마 저 사람 방귀 뀌었나 봐." 할 때
⑩ 분통 : 엄마가 아이에게 "누구나 다 방귀는 뀔 수 있는 거야." 하며 꼬마를 타이를 때

2│ 주색잡기

주색잡기(酒色雜技)에 능한 난봉이는 배의 선원이었다. 배가 난파되어 무인도에서 몇 달을 지내고 있던 어느 날, 천사가 나타나 난봉이의 처지를 가엾게 여겨 가장 갖고 싶은 것 두 가지 소원을 들어주겠다고 말했다. 난봉이는 흥분을 감추지 못하고 침을 튀기며 말했다.

"제일 좋은 프랑스제 포도주 한 상자하고, 지금까지 이 세상에 산 여자 중 제일 가는 여자 한 명을 데려다 주십시오." 잠시 후 '펑!' 하고 난봉이 앞에는 샴페인 한 상자와 테레사 수녀가 나타났다.

3│ 건강한 치아 보존법

건강한 치아를 오래 유지하려면, 다음 3가지 규칙을 잘 지켜야 한다.
① 식후에 반드시 칫솔질을 할 것(3분 안에 3분 동안)
② 1년에 두 번은 치과의사를 찾아갈 것
③ 남의 일에 쓸데없이 말참견하지 말 것

4│ 꼬마의 아파트

25층짜리 고층 아파트 꼭대기에 사는 꼬마가 있었다. 이 꼬마는 1층으로 내려올 때는 엘리베이터를 이용했지만, 1층에서 25층으로 올라갈 때는 늘 엘리베이터를 23층까지만 타고는 24층과 25층은 걸어서 올라갔다. 왜냐?
정답 : 꼬마는 숏다리니까!!

5 | 투캅스

초대형 쇼핑센터에 도둑이 들었다는 연락을 받고 경찰이 비상 출동했다.

그러나 도둑은 거미줄같이 삼엄한 경계망을 뚫고 유유히 사라졌다.

고참 : 어떻게 했기에 놓쳤어 이 멍청아! 출구를 다 막으라고 했잖아, 짜샤!

신참 : 출구는 분명히 다 막았습니다. 그런데 아, 글쎄 그 놈이 입구로 도망갔지 뭡니까?

6 | 모이면 살고 흩어지면 죽는다

삼식이가 6·25전쟁에 일등병으로 참가했다. 하루는 소대장이 소대원들을 모아놓고 말했다. "모이면 살고 흩어지면 죽는다." 그때 어디선가 쒸~잉 소리를 내면서 수류탄이 하나 날아왔다. 삼식 일병이 갑자기 일어나더니 소대원들을 향해 소리쳤다. "모여!"

7 | 식후 세 알씩

삼식 : 의사 선생님, 제 귀에 이상이 있나 봐요. 요즘 들어서는 제 방귀소리조차 잘 들리 지 않거든요.

의사 : 그러면 식후에 이 알약을 꼭 세 알씩만 복용하십시오. 금방 효과가 나타날 겁니다.

삼식 : 우와! 그럼 이게 귀가 밝아지는 약인가요?

의사 : 아닙니다. 방귀소리를 크게 하는 약입니다.

3 유머를 위한 준비

유머는 현대사회의 중압감과 스트레스를 풀어주는 최고의 수단으로 현대사회를 고려한 유머의 개념은 유머의 최종 목적이 웃음을 만드는 그 자체에 있는 것이 아니라 웃음을 통하여 마음의 평안과 기쁨, 여유를 주는 것이다. 특히, 정서적으로 메마른 현대인들에게 즐거움과 재미를 주는 유머의 기능은 점점 확대되어지며 이러한 경향은 정서적 공감과 정신적 만족감을 바탕으로 이루어진다.

유머 감각 향상을 위한 이론적인 접근과 정보를 제공해 볼 수 있다. 충분히 생각하면서 읽고, 자신의 유머 마인드에 새긴다면 유머 감각을 키우는 데 큰 도움이 될 것이다. 들어가기에 앞서 먼저 알아두어야 할 것은 마인드와 하트의 차이다. 육체의 심장이나 자연 상태에서의 마음은 하트(heart)이고, 학습과 경험을 통해서 구조화된 일정한 틀(패러다임)을 갖고 있는 마음은 마인드(mind)이다. 따라서 여기서는 유머 하트보다 유머 마인드, 즉 유머 감각 개발에 주안점을 두었다.

4 유머로 접근하는 방법

1│ 사람은 왜 웃나?

인간의 간질병에 대한 연구를 하던 중 의외의 소득이 있었는데, 손발을 관장하는 4제곱센티미터의 사지통제 신경조직 바로 앞부분(왼쪽 뇌의 중 상위 부분)이 자극을 받으면 사람이 웃는다는 것을 발견했다. 이것이 우리들이 오래 전부터 이야기해오던 웃음보이다. 이곳을 자극할 수만 있다면 사람을 웃길 수 있다.

① 웃음보를 자극하면?

인간의 입력기관인 오감, 즉 시각, 청각, 촉각, 미각, 후각을 통해 생각을 자극하면 웃음보를 자극할 수 있다. 이 때 웃음이 터져 나오는데, 웃음보가 약하게 자극 받으면 미소가 나오고, 강하게 자극받으면 폭소가 나온다.

② 웃음보를 자극하는 방법

웃음보를 자극하는 방법은 크게 세 가지로 나눈다. 첫째, 갑작스런 영광의 기쁨을 맛보게 하는 것, 둘째, 빗나간 상식이나 이성을 전달하는 것, 셋째, 언어의 유희이다.

③ 갑자기 찾아온 영광

사람은 자신보다 한 수 위인 사람에게는 긴장상태가 되고, 한 수 아래인 사람에게는 이완상태가 된다. 웃음은 이완상태에서 나오는 반응으로 자신보다 어리석거나 멍청한 상황을 만나면 웃게 되고 이것이 자신의 자긍심이나 중요감(重要感)으로 연결된다. 자긍심이나 중요감은 곧 갑작스런 영광의 기쁨으로 이어지고 웃음보를 자극한다.

예문) 누구나 돌부리에 걸려 넘어지거나 얼음판 위에서 발이 미끄러져 엉덩방아를 찧은 경험이 있을 것이다. 본인이 당하면 창피하고 몸 둘 바를 모르겠지만, 남이 넘어지는 광경을 목격하면 폭소가 터진다. 이처럼 웃음은 '나는 최소한 너처럼 어리석거나 멍청하지는 않다.'라는 갑작스런 영광의 기쁨을 맛보았기 때문에 웃게 된다.

④ 빗나간 상식이나 이성

웃음을 자극하는 또 하나의 방법으로 빗나간 상식이나 이성이 있다.

사람은 긴장 상태에서 이완상태로 넘어갈 때 심리적으로 편안해지면서 마음의 여유를 찾고 웃음을 웃게 되는데, 빗나간 상식이나 이성이 긴장상태에서 이완상태로 이끌어 준다.

예문) 누구나 한번쯤 학창시절에 고사성어나 속담을 엉뚱하게 해석하여 웃은 기억이 있을 것이다. 이러한 것들이 바로 빗나간 상식이나 이성이 되어 웃음보를 자극한다. "백짓장도 맞들면 찢어진다.", "가다가 중지하면 간만큼 이익이다.", "삶이 너를 속인다면 112로 신고해라." 등이 예가 된다.

2 │ 언어의 유희

언어의 유희는 과장과 축소, 풍자하기, 단어 비틀기, 반대말 반죽하기, 억지 부리기, 같은 말 반복하기, 공통점과 차이점 찾기 등 여러 가지가 있다.

① 때와 장소
유머를 구사할 때 주의할 점은 지금이 유머를 할 때인지, 유머가 필요한 장소인지를 판단해야 한다. 왜냐하면 때와 장소를 못 맞춘 유머는 천덕꾸러기가 되기 때문이다. 상갓집에 문상 가서 개그를 할 리는 없지만, 때와 장소를 못 가리는 유머도 이에 못지않다.

② 눈높이 유머
재미있고 웃기는 얘기라고 해서 남녀노소 모든 이에게 통하는 것은 아니다. 남자끼리 또는 여자끼리 있을 때 적합한 것이 있고, 노인용, 성인용, 청소년용, 그리고 유아용이 엄연히 따로 존재한다. 잘 분별해야 할 일이다.

③ 유머 퀴즈 활용법
대상에 어울리는 유머는 금상첨화(錦上添花), 일석이조(一石二鳥)이다. 유머 퀴즈의 내용은 자기 자신을 기준으로 삼지 말고 모임의 성격과 대상의 수준에 따라서 선택한다. 일반적으로 어린이에게는 수수께끼를, 청소년에게는 난센스 퀴즈를, 성인에게는 약간 색깔이 있는 유머 퀴즈를 활용하는 것이 효과적이다.

④ 유머 활용법
"유머는 감춰지거나 억압된 스트레스와 원망을 일시적으로 해소시킴으로써 인간에게 쾌감을 주고 동시에 공포감을 완화시켜 준다. 또한 곤란한 일이나 대인 접촉 따위를 부드럽게 연결시켜 주는 요소이다."
– 프로이트 –

5 스피치와 유머

스피치(speech)의 사전적 의미는 '말씨, 말하기, 발언' 또는 '말하는 능력'이다. 그러나 일반적인 의미의 스피치는 주어진 시간과 장소에서 다수의 사람을 대상으로 기술적으로 말하는 것을 뜻한다. 즉 상대방에게 일방적으로 의사를 전달하는 의미로 쓰이며, 커뮤니케이션은 상대방과 상호작용을 통해 말을 주고받는 것으로 스피치는 여러 상황을 고려했을 때 상대방과 상호작용을 하면서 커뮤니케이션을 통해 설득하는 행위이다. 스피치의 중요성을 살펴보면 첫째, 스피치는 인간관계의 근간이다. 인간은 커뮤니케이션을 통해 그 관계를 형성하고 지속시키며, 발전시켜 나가게 된다. 둘째, 스피치는 능력의 척도이다. 현대사회에서 어떤 능력을 갖고 있다는 의미는 그 능력을 효과적으로 표현할 수 있는 능력을 가리킨다. 셋째, 수준 높은 스피치가 요구된다. 매스미디어는 스피치 능력을 더욱 중요하게 여기도록 만들면서, 동시에 보다 질 높은 스피치 능력을 요구한다. 넷째, 현대는 스피치 시대이다. 사회가 급변하면서 스피치에 대한 관심과 필요성이 점점 높아지고 있다.

스피치는 두 가지 다른 방법으로 나누어 볼 수 있다. 첫번째 방법은 상황에 따른 분류이며, 두 번째 방법은 목적에 따른 분류이다. 상황에 따른 분류란, 연사가 어떠한 상황에서 어떠한 기능으로 스피치를 하느냐를 따져서 분류하는 것이다. 이 방식대로 분류하면 스피치는 크게 발표[35], 진행[36], 참여[37], 대화[38]로 나누어진다. 목적에 따른 분류는 연사가 어떠한 목적을 가지고 청중을 대하느냐에 따라 스피치를 나누는 방식이다. 이 방법으로 분류하는 경우

---

[35] 스피치의 상황 중에서 가장 연사 중심적인 상황은 발표다. 발표란 한 사람의 연사가 다수의 청중을 상대로 스피치를 실행하는 상황으로 정치인의 연설, 웅변가의 웅변, 성직자의 설교나 설법, 교사의 강의, 회사원의 프레젠테이션, 학생의 연구 발표, 학자들의 학술 발표 등을 포괄한다.

[36] 진행이란 여러 사람의 연사가 참석하는 회의, 토론, 대담회, 쇼 등을 한 사람의 연사가 총괄하게 되는 상황을 가리킨다. 따라서 회의 주재자, 토론과 대담 또는 발표회의 사회자, 그리고 쇼의 MC 등이 진행이라는 스피치 상황의 연사가 된다.

[37] 참여란 회의, 토론, 대담회, 쇼 등에 연사로 참석하여 진행 규칙에 따라 자신의 소견을 발표하게 되는 스피치 상황을 가리킨다. 참여는 발표 상황과는 달리 자신의 의견을 한꺼번에 발표하지 않고, 진행자의 요청에 따라 또는 상황의 진전에 따라 부분적으로 발표하는 것이 일반적이다.

[38] 스피치 상황 중에서 듣는 사람, 즉 청중이 가장 능동적으로 참여하는 상황이 대화다. 대화란 말하는 사람, 즉 연사와 소수의 청중이 서로 번갈아 가면서 자신의 의견을 발표하는 상황이다. 대화 중에서 가장 격식 있는 것은 인터뷰 또는 면접이며, 가장 격식이 없는 것은 친구 사이 또는 가족 간의 한담(small talk)이다. 대화는 발표나 진행 또는 참여 상황과는 달리 진행 중에 자료를 참고로 하지 않는 것이 일반적이다.

스피치는 크게 설득 스피치[39], 정보 제공 스피치[40], 유흥 스피치[41], 격려 스피치[42]로 나눈다. 이 두 분류 방식을 교차하여 2차원의 표를 만들면 〈표 13-1〉에서 보는 바와 같이 각 교차 지점에 우리가 알고 있는 다양한 형태의 스피치들이 자리하게 된다.

표 13-1 스피치의 유형

목적 상황	발표	진행	참여	대화
설득	대중 연설	회의 주재	토론 참여	면접
	정치 연설	토론 사회	회의 참여	세일즈
정보 제공	프레젠테이션	패널 사회	패널 발표	보고
	강의	대담 사회	대담 참여	
유흥, 오락	연회 연설	연회 사회	연회 참여	사담
	코믹 연설	쇼 사회	쇼 출연	
격려	격려사	의식의 사회		펩 토크
	축사			

자료 : 임태섭(1997)

---

39) 설득 스피치(persuasive speech)는 연사가 청중을 설득하기 위해서 실시하는 스피치다. 설득이란 청중으로 하여금 자신이 주장하는 바를 믿도록 하는 행위를 말한다. 따라서 자신이 좋아하는 것을 청중도 좋아하게 하고 자신이 싫어하는 것을 청중도 싫어하게 만들며 자신의 소견과 비전을 청중이 높이 사게 하는 것이 설득 스피치의 목적이다.

40) 정보 제공 스피치(informative speech)는 연사가 청중에게 지식이나 정보를 전달하기 위해서 행하는 스피치를 가리킨다. 자신의 연구나 조사 결과, 자신의 전문 지식, 그리고 자신이 수집한 정보 등을 전달함으로써 청중의 이해를 돕고자 하는 것이 정보 제공 스피치의 목적이다. 대표적인 정보 제공 스피치로는 강의나 강연, 프레젠테이션, 보고, 시범, 지시 등을 꼽을 수 있다.

41) 유흥 스피치(entertainment speech) 또는 오락 스피치는 즐거운 분위기를 조성하고 청중을 유쾌하게 만들고자 행하는 스피치다. 유흥 스피치 중에서 대표적인 것으로는 코미디언을 위시한 연예인들이 각종 쇼에 출연하여 행하는 우스갯소리를 들 수 있다. 일반인 역시 서로의 우호를 다지기 위해서 동창회나 계모임, 연회나 파티 등 갖가지 '자리'를 마련하는데, 이런 자리의 호스트나 주빈은 사람들의 성화에 못 이겨 반드시 '한 말씀' 하게 된다. 이럴 때 행하는 되는 스피치 역시 유흥 스피치다.

42) 격려 스피치(inspirational speech)란 청중에게 활력과 영감을 불어넣어 주기 위해서 행하는 스피치다. 큰일을 앞두고 있거나 힘든 일을 치르고 난 사람들에게 지난날의 수고를 치하하고 용기 있게 미래를 향해 돌진할 수 있도록 그들의 정신력을 고무시키는 것이 격려 스피치의 주된 목적이다. 격려 스피치로는 결혼식의 주례사, 사무직 등의 식사나 치사, 입학식과 졸업식의 격려사나 축사 등을 들 수 있다. 세계적으로 볼 때 가장 대표적인 격려 스피치는 스포츠 팀의 코치가 경기를 앞두고 선수들을 상대로 행하는 펩 토크(Pep Talk)이다.

스피치의 기본 훈련으로 정확한 발음 훈련은 레크리에이션의 소재로 활용할 수 있다. 또한 스피디한 단어의 전개는 청취자로 하여금 딴 생각이 들지 못하게 하는 장점이 있다. 그러나 실수를 하면 수습하기가 매우 어려운 단점도 있다. 말의 시작은 부드럽게, 말끝은 흐리지 말고 분명하게 발음한다. 어려운 발음이나 중요한 부분은 천천히 발음하고, 파열음(ㄱ, ㅋ, ㄲ, ㄷ, ㅌ, ㄸ, ㅂ, ㅍ, ㅃ)은 부드럽게 발음한다.

예문) 이 콩깍지는 깐 콩깍지냐? 안 깐 콩깍지냐?

　　경찰청 경, 경찰청 찰, 경찰청 청, 경찰청 경찰, 경찰청 찰청, 경찰청 경찰청

참고자료 잰말 놀이 (발음하기 힘든 문장)

잰말 놀이(Tongue Twister) 또는 빠른 말 놀이는 빨리 발음하기 어려운 문장을 빠르게 말하는 놀이이다. 각 단어의 발음이 서로 비슷하여 빨리 발음하기 어려운 문장을 빨리 읽는 놀이이다. 빠르게 발음하면서 말을 더듬지 않는 게 관건이라, 아나운서나 성우 등의 방송에 출연하는 직업인들에게는 필수적인 통과 코스이기도 하다.

　다음에 제시하는 어려운 말 연습을 많이 하면 막히는 발음, 더듬는 발음, 어려운 발음이 잘 나오게 된다. 발음 교정을 위해 발음하기 까다로운 문장을 정확히 말할 수 있도록 하는 훈련법이다. 발음이 어려운 낱말은 항상 다음 3단계 방법으로 연습한다.

　첫째, 한 글자씩 끊어서 스타카토(Staccato) 식으로 읽는다.

　둘째, 레카토(Legato)로 이어서 읽되 속도를 느리게 천천히 읽는다.

　셋째, 정상속도로 읽는다.

① 간장공장 공장장은 강 공장장이고, 된장공장 공장장은 공 공장장이다.

② 저기 있는 저분이 박 법학박사이시고, 여기 있는 이분이 백 법학박사이시다.

③ 저기 가는 저 상장사가 새 상 상장사냐 헌 상 상장사냐?

④ 저기 있는 말뚝이 말 맬 말뚝이냐, 말 못 맬 말뚝이냐?

⑤ 한양 양복점 옆 한영양복점, 한영 양복점 옆 한양양복점

⑥ 사람이 사람이라고 사람인줄 아는가? 사람이 사람 구실을 해야 사람이지.

⑦ 들에 콩깍지는 깐 콩깍지냐 안 깐 콩깍지냐? 깐 콩깍지면 어떻고 안 깐 콩깍지면 어떠하냐? 깐 콩깍지나 안 깐 콩깍지나 콩깍지는 콩깍지인데.

⑧ 백양 양화집 옆에 백양 양화점, 백양 양화점 옆에 백양 양화점

⑨ 앞집 팥죽은 붉은 풋 팥죽이고, 뒷집 콩죽은 햇콩 단콩 콩죽이다.

⑩ 멍멍이네 꿀꿀이는 멍멍 해도 꿀꿀 하고, 꿀꿀이네 멍멍이는 꿀꿀 해도 멍멍 하네.

⑪ 내가 그린 구름 그림은 새털구름 그린 구름 그림이고, 네가 그린 구름 그림은 깃털구름 그린 구름 그림이다.

⑫ 내가 그린 기린 그림은 긴 기린 그림이냐, 그냥 그린 기린 그림이냐?

⑬ 저기 저 깡통은 속 빈 깐 깡통일까요? 속 안빈 안 깐 깡통일까?

⑭ 생각이란 생각할수록 생각나는 것이 생각이므로 이왕이면 좋은 생각에서 좋은 말하는 사람이 되는 것이 옳은 생각이다.

⑮ 저 영감집 감나무 감은 곶감 만들 감나무 감이 아니고, 이 영감집 감나무 감은 곶감 만들 감나무 감이다.

⑯ 훨훨훨 날아가는 나비가 활활활 타오르는 불길을 보고 훌훌훌 날개를 털어 불을 끄려해도 홀홀홀 타오르는 불길

⑰ 앞집 뒷집 윗집 아랫집 대문은 철대문이고 앞집 건넛집 대문은 사립문 대문이다.

⑱ 우리 집 유리창 창살은 쌍창살 창살이고 이웃집 유리창 창살은 쇠창살 창살이고 건넛집 유리창 창살은 나무살 창살이다.

⑲ 새근새근 잠자는 아기, 씨근씨근 잠자는 심술쟁이, 쌕쌕 잠자는 나무꾼, 씰룩씰룩 잠자는 나무꾼

⑳ 호호 하하 호하하 호호하 호하호 하호호 하호하 하하호호

㉑ 히히 헤헤 히헤히 히히헤 히헤히 헤히헤 헤헤히 헤헤히히

㉒ 파릇파릇한 새싹 푸릇푸릇한 큰 싹 포롯포롯한 새싹 파롯파롯한 큰 싹

㉓ 앞집 할머니 아랫집 할아버지 옆집 할머니 윗집 할아버지 건넛집 할머니 아랫집 할아버지 모두모두 모여 주세요.

㉔ 구름 구름 뜬구름 구름 구름 먹구름 구름 구름 천둥구름

㉕ 내가 그린 얼룩덜룩 표범 그림은 참 잘 그린 알록달록 표범 그림이고, 네가 그린 알록달록 표범 그림은 참 잘못 그린 얼룩덜룩 표범 그림이다.

㉖ 뭉실뭉실 두리뭉실 호박 같은 내 얼굴 몽실몽실 두리몽실 사과 같은 네 얼굴

㉗ 참깨 들깨 검은깨 깨죽은 아빠가 가장 좋아하시는 참깨 깨죽 들깨 깨죽 검은깨 깨죽입니다.

발음이 어려운 이유는 비슷하지만 서로 다른 소리의 교대로 인한 어려움, 모음조화, 동화, 이화 등의 음운 현상에 반대되는 경우 등이며 또한 방언마다 음소 목록이 서로 다른 경우 등에도 일부 발음이 잘 되지 않는 경우도 있다. 느린 속도로는 정확하게 발음할 수 있어도 빨리 말하려 들면 부정확해진다. 이러한 문장은 부정확한 발음을 하는 발음장애를 교정하거나 외국인이 언어 학습을 위해 또는 영유아들에 놀이처럼 가르쳐 정확한 발음을 학습하게끔 하는 도구 역할을 하기도 한다.

또래와 비교하면서 처음부터 어려운 말을 가르치려고 하면 아이는 오히려 입을 닫아버릴 수 있다. 언어에 대한 호기심과 흥미가 없는 상태에서 아이가 어려운 단어나 문장을 접하면 재미가 없고 어려운 일이라고 생각할 수 있기 때문이다. 발달 단계에 맞는 어휘 수나 문장 구성을 적절히 조절해 쉽고 자주 사용하는 단어부터 차근차근 가르쳐야 한다. 또한 놀이를 하면서 낱말이 생각나지 않아 당황하거나, 발음이 잘 되지 않아 우스꽝스럽게 발음하는 또래의 모습을 보면서 말놀이의 재미를 느끼다 보면 영유아들의 어휘력과 발음이 많이 향상되어 있을 것이다.

CHAPTER

14

영유아
레크리에이션의
이벤트

CHAPTER
14

영유아 레크리에이션의 이벤트

1 이벤트의 의미

1│ 이벤트의 개념

이벤트(Event)의 어원은 라틴어 'E-(out, 밖으로)'와 'Venire(to come, 오다)'라는 뜻을 가진 'Eventus', 발생(occurrence)이나 우발적 사건(happening)과 같이 일상적인 상황의 흐름 중에서 특별하게 발생하는 일을 가리키는 말이다. 서양에서 이벤트란 용어는 원래 사건, 시합을 뜻하는 말로서 마케팅 용어는 판매촉진을 위한 특별행사라는 개념으로 스페셜 이벤트 (special event)라 불리어 사용되어 왔다. 이벤트란 공익, 기업이익 등 특정한 목적을 가지고 치밀하게 사전에 계획되어 대상을 참여시켜 실행하는 사건 또는 행사를 총칭하는 것으로, 여기서의 특정한 목적이란 지역사회의 경제, 사회, 문화진흥과 관련 산업의 발전, 국제교류, 관광 등을 지칭한다(호텔용어사전, 2008, 백산출판사). 현대사회에서 급속하게 발전하고 있는 이벤트의 개념을 일반화하기는 힘들지만, 학자들의 이벤트 중심 개념을 살펴보면

표 14-1 이벤트의 정의

학자	정의
겟츠(Donald Getz)	일시적으로 발생하며, 기간, 세팅, 관리 및 사람의 독특한 혼합
골드블렛(Joe Goldblatt)	특정한 필요를 충족시키는 의식과 절차가 일어나는 순간이며, 항상 계획에 따라 기대감을 유발시키며, 특정 동기와 함께 발생
우살, 마틴(Uysal, Gahan & Martin)	방문객을 성공적으로 맞이할 수 있도록 해주는 한 지역의 문화자원
윌킨슨(Wilkinson)	주어진 시간 동안 특정 용구를 충족시키기 위하여 계획된 일회성 행사

자료 : 이경모(2002)

〈표 14-1〉과 같다.

레크리에이션 이벤트는 광의의 정의로는 '사람들이 정신적으로는 의식과 축제의, 물질적으로는 시각과 청각의, 사건적으로는 시간과 공간의 특징을 적절히 조합하여 기획하고 조직된 파티나 잔치 또는 축제, 운동회, 야유회, 캠프 등의 레크리에이션 이벤트 활동에 자발적으로 참여함으로써 서로간의 만남을 통한 커뮤니케이션을 이루고, 자기표현의 결과로 나타나는 만족을 얻으며, 아울러 삶을 재충전하는 계기를 마련하여 결국 즐겁고 풍요로운 삶을 구성하는 데에 도움이 되도록 꾸며지는 축제적인 행사'라고 해석할 수 있다. 협의의 정의로는 '레크리에이션 이벤트 활동을 조직적으로 계획하여 자발적 참여를 유도함으로써 만남을 통한 커뮤니케이션을 이루게 하는 즐거움을 수반한 축제적인 활동'이라 정의할 수 있다(박창영, 김경남, 2002).

이벤트를 간단히 정리하기는 어렵지만 첫째, 행사, 경기, 사건, 사고, 발생한 일 등으로 해석된다. 그러나 사건이나 사고는 부정적인 '좋지 않은 일'이나 '원하지 않은 일' 또는 '계획되지 않은 일'인 데 반해, 행사나 경기는 긍정적인 '좋은 일'이나 '했던 일' 또는 '계획된 일'을 뜻한다. 둘째, 이벤트 행사는 긍정적인 좋은 느낌을 갖는 행사이다. 세계의 기자들이 선정한 20세기 10대 뉴스 중 1위는 일본의 히로시마에 떨어졌던 원자폭탄 투하 사건이고, 2위는 아폴로 11호를 타고 인간이 달에 착륙한 것이다. 그러나 인류 최고의 이벤트는 아폴로 11호를 타고 인간이 달을 밟은 것이다. 왜냐하면 부정적이고 원하지 않은 일은 이벤트가 아니기 때문이다. 문제를 하나 풀어보자. "체납된 세금 내기 대행진!"이란 플래카드를 만들어 붙이고 세금수납을 위한 행사를 한다면 이벤트가 될 수 있을까? 물론 답은 '아니다'이다.

2│ 이벤트는 어떤 행사인가?

(1) 차별화된 행사

새로운 감동과 교류를 위한 이벤트를 위해선 지금까지 느낄 수 없었던 차별화된 행사이어야 한다. 그러기 위해서는 높은 기획성과 뛰어난 연출, 그리고 뜻을 가진 행사이어야 한다. 여기서 주의할 사항은 '별난 짓'은 이벤트가 아니라는 것이다.

(2) 특별한 목적 행사

어떤 조직이나 개체가 특별한 목적을 가지고 대중을 움직이고 감동을 주는 행사가 이벤트이다. 일상적으로 단순하게 반복되는 것들은 이벤트라 할 수 없다. 그렇다고 의외성을 만들기 위해 너무 화려하거나 깜짝 놀라게 차리라는 것이 아니다. 오히려 소박하면서도 사람의 심금을 울리는 것이어야 한다.

3│ 이벤트의 본질

(1) 이벤트의 태동과 성장

물질의 풍요가 정신의 풍요를 갈구하게 되는데, 정신빈곤의 탈출을 위해 이벤트에 몰입한다. 일반적으로 국민 개인소득 5천 달러에 태동하여 7,500달러에 소비사회로 들어가며, 1만 달러에 활성화되어 생활화된다.

(2) 왜 이벤트가 필요한가?

사람과 사람 사이에 새로운 감동과 따뜻한 마음의 커뮤니케이션(communication)이 있으면 인간의 삶을 행복하게 해 준다. 인간의 행복! 이것이 이벤트가 추구하는 길이다.

(3) 누가 이벤트를 하나?

이벤트 연출도 하나의 기능이다. 따라서 누구라도 개발하면 이벤트 연출력을 갖출 수 있다.

감동과 행복을 추구하는 이벤트 행사는 이벤트 전문가들의 전유물이 아니다. 누구나 이벤트 전문가가 될 수 있다.

(4) 이벤트의 속성과 미디어

이벤트는 상업성을 띠면서 동시에 인간의 감각기관을 통한 미디어적인 속성을 갖고 목적을 달성한다.

(5) 5감각을 통한 6감각 자극

이벤트는 인간의 5감각인 시각, 청각, 촉각, 미각, 후각을 자극해 6감각인 생각을 자극해 목적을 달성한다.

(6) 이성이 아닌 감성에 호소

재미와 흥미, 그리고 설렘은 이성이 아닌 감성의 영역이다. 이벤트는 감성에 호소하여 목적을 달성한다.

(7) 오락성

인간은 본래적으로 '놀이하는 동물'이다. 놀이는 오락성을 띠고 있고, 이 오락성을 통해 목적을 달성한다.

(8) 상업성

이벤트는 철저히 이익기능이 있어야 한다. 행사를 위한 비용은 그 이상의 효용을 얻기 위해 투자된다. 공공의 이익을 위한 순수 행사와는 다른 목적 행사이다.

(9) 선진적인 인간관계

창의력과 상상력이 없으면 효율적인 인력관리를 해내기 어려운 시대가 되었다. 이제는 규율과 지시로만 사람을 움직이게 하는 것은 가장 비능률적인 방법이 되었다. 마치 관객을 대하듯 그들을 매료시키고 감동시키며 스스로 움직이게 하는 이벤트가 필요하게 된 것이다.

4 | 이벤트의 분류와 형식

레크리에이션 이벤트의 유형은 지적, 사회적, 예·체능적 스포츠, 취미적, 관광적 레크리에이션 이벤트 유형으로 〈표 14-2〉와 같이 구분할 수 있다.

표 14-2 레크리에이션 이벤트 유형 및 프로그램

이벤트 유형	이벤트 프로그램
지적 레크리에이션 이벤트	독서, 창작, 연설, 웅변, 퀴즈게임, 시 낭독, 신문 읽기, 초청 강연, 담화·토론
사회적 레크리에이션 이벤트	팀워크게임, 포크댄스, 봉사활동, 행사대열 연출, 공동체 훈련, 캠프파이어
예체능 레크리에이션 이벤트	미술, 문학, 음악, 연극, 공작, 영화, 악기 연주
스포츠(신체적) 레크리에이션 이벤트	산책, 하이킹, 등산, 수영, 낚시, 운동회, 각종 스포츠게임, 율동
취미적 레크리에이션 이벤트	장기·바둑, 사진, 꽃꽂이, 수예
관광적 레크리에이션 이벤트	채집, 고적 답사, 여행, 소풍, 캠핑

자료 : 정용각(2000)

(1) 세대별 분류

① 1세대 : 영구불변의 원초적인 인간 미디어(Face to Face)

② 2세대 : 지면을 통한 시각 미디어(활자 인쇄)

③ 3세대 : 전파를 통한 청각 미디어(라디오)

④ 4세대 : 공중파를 통한 시청각 미디어(TV)

⑤ 5세대 : 멀티미디어를 통한 종합 미디어

* 도움말 이벤트는 1~5세대를 망라한다.

(2) 형태별 분류

① 유형 이벤트 : 하드웨어적인 전시, 구조물, 인테리어, 장비, 신제품, 도구 등의 가시적인 이벤트

② 무형 이벤트 : 소프트웨어적인 신기술과 기능 + 아이디어

③ 복합형 이벤트 : 하드웨어 +소프트웨어적인 것의 혼합

(3) 내용별 분류

① 국제 이벤트 : 올림픽, 박람회, 국제 기술교류 등

② 국가 이벤트 : 전국체전, 인구조사, 국책사업 등

③ 사회 이벤트 : 캠페인, 공익을 위한 각종 행사 등

④ 기업 이벤트 : SP 이벤트, PR 이벤트, 고객과 사원들을 위한 이벤트 등

⑤ 개인 이벤트 : 창작 발표, 출판 기념, 소장품 전시 등

(4) 이벤트의 핵심

이벤트의 핵심은 다음의 3가지로 압축할 수 있다.

① 동원

이벤트에 있어서 인원 동원이 안 되면 모두가 허사로 돌아갈 만큼 중요한 요소이다. 이를 위해 각종 홍보 전략과 대상들로 하여금 참석 동기를 강하게 자극해야 한다. 볼거리가 있는 홍보전략, 공짜심리를 이용한 각종 경품, 참석해야 되는 대외명분 등을 제공해야 한다.

② 감동

인원 동원에 성공을 했어도 실제 이벤트 행사에서 감동을 주지 못하면 반쪽짜리 행사가 된다. 이벤트의 본질인 새로운 감동과의 만남이 없다면 다음을 약속할 수 없다. 이를 위해 예측불허의 상황을 전개해야 한다.

③ 효용과 비용

이벤트는 상업성을 띠고 있기 때문에 철저히 이익기능이 있어야 한다. 효용이 비용을 앞지를 때에 비로소 이벤트 행사라 할 수 있다.

2 이벤트 기획 요령

1 │ 이벤트 기획서

누가 보아도 일반적, 보편적으로 훌륭한 이벤트 기획서는 존재하지 않으나 다음 사항은 필수적으로 들어 있어야 한다.

(1) 기획서의 비중

이벤트의 준비는 기획이다. 기획에 의해 시작하고, 기획에 의해 흐르고, 기획에 의해 끝난다. 기획이 성공해야 이벤트가 성공한다.

(2) 기획서 꾸미기

기획서는 보통 육하원칙(5W 1H)에 의하나 이벤트는 6W 3H에 입각하여 꾸민다.

6W	3H
• When(실시 날짜와 시간) • Where(계절, 요일, 날짜별 장소 선정) • Who(주최 측을 명확히) • What(구체적인 내용) • Whom(대상을 분명하게) • Why(대외명분 확보)	• How(실시 가부의 결정사항) • How Long(실시 기간) • How Much(비용 산출)

(3) 기획서의 형식

기획서는 소설이나 논문이라기보다는 좀 더 개인적인 편지나 일기에 가까운 것이라 생각하면 된다. 중요한 것은 읽는 사람이 충분히 이해하느냐의 여부에 달려 있는 것이지 형식이 아니다. 일기(나)가 아닌 편지(너) 형식을 취한다.

(4) 기획서 끝내기

프레젠테이션을 통해 수정과 피드백을 만족할 때까지 한다. 모든 내용을 문서화한다. 가능하면 화면화(畵面化)한다.

2 │ 성공 이벤트 만들기

성공 이벤트를 만들기 위해 다음 사항을 명확히 한다.

(1) 첫 번째

① 언제 : 이벤트 시기의 결정은 쉬우면서도 의외성이 있어 신중을 기해야 한다.
② 어디서 : 장소의 선택은 이벤트의 성공 여부에 큰 영향을 준다. 누가, 즉 주최, 주관자를 명확히 한다.
③ 무엇을 : 이벤트 기획 중 가장 중요하다. 무엇을 개최하고, 무엇을 진행할 것인지를 명확히 한다.
④ 어떻게 : 이벤트를 진행하는 방법은 초기 단계부터 확실하고 정확히 해 두어야 한다.
⑤ 왜 : 이벤트를 해야 하는 이유를 설명하여 대외명분(對外名分)을 확보한다.

(2) 두 번째

프로 이벤트 기획자라면 어떤 계층이든 폭넓게 인맥(人脈)을 형성하고 있어야 한다. 그렇지 못하면 프로라 할 수 없다. 또한, 많은 정보를 확보하고 있어야 하며, 확보한 정보들을 처리, 정리, 가공하여 자신이 활용할 수 있게 데이터화해 놓아야 한다. 대중이 왜 움직이고, 어떻게 하면 대중을 움직일 수 있는지를 알아야 한다. 정보가 음식 재료라면 데이터는 요리에 해당한다.

3 │ 한국과 일본 이벤트의 비교

(1) 일본 이벤트

일본은 '이벤트 천국'이라 할 수 있다. 일본은 1970년 오사카 만국박람회를 성공적으로 치른 후 이벤트가 본격적으로 발전했고, 정부에서는 이것이 지역사회와 국가 발전에 큰 도움이 된다는 판단 하에 정책적으로 육성했다.

1964년 동경올림픽 이후 지금까지 많은 행정 주도형 이벤트를 치렀고, 현재는 7천여 개가 넘는 이벤트 관련 회사들이 있을 만큼 거대한 시장으로 성장했다. 1년간 개최되는 정부 주도형의 이벤트는 약 2,000회, 민간 주도형은 10~20만 회에 이른다. 놀라울 정도의 '이벤트 천국'이다. 일본은 박람회, 올림픽 등을 제일 크게 생각하며, 국책사업에 이벤트를 활용한다. 예를 들어, 간척사업을 하면서도 그곳에 박람회를 유치, 민간자본을 영입하여 간척사업을 완수하는 적극성을 보인다.

(2) 한국 이벤트

서구 유럽은 인간관계의 이벤트가 많고, 미국은 대통령 취임식이 가장 큰 이벤트이다. 한국의 이벤트는 20~30년간 해 왔던 활동들이 86아시안게임과 88서울올림픽을 치른 후 본격적으로 이벤트 시장이 활성화되었다.

초기의 이벤트는 백화점 행사가 주종을 이룬 판촉 이벤트, 그리고 치어리더 지원과 레크리에이션 지도자 제공 등의 체육대회 이벤트였다. 점차 대규모의 라이브 공연(live concert), 박람회의 전시관 기획, 운영, 광고, 관련 업종의 연결된 프로모션 이벤트, 그룹 차원의 체육대회, 한마음 대행진, 보람의 일터와 살맛나는 세상 만들기 등 기업문화운동 차원으로 점차 변모해 가고 있으며 고무적이다. 생활의 여유는 사람들을 다양한 이벤트로 눈길을 돌리게 한다.

4 │ 이벤트 사업

이벤트 산업은 첨단산업이다. 아이디어만의 싸움도 아니고, 떼돈을 벌 수 있는 투기산업도 아니다. 치밀한 계획과 풍부한 경험, 지혜를 나누며 체크리스트(check list)를 가지고 현장에서 하나하나씩 확인하며 진행하는 고도의 기술을 필요로 하는 종합예술이다.

기획, 제작, 연출이 삼위일체가 되어야 하고 고도의 연출력을 요구하는 첨단산업이다. 기업은 최대의 이익을 창출하기 위해 이벤트를 하는데, 기업은 사람들의 주머니를 털어놓고 싶어 하고 이벤트는 사람들의 주머니를 느슨하게 풀어준다. 자본주의의 꽃은 광고이고, 광고의 꽃(핵심)은 이벤트이다.

(1) 기업의 사내 이벤트

기업의 사내 이벤트 형태는 체육대회, 워크숍, 야유회, 창립기념행사, 단합대회, 극기훈련, 연수교육, 송년파티 등이 있고, 이외에 기업의 실정에 맞는 계층별 특수교육, 가족 초청 프로그램, 부서간의 단합대회, 특별 해외연수, 복지 프로그램, 대규모 축제 등이 있다. 레크리에이션 지도자들이 이러한 것들을 진행하게 될 때에 유념할 사항은, 기업의 사내 이벤트로 치러지는 모든 행사가 기업의 성장과 발전을 위한 목적 프로그램인 것을 잊으면 안 된다는 것이다.

(2) 무대 꾸미기와 분류

이벤트 행사의 무대 꾸미기와 연극의 무대 꾸미기는 다소 차이가 있지만 무대 자체를 보면 많은 부분이 공통적이다. 연극 무대는 주로 실내에 꾸며지나 이벤트 무대는 실내외를 가리지 않는다. 또, 연극 무대는 위치와 날씨, 그리고 계절에 따라 영향을 적게 받지만 이벤트 무대는 비교적 영향을 크게 받는다. 무대를 세부적으로 구분해볼 때, 연극 무대와 이벤트 무대의 공통점은 다음과 같다(객석에서 무대를 보고 있을 때).

무대를 가로로 3등분하여 왼쪽을 '하수', 가운데를 '중앙', 오른쪽을 '상수'라 하고, 세로로 3등분을 하여 앞쪽을 '앞', 가운데를 '중앙', 뒤쪽을 '뒤'라고 한다. 예를 들어 왼쪽의 앞부분은 '앞 하수'가 되고 뒤쪽은 '뒤 하수'가 된다. 이벤트에서의 무대 분류는 '하수'와 '중앙', 그리고 '상수'로 많이 분류하고, 위치마다 특징을 주어 다음과 같이 표현한다.

① 하수 : 친근한 곳, 길 가, 출입구 또는 만남의 장소(처음 시선)
② 중앙 : 근엄한 곳, 재판장, 주례, 의지를 강하게 표현하는 곳

③ 상수 : 상상을 초월한 세계나 사건, 살인 사건, 비정한 모략, 갈등 표현

3 영유아 레크리에이션 기획의 실제

1| 프로그램 작성 시 유의점

레크리에이션 프로그램에는 누구에게, 무엇을, 언제, 어디서, 무엇 때문에, 어떻게 서비스를
제공해야 하는지에 대한 일련의 과정이 포함되어야 한다. 일반적으로 〈표 14-3〉과 같이 레
크리에이션 참가자의 욕구 파악, 프로그램 계획, 프로그램 실시(진행), 프로그램 평가, 피드
백의 순서를 따른다.

표 14-3 레크리에이션 프로그램의 과정[43]

진행순서	중점사항	세부내용
욕구 파악	누가(who)	• 참가자의 특성 파악(성별, 연령, 직업, 참가 인원 수 등) • 주최, 주관, 후원, 협찬기관 등의 특성 파악
	왜(why)	• 참가자의 욕구와 기대 　－ 프로그램의 목표 수준 　－ 프로그램의 추진 방향 　－ 프로그램의 통제나 평가 기준
	언제(when)	• 기간, 일시, 활동 소요시간
	어디서(where)	• 프로그램이 필요로 하는 공간 　－ 실내, 실외 　－ 우천, 기타 상황에 대비 • 집결, 이동, 운송, 해산 등의 동선

〈계속〉

---

43) 함정은 외(1998), 레크리에이션, 형설출판사
　　박창영(2000), 레크리에이션 연구와 원리, 일신서적출판사

진행순서	중점사항	세부내용
욕구 파악	무엇을(what)	• 참가자의 욕구를 만족시킬 수 있는 프로그램 　－ 수련활동, 야유회, 운동회, 캠프 등 　－ 만남의 시간, 관계개선게임, 집단무용, 집단협동게임, 야외게임, 민속놀이, 　　촌극(stunt) 등
	어떻게(how)	• 지도방법, 활동방법, 활동도구 　－ 프로그램 목적달성의 수단과 기술
	예산 편성	실제 경비에 가깝게 편성
	스텝 결정	진행자, 담당자, 보조사, 자원봉사자 등을 계획하고 섭외
	홍보	프로그램의 성공을 위한 적절한 홍보방법 선택
	준비일정	행사일정에 맞추어 무리 없이 계획
프로그램 검토 및 수정		현장답사, 예행연습 등을 통해 문제점을 확인하고 수정·보완
프로그램 결정		최종점검에 이어 실시 프로그램 결정
프로그램 실시		프로그램 실시
평 가		• 반성과 세밀한 기록 • 프로그램 실시에 있어 조화, 균형, 변화, 다양성, 유연성, 안전성 등에 대해 평가

레크리에이션 프로그램 작성 시 유의할 점은 다음과 같다.

① 참가자의 연령과 성별

② 흥미와 욕구의 정도 : 참가자들의 기대를 정확히 파악

③ 구성 성격 : 지식 정도, 직업별, 직책별, 기술과 능력의 정도

④ 모임의 목적

⑤ 행사의 종류 및 성격 : 파티, 강습회, 야유회, 단합대회, 체육대회, 창립 기념, 판촉 행사,
　오픈 행사 등

⑥ 인원

⑦ 그룹이나 팀인 경우에는 그 조직

⑧ 장소 : 크기, 시설, 명암, 실내, 실외 등

⑨ 시간 : 계절, 낮과 밤, 시간의 길이 등

⑩ 유인물 : 악보, 행운권, 티켓, 포스터, 순서지 등

⑪ 게임에 필요한 도구나 시설 및 상품이나 기념품

⑫ 진행 협조자(staff) 등

2 | 프로그램 진행 시 유의점

레크리에이션 프로그램 진행 시 유의할 점은 다음과 같다.

① 시간을 잘 지킨다.

② 지도자는 참가자들이 잘 보이는 위치와 지도자의 목소리가 잘 전달될 수 있는 위치를 선택한다.

③ 참가자들을 집중시키는 방법을 연구하여 언성을 높이지 않고도 자연스럽게 프로그램에 들어가도록 한다. – 시작한 지 1~2분 안에!

④ 레크리에이션의 순서나 내용은 참가자들에게 쉽고 익숙한 것부터 시작해서 차츰 어려운 것으로 들어간다.

⑤ 게임의 설명은 되도록 간단명료하게 하고 복잡한 게임은 몇 개의 부분으로 구분하여 지도한 후 전체 게임으로 발전시킨다.

⑥ 프로그램 내용은 되도록 말로 설명하지 말고 시범으로 시작해서 저절로 게임에 들어가도록 힘써야 한다.

⑦ 말은 보통 목소리로 쉽게 하도록 애쓰고, 구호는 구령식 구호보다는 부드러운 구호 활용이 좋다.

⑧ 그때그때 분위기를 빨리 파악하여 변경할 필요가 있을 때에는 자기의 고집을 버리고 내용을 바꾼다. 그리고 공백시간이 없게 프로그램을 이끌어 나간다.

⑨ 대형 변경이 필요하면 순서와 순서, 게임과 게임의 연결과정에서 자연스럽게 이루어지도록 한다.

⑩ 무엇보다도 지도자 자신이 프로그램에 열중하여야 한다.

⑪ 빈 공간(좌석)이 없게 하면 집중력이 좋다.

⑫ 진행 중 빠지거나 구경만 하는 사람이 없이 모두 참가할 수 있는 방법을 찾고, 특히 연로하거나 신체·정신 장애인과 같이 문제가 있는 사람이 있나 살펴서 그들의 마음이 상하지 않고 참여할 수 있도록 골고루 기회를 준다.

⑬ 분위기와 기분, 감정 등의 흐름이 시작에서부터 끝날 때까지 무리가 없는 흐름이 되도록 노력한다.

⑭ 순서마다 클라이맥스를 잘 포착하여 어디에서 끝나는 것이 효과적인가를 잘 판단한다.

⑮ 프로그램 전체의 클라이맥스를 잘 포착하여 어디에서 끝나는 것이 효과적인가를 잘 판단한다. − 클라이맥스가 되면 마무리로 들어간다.

⑯ 참가자를 빠짐없이 본다. − 시선을 벽, 천장 등 엉뚱한 곳에 두지 않는다.

⑰ 팀 나누기를 하기 전에 팀의 기울기(성별, 연령별 등)가 없도록 한다.

⑱ 팀 대항으로 경쟁심을 유발한다.

⑲ 프로그램의 끝맺음을 잘하여 그 날의 즐거움과 의의를 가슴에 새기며 다음 과정에 들어가도록 지도한다.

⑳ 웃는 얼굴은 프로그램 진행에 있어서 최대의 무기이다.

㉑ 프로그램을 시작하면서 먼저 웃음을 유발한다.

㉒ 모든 사람의 참여를 유도할 때는 서로 옆 사람을 건드리게 한다.

㉓ 파트너 게임을 할 때는 서로 육체적으로 접촉(skinship)하게 한다.

㉔ 흥미 지속을 위해 대상들이 다음의 내용을 예측할 수 없게 진행한다.

㉕ 생각보다 게임이 흥겨워지면 다른 게임을 뒤로 미루더라도 그 게임에 시간을 더 할애하고, 그렇지 않으면 즉시 게임을 전환한다.

3 | 프로그램 접근기법

(1) 스피치법

인간 생활의 80%는 언어 생활이다. 말에는 사상과 감정이 있는데 레크리에이션 스피치는 주로 후자 쪽이다.

일반적 스피치의 5대 원칙

① 말의 강약과 속도
② 말의 쉼(pause)
③ 감정이 깃든 말
④ 목소리의 변화
⑤ 침묵 - 침묵은 웅변만큼이나 말을 한다.

말과 태도

레크리에이션 프로그램을 진행하는 사람은 입장에 따라 지도자, 사회자, MC(Master of Ceremony) 등의 다양한 단어로 표현된다. 그러나 어떤 입장을 막론하고 다음 사항을 지킨다.

① 자신의 의견을 고집하지 말고, 말하는 입장에서 듣고, 듣는 입장에서 말한다.
② 모든 사람에게 골고루 기회를 제공한다.
③ 모두의 의견을 잘 이해하고 모임의 성격과 목적에 따라 진행한다.
④ 자연스러운 태도로 억양이나 음조에 변화를 준다.
⑤ 남의 이야기를 잘 듣고 의견을 존중한다.
⑥ 적절한 제스처로 웃으면서 말한다(15초마다).
⑦ 웃으면서 이야기를 하고, 적절한 존칭어를 사용한다.
⑧ 전체 시간을 감안하고 시간에 맞춰 이야기한다.
⑨ 알아듣기 쉽고 명확한 바른 언어로 말한다.
⑩ 남에게 호감을 주는 언어와 태도를 취한다.
⑪ 다른 사람의 흉내보다는 독창성을 지닌 언어를 활용한다.

⑫ 품위가 없는 말은 삼간다. – 말을 잘 한다는 것은 말이 많은 것과 다르다. 대체로 경험이 적을수록 말이 많다.

레크리에이션 스피치

① 처음 말과 마지막 말이 반(半)영구적인 편견이 됨을 명심하고, 말을 끝낼 때는 유쾌하게 끝낸다.

② 상대방의 기분을 상하지 않게 한다.

③ 존댓말을 알맞게 활용한다. – 지나친 존대 또는 반말은 안 된다.

④ 정확하고 분명하게 발음하고, 자연스럽게 해야 한다.

⑤ 분위기와 대상에 맞는 단어를 쓴다.

⑥ 희망적인 밝은 말을 하고 몸짓언어(body language)로 표현한다.

⑦ 자기의 음색과 말버릇을 파악한다. – 맑은 목소리로, 마이크 사용 연구

⑧ 가급적 표준말을 쓰되 위트(wit)에 더 비중을 둔다.

⑨ 행사에 어울리는 복장을 한다. – 배색, 장소와 내용, 포인트 등

⑩ 게임에 있어서 처음부터 끝까지 "준비!, 시작!"이라는 말을 잊지 않도록 한다.

⑪ 그림을 보는 듯한 입체 언어를 구사한다. – 명확, 억양, 간격, 악센트, 호감이 가는 음성 그리고 화면화(畵面化)

스피치 준비사항

① 대상 파악 – 청중에 대한 연구가 없이는 좋은 스피치가 될 수 없다.

② 모임의 때와 장소를 알아둔다.

③ 모임의 목적을 알아둔다.

④ 모임의 화제를 선정한다. – 바람직하지 않은 화제는 피한다.

⑤ 자료를 수집한다. – 화제를 풍부하게 준비한다.

⑥ 메모를 하여 장황한 이야기가 되지 않도록 한다.

⑦ 실제 연습을 해 본다. – 거울을 보면서 해 보거나 모니터(monitor)의 도움을 받아 완벽하게 실제 연습을 한다.

(2) 멘트 기법

멘트란 무엇인가?

① 어떤 일을 이해할 수 있도록 돕는 말이다.

② 짤막한 말로 프로그램의 지속적인 관심과 흥미를 유지시키는 말이다.

③ 사건을 전개해 나가기 위한 서막의 말이다(동기유발).

④ 분위기와 시기 또는 주제에 맞는 적합한 말이다.

⑤ 대상과 사회자가 혼연일치가 되도록 도와주는 말이다(분위기 조성).

⑥ 위트나 유머 또는 침묵도 멘트다.

⑦ 전체 운영을 살리는 프로그램의 꽃이고, 비행장의 관제탑이다.

멘트의 분류

① 앞 멘트 : 주로 시선 집중과 분위기 조성을 위해 사용되는 멘트

② 중간 멘트 : 다음 단계나 프로그램으로 부드럽게 넘어가기 위한 멘트

③ 뒤 멘트 : 한 단원의 정리나 전체 마무리를 위한 멘트

④ 촛불의식, 캠프파이어, 심성 계발의 피드백, 사회자의 진행 발언 등이 멘트에 포함된다.

멘트의 효과

① 음식의 맛을 살리는 조미료와 같은 것이다.

② 프로그램 사이사이를 부드럽게 연결시켜 주는 고리이다.

③ 청중을 압도할 수도, 지루하게 할 수도, 혼란하게 할 수도 있다.

멘트의 주의 사항

① 모임의 목적과 참석 대상, 그리고 시간과 장소를 감안하여 각 연령층에 적합해야 한다.

② 전하고자 하는 의도와 취지를 바로 세워 청중이 공감하는 멘트의 방향을 세워야 한다.

③ 멘트는 주어진 여건과 상황에 따라 탄력성 있게 진행하되 가급적 짧은 것이 좋다.

상황 멘트

① 할 일을 차일피일 미루는 사람에게

"내가 할 일을 하지 않으면, 내가 해야 할 일들이 나를 찾아다닐 것이다."

② 행동이 따르지 않는 사람에게

"오랫동안 사색하고 있는 사람이 언제나 최선을 선택하는 것은 아니다."

③ 팀워크와 단결을 위하여

"개미 천 마리가 모이면 맷돌도 든다."

④ 독서와 정보수집에 게으른 사람에게

"지식에 투자하는 것이 가장 이윤이 높다."

⑤ 칭찬과 책망에 대하여

"칭찬은 남들이 있는 앞에서, 책망은 남모르게 해야 한다."

⑥ 설득에 대하여

"거리가 멀수록 설득의 효과가 있다. 이는 잘 관찰하려는 마음과 압박감을 적게 하고 스스로가 결정했다고 느끼기 때문이다."

⑦ 건강에 대하여

"육체적 우위가 예상외로 심리적 우위를 만들어 낸다."

⑧ 어린이날에 붙여

"일은 나중에 다시 할 수 있지만 아이들의 어린 시절은 다시 오지 않는다."

⑨ 참여의식의 고취

"'참여하지 않으면 헌신이란 없다.' 이 말은 반드시 강조해야 하고 별표를 표시하고, 동그라미를 그리고, 나아가 밑줄까지 그어줘야 할 정도로 중요하다. 참여하지 않으면 절대로 헌신하지 않는다."

⑩ 이기심에 대하여

"내가 세계의 중심일 수 없다. 모든 사람의 사랑을 독차지하려고 하지 마라."

⑪ 성공에 대하여

"호랑이는 20번 나선 사냥 중에서 19번을 실패한다고 한다. 그러나 호랑이는 1번의 성공을 위해 사냥 나서기를 쉬지 않는다. 실패가 쌓여야 성공이 이루어지며, 그렇게 이루어진 성공이 값지다."

⑫ 사고력에 대하여

"근육과 같이 생각도 훈련을 해야 강해지고 힘(명석함, 민첩성)이 생긴다."

⑬ 신중함에 대하여

"항상 남이 하는 일은 쉬워 보이는 법이다.(겸허히 배우는 자세가 필요하다.)"

⑭ 분발을 촉구하며

"남과 같이 생각하고 행동해서는 남 이상 될 수 없다."

레크리에이션 멘트

① 행사를 시작할 때

큰소리로 "안녕하세요?" 하여 박수와 함성을 유도한다.

② 분위기를 잡을 때

박수를 유도. 박수를 치며 다 같이 할 수 있는 노래를 합창!

③ 분위기가 산만할 때

"다 같이 박수 세 번 시작!", "거기 계모임 있나요?", "난리도 아니네요.", "거기 뭐 좋은 일 있습니까?"

④ 자신을 소개할 때

자기 이름을 간단히 소개한다. 자기소개를 거창하게 한다.

⑤ 호응을 하지 않을 때

건강에 대한 게임을 진행한다.

⑥ 지도자에게 안 좋은 말을 할 때

"설마 저에게 하신 것은 아니겠지요?"

"오늘날 저런 분들이 없었던들 우리가 무슨 재미로 살겠습니까? 저분을 위해 다 같이 박수!" "근데 정말 무슨 재미로 살죠?"

⑦ 지명을 받고 노래를 안 할 때

박수를 쳐서 나오게 한다. "○○의 명가수 ○○○을 소개합니다. 오늘 저분이 2차로 한턱 내실 모양입니다. 기대해 보도록 하죠."

⑧ 춤을 잘 추는 사람에게

"완전히 한풀이군요. 도대체 원하는 게 뭡니까?"

"스트레스가 많이 쌓이셨나 보죠. 아주 본전을 뽑고 계시는군요."

⑨ 새 옷을 입은 사람에게

"분위기에 무척 잘 어울리십니다. 오랜만에 빼입으셨습니다. 평소에는 어떻게 하고 다니
시는지 궁금해지는군요."

⑩ 노래할 사람을 소개할 때

"○○○의 명가수 □□□을 소개합니다.", "지금 막 순회공연을 마치고 돌아온 가수 ○○○
씨를 소개합니다."

⑪ 양 팀 점수 차가 많이 날 때

"지고 있는 팀을 위해 찬스 게임을 하겠습니다. 정신 차리십시오. 언제나 막판 뒤집기란
것이 있으니까요."

⑫ 상품을 밝히는 사람에게

"형편이 어려우신가 보죠? 실리적인 분이시군요. 물욕에 광란을 하시는군요. 물불을 못
가리고 계십니다."

⑬ 게임을 설명할 때 떠들면

박수로 유도. "여기가 남대문 시장으로 착각하시는 분들이 너무나 많습니다. 이보세요,
아! 시끄러워요! 네, 모두 소화하시리라 믿고 게임 시작할까요?"

⑭ 지적받은 사람이 나오면서 많은 환호성을 받을 때

"사람들을 모두 풀어 놓으셨군요. 섭외비 얼마나 드셨나요? 이런 환호가 나오기란 정말
힘이 드는데 여하튼 대단하십니다. 아무래도 지갑이 두껍지 않을까 하는 게 저의 소견
입니다."

⑮ 박수 소리가 작을 때

양 팀을 나누어 대결시킨다. "이렇게 해서야 회사(학교 등)의 명예를 걸 수 있겠어요? 단
합이 얼마나 잘 되는지 여러분의 박수소리와 함성으로 측정하겠습니다."

⑯ 지도자가 노래 부탁을 받았을 때

"왜 이제야 시키세요, 얼마나 기다렸는데. 네, 감사합니다. ○○○의 명가수, 2개의 앨범

을 내고 여태 한 판도 팔지 못하고 있는 ○○○라고 합니다. 끝나고 팬 서비스 차원으로 사인회도 있겠습니다."

⑰ 디스코 타임에 참여를 독려할 때

"남을 의식하지 않는 그 의지 역시 한국인이십니다."

⑱ 게임에 대해 다시 설명을 요구할 때

"이보세요, 낮잠 주무셨어요? 그렇다면 짝에게 물어 보세요. 그 짝도 모르면 그런가 보다 하고 곁눈질로 따라하세요."

⑲ 참가자들끼리 말다툼을 할 때

"저기에 링 하나 만들어 주세요, 그리고 글러브도 갖다 주세요."

⑳ 동작을 할 때 꿈적하지 않는 사람에게

"누가 맷돌로 짓누르고 계신가 보죠. 네, 이해가 갑니다. 배 둘레 햄의 타격이 그렇게 클 줄이야. 다 같이 고함 한번 질러 봅시다."

㉑ 실언을 했을 때

"앗! 나의 실수. 입에 교통정리가 안 되니 이런 체증이…"

㉒ 각 팀의 선수나 술래가 나오지 않을 때

"팀장 모시고 나오세요. 본인이 멋지다고 생각을 잘못하고 계시는 분은 아무 생각 없이 나와 주시기 바랍니다. 상품이 있습니다."

㉓ 대형을 바꾸고자 할 때

"지금부터 기분을 약간 바꿔보겠습니다. 율동 노래를 하며 대형을 바꿔봅니다."

㉔ 도중 참가자들이 자리를 뜰 때

"화장실 가세요? 5초 이내로 다녀오세요. 급하신 용무가 계신가 보죠? 신중하게 해결하고 오시기 바랍니다."

4 | 레크리에이션 프로그램 평가

(1) 평가의 의미와 목적

레크리에이션 프로그램 평가는 지도자로 하여금 참가자에게 제공된 프로그램이 실제로 도움이 되었는가를 알아보는 프로그램의 유효성 평가라고 할 수 있다. 즉 프로그램 효과를 분석하고 장단점이나 개선과 보완할 사항을 파악하여 문제점에 대한 진단 및 해결방안을 토론한다. 또한 이를 바탕으로 하여 다음 행사의 프로그램 작성에 도움이 되고 부족함이 없도록 하는 데 평가의 목적이 있는 것이다.

(2) 평가영역

레크리에이션 프로그램의 평가영역은 프로그램을 실시하는 전 과정이 포함된다.

표 14-4 레크리에이션 프로그램 평가

평가 영역	평가 내용
계획	• 계획에 무리가 없었는지, 특히 시간배분과 활동내용의 관련 • 장소시설은 활동에 적합했는지, 그리고 개선 여부 • 진행요원의 수나 배치, 역할, 분담의 적절성 • 용구, 기구, 재료에 대한 적합성
도입	• 자연과 활동에 참가할 수 있는 분위기의 조성 여부 • 설명은 정확하고 이해하기 쉽게 지도를 행했는지에 대한 평가 • 목적에 맞게 집단별로 효과적으로 시행했는지의 평가 • 신체적 레크리에이션인 경우, 준비운동을 충분히 실시했는지 평가
진행	• 활동의 내용은 참가자에 적합한 교육이었는지의 평가 • 프로그램의 활용도면에서 전체적으로 얼마만큼 신체를 움직이고 활동에 참가했는지의 평가 • 방관자, 비협조자는 없었는지, 또한 그들이 어떠한 동기를 가졌는지, 무리는 없었는지에 관한 평가 • 참가자 집단과의 원활한 모임 형태로 지도했는지, 지도자와 참가자 사이에 벽은 없었는지의 평가 • 참가자의 흥미는 최후까지 지속되었는지, 전개상 악센트의 강약은 적절했는지의 평가 • 참가자를 공평하고 평등하게 다루었는지의 평가
종결	• 프로그램의 연결은 참가자에게 명확하게 인식되었는지의 평가 • 종결 후의 흥분은 지나치게 높지 않았는지의 여부 • 활동을 개인적으로 발전시켜 가는 수단과 정보를 참가자에게 전달했는지의 평가 • 프로그램 진행과정에서 참가자의 안전사고는 없는지의 평가

참고문헌

국내문헌

경기도보육교사교육원연합회(2003). 영아보육 전문교육과정 - 영아보육 전문 지침서. 현정문화사.

교육과학기술부(2013). 3-5세 연령별 누리과정 교사용 지침서. 교육과학기술부·보건복지부.

교육과학기술부(2013). 3-5세 연령별 누리과정 해설서. 교육과학기술부·보건복지부.

김영빈(1995). 여가·레크리에이션론. 형설출판사.

김익균(2006). 사회복지실천론. 교문사.

김익균·김인수·김한우·이순배·이창수(2007). 사회복지개론. 파워북.

박상욱·남효순(2008). 놀이와 레크리에이션(IQ EQ CQ SQ 발달을 돕는). 태학원.

박창영(1998). 레크리에이션 연구와 지도원리. 일신서적출판.

보건복지부·육아정책연구소(2013). 0-2세 제3차 어린이집 표준보육과정 교사용 지침서. 중앙육아종합지
    원센터.

보건복지부·육아정책연구소(2013). 0-2세 제3차 어린이집 표준보육과정 해설서. 중앙육아종합지원센터.

서선택(1990). 레크리에이션 가이드-종합게임. 일신서적출판.

이숙재(2007). 유아를 위한 놀이의 이론과 실제. 창지사.

이순배(2010). 레크리에이션과 민속놀이. 교문사.

이순복·김성원·김정희·박지영·석은조(2013). 놀이지도. 양서원.

임태섭(1997). 스피치커뮤니케이션. 서울: 연암사.

전승훈(2006). 프로 레크리에이션 600. 해피앤북스.

전영수(1999). 실기지도를 위한 종합 레크리에이션. 서원출판사.

최규남(1993). 현대 레크리에이션 지도자료. 예일출판사.

최석란·이경희·이상화·서원경(2012). 놀이지도. 공동체.

한국직업능력개발원(2000). 레크리에이션 지도자 직무분석.

한이석(1996). 레크리에이션 지도론. 대한미디어.

국외문헌

Gray & Pelegrino(1973). Reflections on the Park and Recreation Movement. Dubuque, Iowa,
    William C. Brown.

Greenberg, M.(1979), Young Children Need Music, Englewood Cliffs, N.J.: Prentice-Hall Inc.

Hollander, F. M., & Juhrs, P. O.(1974). Orff-Schulwerk, an effective treatment tool with autistic
    children. Journal of Music Therapy, 11, 1-12.

Kraus, R & Battes, B. J.(1975). Recreation Leadership and Supervision. Philadelphia. PA: Saunders.

Moog, H.(1976). The musical experience of the pre-school child. London: B. Schott.

Schwartz, E.(2008). Music, therapy, and early childhood: A developmental approach. Gilsum, NH: Barcelona Publishers.

웹사이트

소방방재청 재난대비 국민행동요령 소방방재청 http://www.nema.go.kr

수혜의 보물창고 블로그 http://blog.daum.net/toccata1214/3184054

안전한 물놀이를 위한 핸드북 대한적십자사 http:// www.redcross.or.kr

어린이 문화재청 http://kids.cha.go.kr/depart/KidsIndex.action

윤영근의 민속놀이 배움터 http://www.gwangcheon.es.kr

응급처치방법 경상북도 소방본부 http://gb119.go.kr

전락북도 문화관광청 http://www.gojb.net:8080/index5.jsp

화재발생시 행동요령 울산광역시 온산소방서 http://onsan119.ulsan.go.kr

사진자료

가마타기 원내어린이집 http://cafe.naver.com/5451783

기차놀이 희망어린이집 http://cafe.naver.com/heemang11/1527

실뜨기 보림출판사 http://cafe.naver.com/borimpress/25113

장치기 전통문화체험 http://cafe.naver.com/jippul/567

강강술래 공릉뼈아제어린이집 http://blog.naver.com/jengsori?Redirect=Log&logNo=140071653371

꽃따기 햇빛사랑유아학교 http://cafe.naver.com/0315666430/573

죽마타기 어린이 기행&굴렁쇠 http://cafe.naver.com/gotomal/670

널뛰기 마음 그리기 http://blog.naver.com/agapoet?Redirect=Log&logNo=40003868966

씨름하기 서면원광유치원 http://cafe.naver.com/wonkwang3359/2335

찾아보기

저자소개

이순배

광운대학교 대학원 박사(행정학과 사회복지학 전공)
국립한경대학교 대학원 외래교수
가천대학교 행정대학원 겸임교수
한국보육교사교육원 교학처장

안수엽

건국대학교 사범대학 수학교육과 졸업
건국대학교 대학원 석사, 박사(수학 전공)
건국대, 서울과학기술대, 가천대 교육대학원,
고려대 평생교육원 외래교수

공명숙

한성대학교 대학원 박사(정책학 전공)
가천대학교 자유전공학부(인문) 외래교수
한성대학교 교육대학원 유아교육학과 겸임교수
저서 아동안전관리론

김경희

광운대학교 일반대학원 박사(사회복지 전공)
남서울대학교 일반대학원 박사 수료(아동상담·심리치료 전공)
디지털서울문화예술대학교 상담심리학과 교수
저서 영유아부모교육론, 아동상담, 아동생활지도 등

김정희

가톨릭대학교 대학원 박사(아동가족학 전공)
경동대학교 유아교육과 교수
저서 돌봄지도론, 놀이지도, 보육교사론, 유아발달, 아동건강교육,
어린이집운영관리, 보육과정 등

장은희

덕성여자대학교 대학원 박사(유아교육 전공)
평택대학교 아동청소년복지학과 겸임교수
무지개유치원 원장
저서 교과교재연구법의 이론과 실제

이보라

아주대학교 공공정책대학원 박사(행정학과 사회복지학 전공)
광운대학교 대학원 박사 과정(행정학과 사회복지학 전공)
국무총리 산하 육아정책연구소 연구원
덕성여자대학교 평생교육원 외래교수

강인숙

한국교원대학교 석사(유아교육 전공)
가톨릭대학교 박사(아동학 전공)
부천대학교 어린이연구센터 원장
가톨릭대학교, 부천대학 외래교수

영유아 놀이와 레크리에이션의 실제

2015년 4월 30일 초판 인쇄 | 2015년 5월 7일 초판 발행

지은이 이순배 외 | **펴낸이** 류제동 | **펴낸곳 교문사**

편집부장 모은영 | **디자인·본문편집** 신나리

제작 김선형 | **홍보** 김미선 | **영업** 이진석·정용섭 | **출력·인쇄** 동화인쇄 | **제본** 한진제본

주소 (413-120)경기도 파주시 문발로 116 | **전화** 031-955-6111 | **팩스** 031-955-0955

홈페이지 www.kyomunsa.co.kr | **E-mail** webmaster@kyomunsa.co.kr

등록 1960. 10. 28. 제406-2006-000035호

ISBN 978-89-363-1473-6(93370) | 값 15,000원